LE MYSTICISME

AU TEMPS

DE FÉNELON

OUVRAGES DU MÊME AUTEUR

Saint Martin. *Le Philosophe inconnu*, sa vie, ses écrits, son maître Martinez et leurs groupes, d'après des documents inédits. 1 vol. in-8°.   7 fr.

Emmanuel de Swedenborg. Étude sur sa vie, ses écrits et sa doctrine. 1 vol. in-8°.   7 fr.

Paris. — Imprimerie de P.-A. BOURDIER et C⁰, rue des Poitevins, 6.

LE
MYSTICISME

EN FRANCE

AU TEMPS DE FÉNELON

PAR

M. MATTER

CONSEILLER HONORAIRE DE L'UNIVERSITÉ
ANCIEN INSPECTEUR GÉNÉRAL DES BIBLIOTHÈQUES PUBLIQUES, ETC.

PARIS
LIBRAIRIE ACADÉMIQUE
DIDIER ET Cie, LIBRAIRES ÉDITEURS
35, QUAI DES AUGUSTINS, 35
—
1865
Tous droits réservés.

PRÉFACE

J'essaye, dans ces pages, de faire mieux connaître l'une des plus belles vies d'une époque illustre de notre histoire, et de la montrer dans ses plus touchantes manifestations, au milieu des nobles âmes qui se groupèrent autour d'elle.

Il est une grandeur qui n'appartient qu'à Fénelon seul : celle d'avoir été, dans un siècle de puissantes convictions, le vrai maître et le héros des aspirations les plus sublimes de la mysticité religieuse, et d'en être resté le guide vénéré après en avoir été le martyr. Il a été admiré et aimé, non-seulement de tout ce qu'il y avait de grand et de pur à la cour, où il accomplissait un prodige d'éducation, ou dans son vaste diocèse, où il réalisait l'idéalité de l'épiscopat, non-seulement de toutes ces imaginations vives et de ces âmes tendres que ravissaient sa noble parole et ses belles-lettres, mais de ceux-là même qui condamnèrent soit sa politique trop libérale, soit son mysticisme trop exalté. On ne rencontre rien d'aussi beau dans aucune autre vie, et cette beauté proclame une âme à part, une intelligence privilégiée.

Qu'on ne se trompe pas, néanmoins, sur le dessein de ce volume : ce n'est pas Fénelon, c'est le mysticisme de son siècle qui en fait l'objet, ou plutôt c'est le mysticisme tel qu'il se formula dans l'âme de Fénelon et dans celle des hommes les plus distingués, des femmes les plus éminentes de ce siècle, qui, tous, se groupèrent autour de lui et ne s'en laissèrent séparer ni par les foudres de la royauté, ni par celles de la papauté, ni par celles de l'éloquence.

Et qu'elle fut grave, profondément tragique et belle, cette lutte gigantesque d'un seul contre tous, d'un prêtre exilé contre l'évêque de Chartres, l'archevêque de Paris, le grand Bossuet, madame de Maintenon, le grand Roi, les plus grands théologiens de Rome et le collége des cardinaux, ses juges légitimes! Qu'elle fut belle, cette constance, cette fidélité au malheur, que montrèrent tous les amis du martyr! Quoi de comparable à la soumission empressée au sein de l'attachement inaltéré de madame de La Maisonfort, à la douceur, à la vraie résignation de madame de la Mothe-Guyon! Quoi de supérieur à l'ingénieuse vigilance et à la stoïque fermeté des ducs de Beauvilliers et de Chevreuse!

Ce sont là de grandes vertus et de nobles leçons. Mais il y a encore mieux : il y a tout un monde d'idées, de théories, de mystères psychologiques, d'aspirations éthiques, de témérités métaphysiques qui nous est devenu inconnu, auquel nous sommes aujourd'hui étrangers; et rentrer dans ce monde ou du moins le visiter pour y faire quelques curieuses découvertes, pour en reconquérir tout ce qui offre un intérêt sérieux et un ciel pur à nos pauvres générations déshéritées : voilà le véritable objet de ce livre. C'est un voyage de tendances, sinon de conquête que je propose, et ce dont on est sûr, pour le moins, c'est d'y trouver bonne compagnie.

En effet, on y est avec Bossuet à peu près autant qu'avec Fénelon, car le plus grand adversaire du mysticisme de l'archevêque de Cambrai fut aussi le plus grand émule de sa mysticité, et si les lettres spirituelles de Fénelon offrent de piquantes révélations sur l'état des âmes attachées à ses sentiments, j'appelle la plus curieuse comme la plus sérieuse attention sur la correspondance spirituelle de Bossuet.

Maintenant, est-ce le mysticisme de Bossuet qui est le vrai? Est-ce celui de Leibnitz? Le vrai mysticisme est-il autre que celui de Fénelon, de saint François de Sales, de sainte Thérèse, de sainte Catherine de Gênes et des autres saints qu'on présentait à cette époque comme autant de types de la vie intérieure, de guides dans la voie de la perfection, de modèles pour la pratique de la théologie d'amour? En un mot, le mysticisme a-t-il un type pur et autorisé quelque part? Ou bien a-t-il été toléré, canonisé et préconisé par suite d'une admiration plus aveugle que consciente, plus pieuse que raisonnable, et le duel des deux prélats les plus éminents que la France ait jamais eus en son sein n'a-t-il éclaté que pour faire évanouir à jamais un spectre trop séduisant?

Si le mysticisme est une réalité, une science positive, l'illustre dogmatiste du siècle a dû la connaître et la reconnaître; s'il l'a fait, bien des gens seront disposés à l'accepter. Si Bossuet ne l'a ni connue, ni reconnue, bien des gens la rejetteront. Mais ce seront des gens bien peu éclairés, qui ne savent pas encore devant quel forum les questions religieuses veulent être portées. Bossuet n'est qu'une autorité humaine; pour que le mysticisme soit une doctrine admissible, il faut qu'il repose sur une autorité divine. La question véritable n'est pas de savoir comment les saints ou les saintes, ni comment un évêque de Genève, un archevêque de Cambrai et un évêque de Meaux ont pu comprendre le mysticisme; la question est de savoir comment l'Évangile l'entend dans ses enseignements divins, et grande sera peutêtre notre surprise, si l'on veut nous suivre dans cet épisode, de voir qu'à force de s'en tenir à des autorités purement humaines, l'évêque de Meaux et l'archevêque de Cambrai se sont également éloignés des lumières qu'ils auraient dû tout d'abord rechercher.

Ces lignes, que l'auteur écrivait après avoir entièrement rédigé son travail, sont les dernières que sa main ait tracées. La conclusion de cette préface expose encore une fois, en la résumant, la pensée fondamentale de M. Matter, celle qui, depuis longtemps, inspirait son enseignement et ses écrits, celle qui devait, au moment de la mort, donner à son âme le calme et la confiance. (*Note de l'éditeur.*)

INTRODUCTION

Le mysticisme et la théosophie du siècle. — Malebranche et Fénelon. — Madame Guyon. — Leibnitz et Bossuet.

1630 -- 1650

Le mysticisme et la théosophie, ces deux ensembles d'aspirations morales et d'idées spéculatives qui forment rarement des systèmes, sont à la philosophie et à la théologie ce que la métaphysique est à la physique, c'est-à-dire qu'elles vont un peu au delà de ce qui se sait positivement. Elles le font même dans des proportions plus hardies : la métaphysique ne cherche que les raisons dernières, tandis que ces deux aspirations poétiques s'élèvent avec audace jusqu'à la raison de ces raisons, jusqu'à Dieu, non pas tel qu'il se donne à connaître et aimer à tout le monde, mais tel qu'il se donne à aimer aux mystiques et à connaître aux théosophes. Car aux uns il verse dans l'âme des trésors de tendresse, aux autres il répand directement dans l'intelligence des flots de lumière ; aux uns et aux autres il se donne autrement qu'à tous autres, les identifiant avec lui ou s'identifiant avec eux par avancement d'hoirie.

Les deux doctrines, car je ne veux pas plus les appeler deux sciences que deux poésies, diffèrent et se ressemblent. Leur objet est le même : Dieu su, vu et atteint. Mais le mysticisme va du sentiment, où il débute, à la haute spéculation, où il ne s'arrête plus ; la théosophie va de l'idée spéculative, où elle débute, au sentiment, où elle aime à ne trouver plus ni fin ni limite. Il en résulte que ces deux doctrines, ou plutôt ces deux exubérances de doctrines, s'il faut en varier les appellations autant qu'elles varient leurs nuances, se rencontrent presque toujours. Elles se confondent même quelquefois. Tous les théosophes sont un peu mystiques, tous les mystiques sont un peu théosophes. De là vient que le vulgaire ne les distingue pas, et qu'aux yeux de ceux qui les distinguent, les uns comme les autres sont les victimes des plus grosses aberrations de la raison. Leurs idées ne sont pas taxées d'hérésie, car l'hérésie est d'ordinaire un excès de raisonnement ; mais elles sont qualifiées de superstitions, c'est-à-dire de croyances dont la raison n'avoue pas les principes et déteste les conséquences. Quand ces croyances sont douces, offrent de charmantes illusions sur les grâces à recevoir ici-bas, ouvrent d'ambitieuses perspectives sur l'avenir là-haut, introduisent l'âme dès ce moment dans un monde de bonheur céleste auquel elle n'a communément droit que dans les jours des grandes solutions — quand les croyances mystiques ont tous ces mérites, on les qualifie de belles chimères. Quand, au contraire, elles impliquent une vie de méditation et de prière, exigent une conduite pure et austère, soit la retraite du monde, soit des sacrifices dans le monde, on les qualifie de rêves orgueilleux et funestes, d'égarements aussi ridicules que dangereux.

Et il est vrai de dire qu'il y a des nuances de mysticisme où il y a de tout cela : des erreurs, des idées d'hallucination absurde qui amènent des faits de folie criminelle. L'histoire du mysticisme et celle de la théosophie elle-même en abondent. Or, il n'y a pas à marchander avec l'histoire. Mais il y a des systèmes de mysticisme et des nuances de théosophie où il n'y a rien de tout cela, qui ne souffrent rien de tout cela. Le mystère est l'essence de toute religion ; il domine tous nos rapports avec l'Être invisible dont nous faisons notre père, notre maître, notre juge, l'ordonnateur de notre avenir comme celui de notre présent. Le mystère règne dans nos rapports avec la nature entière. Il est un mysticisme qui n'est que le respect des faits les plus incontestables. Rien de plus légitime que ce mysticisme. Sans doute ses principes aussi peuvent s'égarer, ou du moins on en peut tirer des déductions pleines de péril pour le bon gouvernement de nos facultés ; mais s'il fallait rejeter toute spéculation qui peut mener à des conséquences excessives, il ne faudrait pas faire moins que de rejeter la philosophie tout entière. Or, autant vaudrait proposer à l'espèce humaine de s'arracher les yeux pour ne plus s'exposer à voir des crimes et des monstres, que de se priver des lumières qu'offre la raison pour ne pas s'exposer aux erreurs où elle peut choir. Si la philosophie n'est que l'âme vivante, pensante et parlante, le mysticisme et la théosophie ne sont que cette même âme engagée dans ses méditations les plus hautes, dans les plus fortes de ses convictions, de ses aspirations, de ses espérances, dans ses affections les plus saintes. Ces affections et ces méditations, qu'on appelle divines, parce qu'elles nous élèvent et nous attachent à la divinité, ne nous identifient pas avec elle; mais elles nous en approchent, et dans cet approchement est le plus beau degré du développement humain : témoin Pythagore et Platon, ou Plotin et Proclus, comme saint Jean, Denis l'Aréopagite, Hugues de Saint-Victor et Gerson.

D'ailleurs, si attrayantes sont ces méditations, si enivrantes ces affections, si sublimes les unes et les autres, qu'elles semblent bien naturelles et par conséquent très-légitimes; légitimes et naturelles au point qu'on doit se demander, ce semble, si la nature de l'âme est bien comprise et suivie jusqu'aux confins derniers de sa destinée là où elle n'aboutit pas à l'union intime avec Dieu, c'est-à-dire à ce mysticisme pur et à cette théosophie vraie, qui ne sont que la possession de l'amour le plus idéal et le plus haut degré d'illumination qu'un être raisonnable et moral puisse concevoir et ambitionner.

La philosophie est de tous les temps; le mysticisme et la théosophie ont leurs époques, cela est vrai; mais ce sont les belles époques des peuples qui en jouissent, les époques des grandeurs morales et celles des hautes idéalités.

A ce titre, l'époque des Arnauld et des Bossuet, des Corneille et des Racine, des Turenne et des Condé, l'époque qui nous occupe, ne pouvait manquer ni de mystiques ni de théosophes. Toutefois, cette théosophie spéculative ou ultra-spéculative qui est à la métaphysique ce que l'alchimie est à la chimie, n'avait pas alors de partisans en France. La théosophie philosophique elle-même n'y comptait qu'un seul prophète, Malebranche, continuateur plein d'illusions de l'école cartésienne qui l'avait formé, se persuadant que c'était la raison elle-même qui lui dictait ses théories sur les rapports de Dieu avec l'âme, mettant beaucoup de critique dans sa poésie religieuse, se croyant fin cartésien en changeant l'*intuition mystique* en vision en Dieu et exagérant l'action de Dieu dans l'homme au point d'anéantir la liberté humaine. Rien de plus théosophique que sa grande théorie sur les rapports de l'âme avec l'intelligence divine, « qui nous communique nos idées générales par une action intérieure et immédiate, » si ce n'est cette explication, « que toutes nos idées se trouvent dans la substance efficace de Dieu, qui, en nous affectant, nous en donne la perception, » et ce corollaire, « que notre volonté n'est que le mouvement que cette substance efficace nous imprime par les idées vers le bien. » Cela n'autorise-t-il pas, cela n'implique-t-il pas cette conséquence, que si nous ne voulons pas toujours le bien, ce n'est pas notre faute, mais celle de la substance efficace, qui n'est pas, dans ce cas, efficace du tout et ne nous imprime rien ou bien si peu de chose qu'elle ne produit rien ? En effet, du moment où *nous voyons tout en Dieu* et où *Dieu fait tout en nous* (ce qui est de principe chez Malebranche), ce n'est pas nous qui sommes en faute si nous voyons peu ou mal, et si nous ne faisons rien ou que le mal : c'est bien l'intelligence suprême, c'est la substance efficace qui renferme l'énigme.

Quand, toutefois, je dis rien de plus théosophique que cette théorie, je me trompe; car voici qui l'est davantage : ce que Dieu est pour l'âme humaine, il l'est pour tous les esprits, pour le monde spirituel tout entier, pour le monde matériel lui-même. Dieu renferme en lui toute réalité; hors de lui, il n'en saurait exister aucune. Il contient nécessairement en lui les idées de tous les êtres créés. Ces idées ne sont point différentes de lui-même, et Dieu contient ainsi dans son essence les créatures les plus matérielles et les plus terrestres d'une manière intelligible et toute spirituelle.

Or c'est là ce que professe Malebranche [1].

Pour lui, l'immensité de Dieu est sa substance même, partout répandue. Partout entière et remplissant tous les lieux, quoique sans extension locale, cette immensité est le lieu des esprits, comme l'espace est le lieu des corps. Conserver et créer, est en Dieu une seule et même chose, comme le veut Descartes. L'éternité des autres substances serait leur indépendance. Elles ont commencé, mais elles seront perpétuelles; car leur anéantissement serait l'inconstance de leur créateur.

C'est toujours la même école : Dieu crée tout, Dieu crée tout sans cesse, par la seule raison qu'il veut tout, qu'il peut tout, qu'il est tout; qu'il est la substance par excellence, la seule substance. Car, il faut bien le dire, en dépit de toutes les modifications apportées par Descartes à sa malencontreuse définition de la substance,

---

[1] Voy. Notre *Histoire de la Philosophie moderne dans ses rapports avec la religion*, p. 285 et 286. Et notre *Morale ou Philosophie des mœurs*, p. 150.

ses disciples, Malebranche d'une part, Spinoza de l'autre, et Fénelon parfois lui-même, sont toujours les uns au bord du panthéisme, tandis que les autres sont au fond même. Car dès qu'il n'y a de substance propre que celle qui renferme en elle-même la raison de son existence, il n'y a que Dieu qui en soit une, et tout ce qui est est un. Et pourtant Arnauld avait bien démontré que rien n'a sa raison d'être ou sa cause en soi, puisqu'il faudrait pour cela qu'une chose pût être son principe, ou sa cause, ou sa raison d'être, avant d'être.

Mais si tout le monde lisait Descartes, et plus encore Malebranche, peu d'élus lisaient Arnauld. La piété même de Malebranche devint un péril. C'est que, si exagérée que fût la pensée et si chimérique l'imagination du grand métaphysicien, l'une et l'autre, toujours saintes et baignées aux sources saintes, se tiennent si purement et avec tant de bonne foi, en certains points, à la simplicité évangélique, d'une part, aux clartés philosophiques, d'une autre, que, si tous les écrits de Malebranche furent mis à l'index, toute la personne de Malebranche fut aimée et honorée, tous ses écrits dévorés. On ne se défiait pas de lui. Si théosophe et si chimérique qu'il fût, il y avait dans sa belle intelligence et dans son âme droite une antipathie profonde pour toute espèce de science occulte, de vision extatique et de théurgie ou de commerce magique avec les sphères interdites non pas à la spéculation, mais à la fréquentation de l'esprit humain. Sa théosophie était excessive, mais pure d'hallucination et, sinon d'enthousiasme, du moins de fanatisme.

Il en fut de même du mysticisme tel qu'il s'est produit dans l'une des plus belles âmes du plus beau siècle de la France : Fénelon se préserva de tout excès, et pour sa sereine piété il se fit lire par tout le monde, quoique condamné aussi.

Le mysticisme est de la foi chrétienne, et ses formes sont variées à l'infini; mais il ne s'en produisit pas de plus belle dans ce siècle que celle qui vit et respire dans les écrits de Fénelon.

Sous ses formes communes, espagnoles ou semi-espagnoles, italiennes ou semi-italiennes, par exemple, le mysticisme était commun en France dans la jeunesse de Fénelon, et j'admets bien que celui-là n'a pas été sans influence sur son esprit. Mais sous ses formes relevées, il est toujours rare, et Fénelon n'en goûta jamais d'autre. Il n'en voulut pas non plus sous sa forme ambitieuse; il se tint toujours à de grandes distances de madame Guyon, qui se laissait aller trop volontiers à cette forme, mais qui n'eut pas elle-même soit l'occasion, soit l'élan nécessaire pour suivre jusqu'au bout ce qu'il y avait, ailleurs qu'en France, de plus avancé, je veux dire de plus ultra-métaphysique.

Sous ses formes à la fois très-ambitieuses et très-luxuriantes, le mysticisme ne se rencontre guère à cette époque que dans les pays les plus bibliques de l'Europe, et surtout dans les pays apocalyptiques, c'est-à-dire ceux où les plus fortes aspirations des âmes religieuses se nourrissaient de l'étude des poésies prophétiques de l'ancienne alliance et de celle des poésies apocalyptiques de la nouvelle. A ce titre, je viens de le dire, et dans ces formes exubérantes où il touche à la théosophie, le mysticisme était à peu près inconnu en France à cette époque. On le trouvait non-seulement dans ces pays de l'Europe que je viens d'indiquer, mais encore dans tous ceux qui avaient pris une part complète à la Renaissance de la philosophie grecque, et avaient joint aux études d'Aristote celles de Platon et de Plotin, à celles des systèmes grecs le goût des traditions de l'Orient.

En effet, le nouveau platonisme avait joué dans la Renaissance un rôle encore plus considérable que le platonisme; Plotin était encore plus lu et mieux traduit que Platon, et partout les plus savants d'entre ses interprètes ajoutaient les doctrines de l'Orient à celles de la Grèce. Au mysticisme de la philosophie grecque se mariait si bien la théosophie de l'Orient qui l'avait enfanté, que dans les générations suivantes les Paracelse et les Van Helmont ajoutaient avec exaltation la théurgie à leurs travaux et à leurs tendresses. De là ce courant de théosophie et de mysticisme qui eut en Allemagne son expression la plus parfaite dans Jacques Boehme, en Angleterre dans le docteur Pordage et son élève Jane Leade[1], en Hollande dans quelques disciples des uns et des autres, en Suède dans un savant illustre qui vint au monde au moment même où Fénelon écrivait le Postscriptum de son *Avis à une dame de qualité pour l'Éducation de sa fille*.

De tout cela rien ne devait convenir à l'âme sincèrement pieuse, très-tendre, mais très-évangélique, très-élevée et toujours très-lumineuse de Fénelon, qui pouvait bien sympathiser avec Platon et son idéologie

---

[1] Voy. Matter, *sa Vie et ses écrits, Em. de Swedenborg*, p. 89.

poétique, mais qui n'eut aucun goût pour les nouveaux platoniciens, et ne connut des gnostiques que le nom. Aussi, quoi qu'on dise, son mysticisme n'eut-il jamais rien de commun avec le leur, qui est très-théosophique.

En effet, sa doctrine fut essentiellement chrétienne. Et pourtant il était dans la destinée de ce beau génie, de ce penseur si lucide, de cet écrivain si élégant qui voulait être le représentant du mysticisme le plus pur, le plus approuvé et le plus contenu, de voir son nom, sa position, ses affections et ses théories engagés malgré lui, par ses liaisons avec madame Guyon, dans les idées, les tendances et les péripéties du mysticisme le plus exalté de son pays. Je ne connais pas de plus belle étude de psychologie pratique que celle qui nous est offerte dans cette destinée, et je me laisserai plus d'une fois aller dans ces pages à la tentation d'effleurer cette énigme, mais mon véritable objet est autre.

Le mysticisme sous toutes ses formes, même celles que lui donnèrent sainte Thérèse et saint François de Sales d'une part, Leibnitz et Bossuet de l'autre, apparaissent dans la vie de Fénelon, si bien que, pour voir figurer ces formes de la manière la plus sensible et la plus intéressante à la fois, c'est dans cette vie qu'il convient de les suivre.

Et c'est là le véritable objet de ces pages.

LE
MYSTICISME ET LA THÉOSOPHIE
AU TEMPS DE FÉNELON

CHAPITRE PREMIER

État moral de la France. — Les nuances du mysticisme régnant. — Les premières études de Fénelon, l'université de Cahors, le collége Duplessis, le séminaire de Saint-Sulpice. — Ses lectures mystiques et ses premiers rapports avec ses futurs adversaires. — Ses rêves de missionnaire au Canada et au Levant. — Son enthousiasme classique. — Ses premières fonctions.

1651 — 1678

Au moment où François de Salignac naquit dans le Périgord, au château de Fénelon dont il devait illustrer le nom plus que ne fit aucun autre de sa famille [6 août 1651], la France, qui a le malheur ou le privilége d'être souvent agitée, l'était un peu plus qu'à l'ordinaire.

Sa pensée politique, sa pensée religieuse et sa pensée philosophique l'étaient presque au même degré.

Éveillée d'abord par les révolutions de Hollande, violemment secouée par celles d'Angleterre et fort attentive à celles de Suède, la pensée politique de l'Europe s'était dessinée en France en des traits aussi nets que puissants. Le génie de Richelieu l'avait savamment disciplinée et très-énergiquement enchaînée. Elle s'était pourtant hardiment et gaiement émancipée sous Mazarin, et montrée d'autant plus audacieuse qu'elle sentait plus la ruse que la force de son adversaire. Tour à tour flattée, jouée ou trahie, elle avait pris contre lui toutes les armes, la chanson et le pamphlet comme la révolte ouverte, se calmant au nom de toutes les illusions que fait toujours naître un nouveau règne et s'attendant peu à cette déception, qu'à un ministre italien très-avisé succédât un roi mi-français, mi-espagnol et très-despote. Mais tel était le désordre des esprits et des choses, en dépit des illusions, qu'au moment de la naissance de Fénelon Mazarin était réduit à s'enfuir à Cologne. Telle était aussi l'inintelligence du gouvernement et de ses conseillers que la leçon si clairement donnée par la révolte — or une leçon profonde fut donnée aux grands et au peuple par l'anarchie et par les doctrines qu'elle avait professées — fut entièrement perdue ; si bien que le nouveau roi et ses ministres ne conçurent rien de plus propre à guérir les maux enfantés par le pouvoir absolu qu'un redoublement d'absolutisme.

La pensée philosophique, légèrement atteinte par les leçons très-positives, mais très-sages et très-modérées de Bacon, avait été vivement saisie par Descartes, mort l'année même qui précéda la naissance de Fénelon. Ingénieuse et hardie, la méthode de ce novateur avait donné à l'esprit français une impulsion d'autant plus féconde qu'elle était un peu plus sceptique que dogmatique, et qu'elle faisait un appel plus direct à l'amour-propre qu'à la déférence, en se montrant plus amie de la critique que de la tradition, de la création ou de l'invention que de l'érudition. Rien ne va mieux à notre génie que ce qui flatte beaucoup notre orgueil.

Nous trouvons aujourd'hui la question religieuse très-débattue, et nous imaginons facilement qu'elle ne l'a jamais été au même degré. C'est une grande illusion. Le mouvement dogmatique n'était pas plus vif seulement à cette époque, il était plus passionné, plus intolérant : il était essentiellement haine et violence mortelle. Les débats de la Réforme subsistaient et divisaient la pensée religieuse du pays comme celle de toute l'Europe. Loin d'en être ébranlée, la foi était ferme encore, enthousiaste au besoin, et dans l'occasion même un peu fanatique dans les deux camps. Grâce à la lutte des partis et aux hardiesses agressives des protestants, qui cherchaient la majorité dans les conquêtes du prosélytisme et la sécurité dans les armes de la guerre plutôt que dans les édits de la paix, on apportait de part et d'autre dans les attachements de religion beaucoup d'exaltation. D'ailleurs la France aimait le catholicisme. Sans doute la liberté de la discussion, et par-dessus tout celle de la parole, va singulièrement à l'esprit de la nation. On ne peut lui interdire ni l'une ni l'autre sans la frapper au cœur ; on ne peut les lui contester toutes deux sans l'irriter. A ce point de vue et par ces côtés, la France est un peu protestante. Mais d'autre part, peu portée à la métaphysique, elle aime la précision d'un dogme nettement arrêté, elle tient à une autorité à la fois sévère et complaisante, dont la main soit pleine de grâces sacerdotales plutôt que de rigueurs monastiques. Elle aime de plus d'ardeur encore les fêtes et les cérémonies, le costume du prêtre, les pompes du culte. Le rôle de fils aîné de l'Église, l'ambition de ses rois, flatte aussi son orgueil national. Ces pieux hommages rendus aux hommes éminents du passé, aux saintes femmes et particulièrement à la Vierge devenue « la Reine des cieux, » font sa joie dans les rangs du peuple et à tous les degrés de sa hiérarchie sociale.

A tous ces points de vue la France est très-catholique.

A l'époque dont nous parlons, l'Église achevait de s'attacher les cœurs par les institutions. De beaux couvents, de riches abbayes, de vastes diocèses offraient à toutes les familles, grandes et petites, nobles et roturières, des honneurs et des dignités pour les heureux, un asile ou des aumônes pour les malheureux. Cela l'emportait de beaucoup dans la balance des comparaisons sur les austères enseignements de vertu et de piété que le protestantisme présentait aux intelligences cultivées et aux cœurs émus de la lecture des textes sacrés. Or plus était menacé cet imposant édifice, plus ceux qui en avaient la garde se montraient jaloux de le conserver, zélés de l'étendre et empressés de le mettre désormais à l'abri de toute agression.

En un mot, tout ce qui était encore catholique en France l'était beaucoup plus depuis la Réforme qu'auparavant. Ce moyen âge, dont on critiquait volontiers les mœurs et abandonnait les goûts, dont on modifiait savamment les institutions et même les doctrines au seizième siècle, on y revenait avec respect et amour au dix-septième. En face de l'audace révolutionnaire qui voulait, avec une consciente bravoure, aller aussi loin et aussi vite que possible, se posa, comme cela se fait toujours, avec une consciente fermeté, la fidélité au passé et la soumission aux choses établies. Cette réaction qui veut retourner en arrière autant que possible et, si faire se peut, amarrer la barque à son point de départ, prit à son service la vraie piété et la vraie science ; pour la science téméraire qui visait trop haut, soit à l'état extatique de sainte Catherine de Sienne, soit à l'état prophétique de sainte Brigitte de Suède qui obtenait des visions et des révélations, on l'abandonnait. Mais la dévotion, ambitionnant la sainteté, ne se bornait plus à la perfection de l'Évangile, ou n'aspirait pas seulement à celle qui règne dans l'*Imitation*, contente de grâces ordinaires : on visait plus haut, et non-seulement à l'union abstraite et idéale avec celui qui est l'Amour suprême, mais à je ne sais quelles faveurs et quels priviléges intimes auxquels prétendaient des âmes extraordinairement consacrées à leur Sauveur, vivant avec leur époux céleste dans d'ineffables délices. Les vies de sainte Brigitte et de sainte Catherine servaient encore de types et de leçons, il est vrai ; mais on y joignait la vie de sainte Thérèse et celle de son grand élève, Jean de la Croix. On traduisait en français et l'on réimprimait sans cesse les œuvres spirituelles de la sainte carmélite d'Espagne avec ce titre entraînant : *pour acheminer les âmes à la parfaite union avec Dieu* (v. édition de Paris, 1621).

La vie et les œuvres de saint François de Sales (Paris, 1625) vinrent compléter ces enseignements offerts aux personnes de toutes les conditions. Dans toutes on aspirait à la perfection d'après le Manuel du R. P. Dupont : *De la perfection du chrétien en tous les estats* [Paris, 1621 et 1636, traduction de Gaultier].

Nous avons dû entrer dans ces détails pour faire comprendre deux choses : les profondes modifications que Fénelon viendra faire dans le mysticisme de son siècle, les antipathies et les rigueurs qu'elles rencontreront.

Ajoutons maintenant qu'il y eut successivement, vers l'époque de sa naissance et pendant celle de son éducation religieuse, deux courants mystiques qui vinrent d'Espagne, et dont le premier seul ne rencontra aucune opposition ; j'entends celui qui venait de sainte Thérèse. Le second, plus raffiné pourtant, fut repoussé au contraire avec une extrême vigueur ; j'entends celui qui émanait de Molinos.

Un troisième, qui venait de la Savoie, et qui les confondait tous deux, j'entends celui du P. Lacombe et de madame Guyon, devait avoir le même sort que le second.

Le quatrième, celui-là même qui fait l'objet principal de cet ouvrage, le mysticisme espagnol et français profondément modifié par Fénelon, soulèvera des luttes plus violentes et des colères plus impétueuses encore ; mais ce sera en raison même du charme de ses délicatesses plus séduisantes et de l'ascendant que lui prêtera le merveilleux génie de son auteur.

L'influence de l'Espagne sur notre pensée et sur nos mœurs religieuses au dix-septième siècle, souvent indiquée, n'a pas encore été suivie suffisamment ; et l'on n'a pas assez dit que, si l'Espagne eut sur la politique et sur les allures de la monarchie française, dans la personne de Louis XIV, une action si profonde, c'est qu'à l'instar de celle de Madrid, notre politique se mit au service de l'unité religieuse, et que le monarque qui l'adopta trouva dans le plus pur organe du gallicanisme de son temps, dans le précepteur même de son fils, dans Bossuet, un magnifique orateur de cette unité. Cette politique jette le vrai jour sur la vie de Bossuet et celle de Fénelon.

Pour recevoir une révision éclatante des idées mystiques qui dominaient la religion, la France eut besoin d'un Fénelon, mais on dirait que Bossuet lui fut donné du ciel avec la mission spéciale de tempérer ce que, même sous ses formes adoucies et embellies, ce mysticisme pouvait offrir d'exagéré ou d'erroné encore, comme Fénelon lui fut donné, à son tour, pour adoucir les formes rudes et absolues que Bossuet imprimait à sa pensée politique. Seulement, moins courtisan que son rival, il fut moins écouté.

L'état moral de la France est curieux à étudier dans ce siècle. Jamais l'autorité religieuse n'y fut plus ombrageuse, plus sévère, et il ne faut pas attribuer ce fait à l'influence de la politique ou à celle de la littérature espagnole seule, si profonde qu'elle fût alors parmi nous. L'état de la France nous en rend raison lui aussi. La pensée philosophique, si novatrice qu'elle affectât d'être, s'était constamment soumise à la pensée religieuse, même dans la personne de Descartes. Port-Royal et l'illustre Pascal aidé du savant Huet et du pieux Lamothe-Levayer, n'abaissaient tant la raison que pour mieux tenir sous la discipline sa fille, la philosophie. Dans tout le cours du XVIIe siècle, ce que nous voyons de plus éclatant après les jeux de la guerre et ceux de la scène, ce sont les joutes de la philosophie aux prises avec la religion, joutes toujours inégales, car l'État jette toujours sa lourde épée dans le plateau de la foi. Dans les meilleurs écrits de celui qui a le plus senti la pesanteur de cette épée, dans les écrits du plus beau génie de ce siècle, on voit que je parle de Fénelon lui-même, c'est toujours l'Église qui gouverne la philosophie. Et ce gouvernement est ferme. Ses agents les plus illustres, les penseurs les plus éminents, sont en même temps, rudes et belliqueux. Voyez les individus : Arnaud poursuivant Malebranche, Bossuet menaçant Malebranche, Fénelon le combattant; voyez Fénelon et Bossuet se faisant eux-mêmes une guerre à outrance. Voyez les corps : voyez les molinistes et leurs adversaires, les jansénistes et leurs adversaires.

Nous condamnons ces luttes; mais nous avons peu le droit de les juger, car nous ne les comprenons pas : nous ne sentons plus la religion comme ce siècle.

Élève du nôtre, Fénelon eût peut-être transigé lui-même pour éviter la rupture avec Bossuet, avec madame de Maintenon, avec la cour et son roi. Élève de son siècle, nourri aux mamelles de la tendre piété, de la forte dévotion du mysticisme espagnol, il devait mettre au-dessus de tout ce qu'on lui avait appris à aimer et à respecter plus que tout le reste. Et si son âme n'avait pas été fidèle à cette douce et puissante doctrine qu'elle avait reçue dans son enfance, à ces profondes affections qui l'avaient saisie presque au berceau et lui avaient imprimé les plus hautes aspirations dès sa jeunesse, comment, dans son âge mûr, son génie eût-il pu donner aux vérités réunies de la spéculation philosophique et de la foi chrétienne ces formes admirables qui font de lui le maître incomparable du mysticisme moderne?

Mais comment ne le fût-il pas devenu, puisque tout dans sa vie sembla fait pour le façonner à cela?

Né dans une de ces familles autrefois riches et puissantes auxquelles leur fortune, diminuée par de nombreux partages, ne permettait plus d'arriver aux positions élevées autrement que par le service de l'Église ou celui des armes, Fénelon fut destiné jeune au premier. Son père, qui sut bien apprécier les dispositions de l'enfant, lui fit donner sous ses yeux les éléments d'une éducation classique. A douze ans déjà, on l'envoya à l'Université de Cahors pour l'étude des humanités et de la philosophie. Quand ce cours fut achevé, son oncle, le marquis de Fénelon, officier d'un grand caractère et d'une haute piété, continua l'œuvre de son frère en conduisant le jeune philosophe à Paris. Il y entra au collége Duplessis, y continua ses études de philosophie et fit sa théologie sous la direction des docteurs en Sorbonne qui habitaient cette maison. Il s'y rencontra et se lia avec un de ses futurs adversaires, l'abbé de Noailles. Toutefois il passa bientôt au séminaire de Saint-Sulpice, pour faire sous la direction de M. Tronson un apprentissage plus spécial du ministère, et il s'attacha à cette maison au point d'en considérer le chef comme un maître accompli. Dans ses derniers jours, archevêque d'une expérience consommée, il la proclama la plus vénérable et la plus apostolique qu'il connût. Il s'y lia encore d'amitié avec un autre de ses futurs adversaires, l'abbé Godet des

Marais, depuis évêque de Chartres, et qu'il devait retrouver, sinon à la cour, du moins à Saint-Cyr.

Le futur cardinal de Noailles et le futur évêque de Chartres, tels étaient les objets de sa plus vive affection, en attendant qu'il s'attachât de toutes les puissances de son âme au troisième de ses futurs adversaires, à celui dont l'ascendant sur son cœur et son esprit devait effacer toutes les autres amitiés pendant une longue série d'années et ne s'affaiblir que devant madame Guyon.

Ce troisième ami, prêtre aussi, jeune encore et déjà célèbre dans la chaire et dans la science religieuse, j'entends Bossuet, Fénelon ne le connaissait pas encore personnellement à cette époque ; mais déjà il se livrait à la lecture de ses ouvrages, à son génie ; déjà il l'aimait de toute tendresse et avec entraînement.

Dès ce temps, et pendant son séjour à Saint-Sulpice, il s'appliquait, avec toute sa vivacité et quelque prédilection, à l'étude d'un ordre d'écrits dont les enivrantes tendances devaient un jour faire éclater entre lui et Bossuet la plus forte division au sein de la plus sincère amitié : il lisait les écrits des plus tendres mystiques. Un de ces historiens à parallèles qui se retrouvent et se maintiennent toujours, ne manque pas de nous dire en belle antithèse, qu'il s'appliquait à ce genre de textes qui égarent quelquefois, tandis que son ami Des Marais lisait l'Évangile qui ne trompe jamais. Mieux vaudrait nous renseigner et nous apprendre quels étaient les auteurs de ces écrits que lisait alors Fénelon. Mais c'est là ce que personne ne nous dit d'une manière précise. J'ai lieu de croire que ce furent François de Sales et madame de Chantal, sainte Thérèse et Jean de la Croix, plutôt que saint Augustin et Denis l'Aréopagite, Hugues de Saint-Victor ou saint Bernard.

Quoi qu'il en soit, si telles furent dès lors les différences de goût et d'affection qui distinguaient le futur évêque de Chartres et le futur archevêque de Cambrai, une divergence analogue se fût remarquée entre Bossuet et Fénelon : s'ils se fussent trouvés condisciples, ils ne se fussent rencontrés que dans la lecture des Pères, dans celle des écrivains profanes et en particulier dans celle des orateurs de l'antiquité. On doit d'ailleurs remarquer une singulière analogie entre ces deux hommes éminents : c'est que l'un et l'autre préludèrent à leur future renommée dans la chaire en prêchant devant des auditoires de salon, des amateurs bienveillants, dès l'âge de quinze ans. Mais ils ne se fussent point rencontrés dans l'étude des mystiques.

Si jeune qu'il fût, Fénelon, éclairé sur son talent par la tendre amitié de son oncle, déjà semblait pressentir l'élévation qui attendait sa parole et entrevoir l'avenir qu'elle lui ménageait. Dans un prêtre de qualité, une belle parole était alors un grand titre. Une prédication éloquente, la renommée acquise en chaire ou dans l'apostolat du missionnaire, conduisaient aux beaux postes de l'Église ceux qui n'étaient pas appelés à l'épiscopat par leur famille ou leur naissance ; et si Fénelon avait pu douter de la haute valeur de ce titre, il en avait devant lui une preuve trop éclatante pour n'en être pas frappé, l'élévation de Bossuet.

Son oncle l'avait enfin présenté à ce jeune prince de la science et de la chaire, à qui il portait comme orateur, comme écrivain et comme vainqueur des plus illustres d'entre les résistances protestantes, une admiration qui se transforma bientôt en une vive et déférente amitié. La déférence convenait à l'âge de Fénelon comme à l'autorité de Bossuet, que déjà le *grand* Arnauld lui-même prenait pour conseiller et pour arbitre, même dans la délicate question de la version du *Nouveau Testament* dit *de Mons*. Arriver aussi haut et aussi vite que Bossuet par le seul ascendant de la science et de la parole, était chose rare, extraordinaire; et je ne veux pas dire que ce fut cette haute ambition qui fit de Fénelon l'émule et l'ami de Bossuet : je pense, au contraire, que ce furent les mobiles les plus nobles qui puissent agir sur le cœur d'un jeune prêtre; mais, avec une parole aussi belle et un tel amour de la belle parole, il était impossible que Fénelon ne fût pas de tout cœur à la recherche et à l'imitation de Bossuet.

Toutefois, avant de monter dans les chaires en France, il voulut s'essayer d'abord dans l'enseignement religieux sur un théâtre plus modeste. A son séminaire, il entendait beaucoup parler des missions d'Amérique, et bientôt il forma le dessein d'aller dans le Canada se mettre à la disposition de l'établissement que la Congrégation de Saint-Sulpice avait formé à Montréal pour la conversion des sauvages. Son projet arrêté, il en fit part à M. Tronson, qu'il vénérait comme un père, mais dont les conseils négatifs ne suffirent pas cette fois à le détourner d'une entreprise devenue aussi chère à son cœur qu'à son imagination. Il fallut au contraire le refus formel de son oncle, l'évêque de Sarlat, pour faire abandonner cette pensée au jeune prêtre, qui se soumit enfin, à la vive satisfaction de sa famille, et, il faut le dire, à son propre avantage.

En effet, Fénelon se consacra, plus glorieusement pour la France et pour lui-même, au service le plus modeste qu'il y eût à rendre dans la paroisse de Saint-Sulpice, l'instruction populaire : ce fut là son véritable noviciat dans le ministère de la parole, et il y trouva pour lui de plus grandes leçons, de plus vives excitations pour ses rares facultés que dans une mission.

Toutefois, l'idéal qu'il s'était fait du vrai missionnaire ne pouvant s'y réaliser, il revint à son premier projet sous une forme nouvelle, et conçut avec une égale vivacité d'imagination le plan d'une grande mission en Orient. Le Levant, c'était pour lui l'antiquité, l'Ionie, la Grèce, les îles et les mers illustres, les cités et les monuments classiques qu'il a célébrés depuis avec tant d'amour et d'éclat. A l'entendre lui-même sur ce projet dans les lignes enthousiastes qu'il traça sur son beau rêve, — car de tout son plan rien ne se réalisa, — on se demande si c'est bien lui ou cet aimable commensal de madame de Choiseul qu'un siècle plus tard on appelait dans le monde l'abbé Barthélemy, qui les a écrites. Il était dans le diocèse de Sarlat, où son oncle lui avait donné un petit bénéfice pour l'aider à vivre à Paris, et il avait obtenu cette fois-ci le consentement de cet oncle, quand il écrivit à Bossuet :

« Je pars (pour Paris), et peu s'en faut que je ne vole. A la vue de ce voyage, j'en médite un plus grand. La Grèce entière s'ouvre à moi, le sultan effrayé recule; déjà le Péloponèse respire en liberté, et l'Église de Corinthe va refleurir; la voix de l'Apôtre s'y fera encore entendre. Je me sens transporté dans ces beaux lieux et parmi ces ruines précieuses, pour y recueillir, avec les plus anciens monuments, l'esprit même de l'antiquité. Je cherche cet aréopage où saint Paul annonça aux sages du monde le Dieu inconnu. »

Fénelon se trompe, ce n'est pas devant l'aréopage, tribunal où personne ne l'avait cité, que saint Paul a parlé, c'est sur le monticule dit Aréopage où il s'était rendu avec la multitude.

« Mais, continue le jeune missionnaire lancé dans toutes les poésies de son rêve bien-aimé, le profane vient après le sacré, et je ne dédaigne pas de descendre au Pirée, où Socrate fait le plan de sa république. Je monte au double sommet du Parnasse; je cueille les lauriers de Delphes et je goûte les délices de Tempé. »

On ne peut être ni plus apôtre en rêve, ni plus poëte en réalité; mais c'est sans doute l'excès de poésie même que Fénelon mettait dans ses projets qui les fit évanouir. Il me semble bien qu'à la vue de ces lignes Bossuet a dû sourire et secouer un peu la tête. Du moins on ne voit pas quels autres écueils infranchissables il a pu se rencontrer réellement dans cette combinaison qui devait plaire à la cour et à l'épiscopat, beaucoup plus qu'à la famille et aux amis du jeune enthousiaste. Sa famille ne le négligeait pas; elle avait cherché au contraire à lui procurer la députation de la province de Bordeaux à l'assemblée générale du clergé de 1675, malgré sa jeunesse. Ses amis, persuadés à leur tour qu'il était appelé à de belles destinées, pensaient qu'il fallait occuper son zèle trop expansif et employer ses talents déjà très-développés pour ses années. Bientôt ils trouvèrent pour lui précisément la mission qui convenait le plus à son âme tendre et mystique, une charge modeste en apparence, mais qui, remplie avec succès, pouvait le mettre directement en rapport avec madame de Maintenon et le mener, sinon aux grandeurs de la cour, qu'il n'ambitionnait pas encore, du moins aux dignités de l'Église, pour lesquelles il se préparait déjà : ils le firent nommer supérieur des *Nouvelles catholiques* du faubourg Saint-Antoine, 1678.

CHAPITRE II

Fénelon et M. de Harlai. — Fénelon supérieur des Nouvelles catholiques et des filles de Traisnel. — Sa méthode comme missionnaire dans le Poitou, sa polémique et ses moyens politiques. — Fénelon ministre protestant. — Les premiers soupçons qui s'élèvent à l'endroit de sa doctrine. — Nommé évêque de Poitiers, il est aussitôt révoqué.

1678 — 1688

On ne sait rien du tout sur la manière dont Fénelon remplit la charge à laquelle il venait d'être appelé, et qu'il garda dix ans. C'est à regretter. Car les *Nouvelles catholiques* étaient d'anciennes protestantes, la plupart fort peu catholiques encore, de pauvres filles nouvellement converties ou disposées à se laisser convertir, leurs familles aspirant aux faveurs de la cour et les faisant instruire dans le catholicisme. En effet beaucoup de familles protestantes se résignaient, les unes à faire suivre, les autres à laisser suivre à leurs enfants les exemples donnés par une partie notable de la noblesse réformée. Or partout le clergé tenait à faire donner d'excellentes leçons à ces novices. Partout, comme à Paris, l'épiscopat choisissait pour cet enseignement les prêtres les plus distingués, et chacun d'eux s'appliquait à réaliser, dans sa sphère et selon ses moyens, ce que Bossuet, ayant à convertir Turenne, avait fait dans la sienne avec sa science et son génie. L'*Exposition de la foi catholique*, écrite par Bossuet pour l'illustre guerrier, était comme le type de cet enseignement, et on suivait généralement dans cette œuvre le sage conseil qu'avait donné madame de Maintenon à l'ecclésiastique chargé de convertir un de ses parents. « Ne lui parlez que de ce qu'il est nécessaire qu'il sache, » avait-elle dit au souvenir de ce qui avait été fait de trop à son sujet; car elle aussi avait eu à vaincre de grandes antipathies en changeant de culte. Le manuel de Bossuet, la célèbre *Exposition* que nous venons de citer et dont les éditions se multipliaient en France d'année en année, comme les traductions à l'étranger, servait de type et de guide à toutes ces conquêtes, très-difficiles les unes, très-faciles les autres, toutes très-recherchées dans le clergé et fort bien vues à la cour.

Cet écrit si connu jadis eut le double mérite d'élever le ton de la controverse et le niveau de la science. Il convenait à ces deux points de vue au nouveau supérieur, comme Fénelon lui-même, si jeune qu'il fût, convenait à son poste. En effet, si ce fut un peu la bienveillance qui le fit mettre à la tête d'une telle maison, il est certain néanmoins qu'en consultant exclusivement les intérêts religieux de ses nobles élèves, on n'eût pas trouvé de candidat offrant une réunion de titres plus complète que Fénelon. Sa jeunesse, parée de toutes les aspirations de son âme très-mystique et de toute l'autorité de son saint ministère, loin d'être un obstacle auprès de cette congrégation, était au contraire une puissance de plus. S'il n'avait que vingt-sept ans, il était conseillé par Bossuet et guidé par l'expérience acquise en instruisant le peuple de la paroisse de Saint-Sulpice. Il joignait ainsi au zèle et aux ressources de l'esprit la meilleure des directions et l'aplomb d'une pratique un peu éclairée déjà et pleine encore de cette confiance qui fait le succès. Il avait de plus une merveilleuse facilité d'apprendre, de s'assimiler ce qui lui manquait, de grandir selon sa charge et d'être dans sa position tout à tous sans cesser d'être lui. L'aisance merveilleuse qu'il montrera comme archevêque, sans avoir auparavant occupé aucun poste dans l'Église et que nous expliquent sa nature et ses facultés, il l'apporta dans l'accomplissement de ses premières fonctions.

On prend volontiers, en le jugeant, la rare souplesse de sa parole, qui répondait si bien à celle de sa pensée, pour de la souplesse de caractère : c'est à tort, et c'est une grande faute qu'on commet dans l'appréciation de sa personne. Toute sa vie durant Fénelon tient au contraire singulièrement à ses idées, à ses doctrines, à ses affections. Ses intérêts lui sont chers comme sa personne; il a conscience de son droit et de sa dignité, comme de ses talents. Il s'y maintient avec fermeté; toutefois, il le fait avec une telle mesure, avec une si parfaite subordination de ce qui est secondaire à ce qui est supérieur et de ce qui est supérieur à ce qui est suprême, qu'il ne heurte jamais le goût ni la modestie. Il accommode sa conduite et son langage; mais ce n'est jamais qu'autant que le permettent sa conscience et ses principes. Il est vrai que ses principes sont si larges et sa conscience si ferme, que jamais sa pensée ne s'y trouve à l'étroit ni sa parole dans l'embarras. Sa parole est souple; mais sa pensée est constante, son génie est un du commencement à la fin. Si nous manquons de détails sur son premier supériorat, nous pouvons être certains que ce qu'il fut depuis et partout, à Versailles, à Issy, à Cambrai et à Rome, il le fut à Paris à vingt-sept ans : toujours et partout le plus docile des hommes pour qui sait éclairer son génie et pour qui a sur lui autorité; dans tout le reste, le plus indépendant et le plus lui-même de tous les mortels. Ne lui a-t-on pas reproché l'engouement poussé jusqu'à l'entêtement, la constance exaltée jusqu'à l'obstination?

Une anecdote qui date des premières années de son supériorat, montre trop bien le sentiment de son indépendance personnelle et le respect de sa dignité sacerdotale pour que nous ne la rappellions pas. Nous y voyons toute la noblesse naturelle et la légitime pruderie de sa conscience. Placé par M. de Harlai à la tête de sa congrégation, il devait à son supérieur, l'archevêque, toutes ces déférences de hiérarchie que pouvait demander un prélat très-jaloux de ses priviléges. Fénelon ne manqua pas à ces convenances. Mais ses affections étaient ailleurs. Fasciné par la science, le génie et la renommée de Bossuet, que relevaient une influente position à la cour et des succès chaque jour plus éclatants, il eut pour l'évêque de Condom toutes les déférences de l'esprit et toutes celles du cœur. Il paya chèrement cette généreuse préférence, mais il ne regretta jamais son choix. Quand M. de Harlai, qui s'apercevait trop de ses prédilections et ne s'en accommodait nullement, lui donna cet avertissement si sec et si précis :

Vous voulez être oublié, Monsieur, et vous le serez, il acquiesça par son silence. Rien ne put lui faire multiplier ses apparitions aux salons de l'archevêché. La conduite personnelle de M. de Harlai n'étant pas édifiante, il était impossible à un prêtre tel que Fénelon de lui donner son cœur; et il eût été encore plus indigne d'un tel prêtre de simuler de vaines apparences d'attachement.

Un avertissement pareil à celui de M. de Harlai ne pouvait intimider qu'un homme qui méritât d'être oublié, et déjà Fénelon se connaissait trop bien pour se déclasser lui-même dans sa pensée ou dans son avenir.

Et il ne fut pas oublié; il ne pouvait pas l'être. A défaut de son archevêque, d'autres ouvraient les yeux sur ses premiers travaux. Ils ne furent pas éclatants, mais il fit sans nul doute comme partout ailleurs, c'est-à-dire qu'il s'y consacra avec toute son ardeur. A peine nommé, il quitta sa demeure à Saint-Sulpice, pour être libre de sa personne; il se logea chez son oncle, à qui le roi avait donné un appartement à l'abbaye de Saint-Germain-des-Prés, et bientôt la manière dont il dirigea les deux congrégations qui lui étaient confiées (on lui avait donné aussi les filles dites de Traisnel) le fit désigner pour un de ces apostolats dont sa pensée s'était deux fois déjà préoccupée en vain.

Et cette fois, du moins, tout s'accorda pour la réalisation de ce qui avait été l'objet de son rêve le plus séduisant. Seulement la mission à laquelle il fut appelé était plus difficile. Il s'agissait non plus d'instruire d'anciennes protestantes devenues de nouvelles catholiques, mais de convertir des protestants très-persévérants,

Or, pour une telle mission encore il était plus propre que nul autre, et celle-là se liait si bien à ses habituelles fonctions qu'il put aller la remplir sans se détacher de son poste.

Louis XIV, en révoquant l'édit de Nantes, venait de prendre la mesure la plus désastreuse de son règne. Marchant à l'encontre de tout le progrès et de toutes les tendances de son siècle, de tous les principes de la pensée moderne, il abolissait la tolérance et proclamait la fiction de l'unité de la foi dans un pays qui comptait deux millions de dissidents. Des diverses provinces de France, le Poitou était celle qui donnait à cette politique espagnole le plus éclatant démenti. Il est vrai que Louis XIV joignait à la fiction d'énergiques réalités. Mais la population protestante du Poitou, de la Saintonge et de l'Aunis, répandue dans les campagnes comme dans les gros bourgs et les villes, ne voulait pas plus céder aux rigueurs qu'à l'instruction offerte. Quand on l'eut privée de ses ministres, son état affligea la religion et alarma la politique. Bossuet, qui approuvait l'unité dogmatique qu'on avait proclamée, sans approuver les moyens qu'on pratiquait pour la réaliser, proposa au roi d'envoyer dans les provinces une mission dirigée par l'habile supérieur des nouvelles catholiques, et Fénelon, qui était de ces contrées, qui en connaissait les mœurs, l'esprit et les besoins, accepta avec joie, sous la seule condition d'avoir le choix de ses aides. S'associant les jeunes prédicateurs les plus distingués de sa connaissance, les abbés de Langeron, Fleury, Bertier et Milon, c'est-à-dire un ami, deux futurs évêques et un futur historien de l'Église, il se rendit à son nouveau poste avec les perspectives les plus flatteuses pour son cœur.

C'était au moment même où madame de Maintenon ouvrait la magnifique maison de Saint-Cyr, pour y élever, dès l'âge de sept ans jusqu'à celui de vingt, deux cent cinquante jeunes filles nobles, orphelines ou pauvres. Dans cette maison très-privilégiée Fénelon allait bientôt apparaître à son tour, avec quelques-uns des prêtres et des évêques les plus distingués du temps ; mais, pour le moment, heureux d'être devenu enfin un apôtre, il fut tout entier à sa nouvelle mission.

Que fit-il dans le Poitou ?

Ceux qui le prennent un peu légèrement, mais de bonne foi, pour un des précurseurs de la philosophie ou même des philosophes du dix-huitième siècle, se font difficilement une idée juste des vues qu'il apporta dans l'accomplissement de son œuvre, et ils seront mal satisfaits de savoir les moyens qu'il y employa. Ses vues étaient à peu près celles de madame de Sévigné, qui trouvait l'édit de révocation si touchant. C'étaient encore plus celles de Bossuet ; seulement il les appliqua peut-être avec plus de douceur, plus d'égards pour certaines exigences. Mais au fond les deux ecclésiastiques étaient parfaitement d'accord. Ce qu'ils professaient l'un et l'autre de franc et net, ce n'était ni la vraie et simple tolérance de nos jours, qui formait alors une idéalité, ni l'inflexible et dure violence du moyen âge, pour qui le but justifiait les moyens et qui était déjà un héritage un peu répudié ; c'était cette persuasion, que, la doctrine de l'Église étant seule la vérité certaine et absolue, il fallait bien commencer par enseigner cette vérité, la prouver à tout le monde autant que possible et n'envoyer les dragons que sur ceux qui auraient d'abord chassé les prêtres.

Il était peu philosophique et peu chrétien de recourir aux dragons; mais, ne les admettre qu'en second et à certaines conditions, c'était alors un progrès.

D'autres voulaient encore les dragons avant, pendant et après. Déjà *les missions bottées* agissaient sur plusieurs points du royaume. Mais pour un missionnaire tel que Fénelon, suivre les dragons ou s'en faire suivre, était une triste alternative et on dit qu'au moment de quitter Versailles avec ses compagnons, il demanda au roi, non pas comme une chose légitime, mais comme une grâce personnelle, que les troupes seraient retirées partout où se présenteraient les missionnaires. On ajoute que le roi fit des objections, que Fénelon eut le courage de décliner l'argument tiré en faveur des dragons de la nécessité d'assurer la sécurité des prêtres et qu'il obtint enfin du fier monarque la concession sollicitée avec une si généreuse persistance. Il faut toujours accueillir les belles anecdotes sur les belles âmes; mais Rhulières a prouvé par des documents officiels, que les troupes royales avaient quitté le Poitou quand Fénelon et ses amis furent chargés de leur mission.

Quoi qu'il en soit, la simplicité avec laquelle ils se présentèrent au peuple, la manière dont ils remplirent leur œuvre et les succès qu'ils y obtinrent, justifièrent le choix de leur personne et les firent combler d'éloges.

Mais si les succès extérieurs furent réels ou les abjurations nombreuses, elles n'éblouirent pas toutefois Fénelon lui-même sur leur valeur absolue.

Il croyait si peu à la durée de leurs conquêtes, qu'il écrivit au sujet de ces protestants si vite devenus catholiques, ces mots pittoresques qui l'humiliaient profondément :

« Si on voulait leur faire abjurer le christianisme et suivre l'Alcoran, il n'y aurait qu'à leur montrer des dragons. »

Ainsi les missionnaires ont fait très-facilement des catholiques; mais de ces catholiques les dragons auraient fait plus aisément encore des mahométans. C'est là ce qui remplit de douleur la belle âme de Fénelon et ce qui lui fit hâter bientôt son retour à Paris. Il n'avait réussi que par un système de condescendances qui blessait les partisans du système de rigueur et les éloges qu'il obtint ne furent rien moins qu'unanimes. A la cour on préférait ce système de rigueur, plus rapide et plus tranchant. On le suivait dans d'autres provinces. Plus d'énergie y amenait plus de conversions, ou du moins plus de soumissions. On y avait aussi des exigences plus précises quant aux pratiques. C'était le contraire de ce qui allait à Fénelon. Il voulait des convictions, la cour des soumissions, et on voit sans surprise, dans sa correspondance avec le Père La Chaise, qu'il ne s'accordait pas sur la question des moyens avec ce puissant personnage, que d'ailleurs il aimait singulièrement. « Ce Père, écrit-il, me donnait des avis fort honnêtes et fort obligeants, sur ce qu'il fallait, *dès les premiers jours*, accoutumer les nouveaux convertis aux pratiques de l'Église pour l'invocation des saints et pour le culte des images. » Le Père La Chaise oubliait donc, ou ne voulait pas qu'on suivît, en Poitou, les pratiques si pleines d'indulgence que son ordre avait jadis adoptées et que même il suivait encore en Chine. Fénelon et ses amis étaient au contraire partisans des idées de concession tant reprochées aux missionnaires de la Chine et de l'Inde ; ils s'accommodaient « aux préventions et aux répugnances de leurs nouveaux catéchumènes et attendaient du temps ce qu'à leurs yeux le temps seul pouvait amener. » Or ils parvinrent bien à s'entendre avec le gouvernement sur la question des moyens politiques, mais sur celle des moyens moraux, il y eut plus de difficultés. Le système de temporisation, par exemple, leur paraissait d'autant mieux entendu que la république de Hollande offrait, par ses amis de la Rochelle, un asile plus séduisant aux familles attachées à la foi réformée, qui y seraient libres de la professer ouvertement et dispensés de tout impôt pendant les premières années de leur établissement. A leur avis, le cabinet de Versailles ne pouvait pas fermer les yeux sur des considérations aussi positives, et le chef de la mission crut devoir prêter lui-même son ministère et son talent pour faire valoir des raisons aussi humaines dans une affaire si sainte. Il le fit avec succès, et peut-être, j'ai le regret de le penser, parce qu'il y sut ajouter des considérations moins pures encore. En effet, la correspondance de Fénelon avec M. de Seignelai, ministre du roi, atteste des sentiments qui embarrassent beaucoup ceux qui se figurent toujours que de ses lèvres n'ont jamais coulé que les paroles d'un ange de douceur. Il y recommande, par exemple, à l'autorité *d'être inflexible pour retenir ces esprits que la moindre mollesse rend insolents*. — On qualifiait d'insolents ceux qui déclaraient que, si on ne voulait pas les laisser suivre la religion de leurs pères, ils s'en iraient en Hollande.

Fénelon ne se bornait pas d'ailleurs à recommander l'*inflexibilité*, il demanda et obtint autre chose, l'emploi de moyens plus séduisants. A Marennes il annonça lui-même, publiquement et en chaire, les promesses que faisait le gouvernement, « les bontés, dit-il, que le Roi aura pour les habitants de ce pays, s'ils s'en rendent dignes. » Il demanda d'ailleurs au gouvernement que ces promesses fussent appuyées d'envois de blé à bon marché. Et dans ses lettres au ministre, il ajouta ces mots tout pleins de politique : « Je ne doute pas que ces sortes de grâces ne retiennent la plupart des gens de cette sorte. » *De cette sorte* est peu apostolique ; mais on est de son siècle et Fénelon a peu l'air de se soupçonner de corruption dans ces conseils. Il se donne au contraire un bill d'indemnité en vrai triomphateur et par une maxime qui serait une satire dans la bouche de tout autre : « C'est [le bled] la controverse la plus persuasive pour eux. »

Il en a pourtant employé une autre, bien ingénieuse : C'était de battre les ministres de la Réforme en effigie. En effet, n'ayant pu en trouver aucun qui voulût bien se laisser battre en personne, c'est-à-dire, figurer avec lui en public quand il n'était plus permis aux pasteurs de se montrer, il avait imaginé de jouer leur rôle lui-même et s'était fait battre et convertir par son ami, l'abbé de Langeron. Il avait mis dans ce jeu le plus réel sérieux du monde, et loin d'affaiblir ses arguments, c'est lui qui le dit, il les avait présentés dans leur plus grande force.

A ces moyens si ingénieux les uns, si utiles les autres, on en joignit d'autres plus persuasifs encore. Fénelon en indique la nature à Bossuet, en lui écrivant ces mots : « L'autorité du Roi remue toutes les passions pour nous rendre la persuasion plus facile. » En effet, les rigueurs se mêlèrent aux bontés, témoin encore ces lignes de Fénelon : « Les Huguenots mal convertis sont attachés à leur religion jusqu'aux plus *horribles excès d'opiniâtreté.* »

Q'est-ce que les plus horribles excès d'opiniâtreté ?

C'est précisément ce qu'on appelait, aux beaux siècles de l'Église, le courage du martyre.

De la part de Fénelon des mots pareils sont les documents d'un siècle. Qu'on veuille les remarquer, mais sans pourtant les reprocher à l'auteur quand il remuera la terre et les cieux pour défendre, non pas sa religion, mais les *Maximes* qu'il a tirées des écrivains mystiques et qui n'ajoutaient rien ni à la foi ni au salut.

Il y a d'ailleurs, entre ce qu'il vient de nous dire et ce qu'on va nous apprendre sur les « excès d'opiniâtreté, » une contradiction frappante.

Il nous apprend, en effet, quelques lignes plus bas ce fait : « Dès que la rigueur des peines paraît, toute leur force les abandonne. » Or, cela est historique, et il est très-vrai que, dans le Poitou, cinq fois de suite la seule apparition des dragons fit abjurer la population de Lezay, et que, pour éviter la sixième, elle se dissémina définitivement dans les fermes isolées d'alentour. Si cela est bien vrai — et ce sont les documents de la commune qui le constatent — cela est loin « des plus horribles excès d'opiniâtreté » de Fénelon ; mais n'oublions jamais que le style de Fénelon prend volontiers le cachet de son origine méridionale. Dans le langage des officiers de dragons ces retraites empressées étaient des *actes de lâcheté*, et les retours, des *actes d'insolence*. Fénelon lui-même flottait entre les maximes modernes et celles de son temps. Pour tout ce qui était moyens purement politiques, il se mit facilement d'accord avec la cour ; mais il eut avec ses compagnons, qui étaient ses amis, la double affliction de ne pouvoir ni la faire renoncer à son système de violence ni lui faire accepter leur système de condescendance. Celui-ci, qui attend des convictions avant d'enregistrer des conquêtes, le seul bon à leurs yeux, ils ont beau l'exposer ; Fénelon a beau montrer dérisoires les résultats de toute autre méthode, rien n'y fait ; on lui objecte les résultats positifs, le chiffre des conquêtes rapides qui se font ailleurs. Il écrit à Bossuet qu'il peut produire de gros chiffres, lui aussi, mais qu'ils lui sont suspects : « Je ne doute pas qu'on ne voie à Pâques un très-grand nombre de communiants, *peut-être même trop.* » Ce *trop* est gros d'éloquence, mais il n'ouvre les yeux à personne dans la région où Bossuet le fait valoir dans le sens si profond de son auteur. Ni Fénelon ni Bossuet écoutés dans une œuvre apostolique ! Ce fait nous manquait dans le tableau de l'époque.

À la fin l'âme noble et tendre de Fénelon est à ce point rassasiée et brisée de ce qu'elle a dit, fait et vu, de ce qu'elle prévoit et craint dans l'avenir, que son retour à Paris devient l'objet de tous ses vœux, d'une véritable sollicitation. Il en indique la convenance sous la forme la plus ingénieuse. On ne l'écoute pas; il la répète sous celle d'une menace charmante : Il fera quelque sottise, si on ne le rappelle pas. — « N'oubliez pas notre retour avec M. de Seignelai, écrit-il à Bossuet. S'il nous tient trop longtemps éloignés de vous, nous supprimerons encore l'*Ave Maria* et peut-être irons-nous jusqu'à quelque grosse hérésie pour obtenir une heureuse disgrâce. » Il joue avec l'hérésie!

Voilà les dispositions où l'admiré missionnaire, le prêtre droit et sincère, l'homme d'esprit et de cœur, se trouve avec ses compagnons à la fin d'une œuvre à laquelle, aujourd'hui encore, chacun fait allusion, mais qui ne nous est plus connue que par ces phrases vaguement laudatives qui faussent tout; d'une œuvre qui fit honneur à ceux qui l'accomplirent il y a près de deux siècles, mais qui, dans le nôtre, remplie avec des moyens pareils, discréditerait également le gouvernement qui oserait l'ordonner et les agents qui lui prêteraient leur ministère.

Du vivant de Fénelon elle ne fut pas jugée à notre point de vue. Au contraire, conforme aux mœurs générales du temps, elle fut louée. Quoiqu'elle satisfît peu madame de Maintenon, dont le parent le plus notable, M. de Sainte-Hermine, résista aux arguments de sept à huit conférences que Fénelon eut avec lui d'après les ordres de M. de Seignelai, elle fit un beau nom à son chef; elle lui valut les plus grands éloges. Il les méritait par la noblesse de plusieurs de ses procédés, par la pureté d'une partie de ses principes, par le courage enfin qu'il eut de faire distribuer les textes sacrés « pour prouver aux protestants que le catholicisme n'était pas la proscription de la Bible, » mais notre siècle rougirait de quelques erreurs qu'il commit.

Le choix de ses successeurs peut nous surprendre, mais il fut un titre en sa faveur aux yeux de la cour, et il était conforme à ses maximes. En effet, il voulut qu'après lui vinssent d'abord les missionnaires les plus indulgents, les *jésuites*, que tout le monde considérait alors comme les plus propres à cette œuvre, à cause de leur douceur et de leur condescendance.

« Ensuite, dit Fénelon, il faudra de *bons curés*. »

Au total, si cette mission eut un grand retentissement à la cour, elle eut aussi une influence marquée sur la destinée de Fénelon. Elle le fit connaître à madame de Maintenon et au roi.

Fénelon rendit compte des résultats de son œuvre à Louis XIV en personne. Il l'entretint du moins de l'état général des provinces où il l'avait remplie, et sans nul doute le point de vue politique entra dans ce compte tout autant que le point de vue religieux ; les propositions d'émigration faites aux protestants par la Hollande furent assurément mentionnées, peut-être même les moyens de les combattre indiqués ; mais les vues d'un prêtre aussi spiritualiste que Fénelon ne paraissent pas avoir offert pour le moment beaucoup d'attrait à Louis XIV, et peut-être ont-elles laissé dans la mémoire du prince quelque germe de prévention pour l'avenir.

Au reste, peu pressé, Fénelon ne se montra pas plus courtisan du roi que de l'archevêque de Paris, et deux fois il eut, coup sur coup, de la part de la cour, la preuve que si M. de Harlai lui promettait de l'*oublier*, elle aurait soin, elle, de le mettre de côté. L'évêché de Poitiers étant devenu vacant, ses amis le proposèrent et on l'y appela. C'était dans l'ordre. Il était jeune, mais si le clergé de France comptait un prêtre qui convînt à ce diocèse, c'était Fénelon qui venait de s'y faire aimer de tous et estimer même de ceux qui provisoirement ne faisaient que semblant d'être catholiques. Et pourtant, nommé un instant, Fénelon fut si brusquement révoqué, que le public ignora sa nomination comme il l'ignora lui-même. La même opposition, quelle qu'en fût la source, se répéta quand l'évêque de la Rochelle fut allé personnellement à Versailles le demander comme coadjuteur-survivant. On dit qu'on soupçonnait le jeune missionnaire du Poitou de pencher pour la doctrine de Port-Royal ou du grand Arnauld sur la question de la grâce si vivement débattue alors. Sur quelles preuves, quel écrit, quel discours? Nul ne le sait. Mais il était dans la destinée de notre prêtre d'être écarté de deux évêchés pour cause de jansénisme, et à peine nommé à un archevêché, d'être attaqué pour cause de quiétisme. Le monde fait parfois expier douloureusement les grandeurs les plus honorablement conquises. Fénelon, qui en réunissait de trop éclatantes pour ne pas soulever de vives jalousies, demeura pourtant toujours humble, et il ne fut jamais ni au-dessous de sa renommée, ni orgueilleux de sa gloire.

Ses disgrâces lui laissant des loisirs, il publia quelques ouvrages.

CHAPITRE III

Les premiers écrits de Fénelon. — Le livre du ministère des pasteurs [protestants]. — Le traité de l'éducation des filles adressé à la duchesse de Beauvilliers. — La réfutation du système de Malebranche écrite à la demande de Bossuet. — Le Logos de Philon et de saint Jean.

1687

Si jeune qu'il fût encore, Fénelon sut relever ces disgrâces répétées par une conduite à la fois ferme et réservée. Évitant la cour et la recherche de toute récompense de sa mission dans le Poitou, il reprit avec un nouvel amour et une plus grande autorité l'humble direction des *Nouvelles Catholiques*, et il consacra ses loisirs soit à la composition, soit à la publication de plusieurs écrits qui lui assurèrent dans le clergé, à la cour et dans le public, une renommée et une influence que les devoirs de l'épiscopat l'eussent empêché d'obtenir ou même de rechercher. A son âge, il ne devait songer à s'illustrer que par ses travaux.

Sa direction de filles autrefois protestantes et sa mission du Poitou, deux œuvres qui se touchaient de près et qui étaient presque une seule et même, lui avaient suggéré les idées de deux ouvrages très-divers, l'un intitulé : *Du ministère des Pasteurs*, et l'autre, *De l'éducation des Filles*. Ces deux écrits parurent après son retour du Poitou en 1687 ; et ils avaient ceci de commun, que nés d'observations très-spéciales et très-locales, ils s'élevaient l'un et l'autre à des principes très-généraux.

Nous parlerons d'abord du *ministère*, et uniquement pour donner une idée juste de son objet. Qu'on ne se figure pas, à ce titre, qu'il s'agisse du sacerdoce chrétien ou du ministère pastoral en général, et que de la bouche d'un prêtre si aimant, si aimé, si doux et si persuasif, on apprenne là les grands et sublimes secrets de sa mission, de ses devoirs, de son autorité, de toute son œuvre et de son influence dans ce monde pour l'autre. Ce n'est pas ce magnifique sujet illustré par saint Chrysostome, le plus éloquent des Pères grecs, et que Fénelon était si digne de traiter de nouveau, qui est le sien ; ce qu'il écrit, ce n'est qu'un ouvrage de controverse contre le ministère des pasteurs protestants. Son livre, si remarquable qu'il fût, eut d'ailleurs le tort de paraître quand ceux qu'il venait y réfuter étaient bannis de France sous peine de mort (1688). Il est vrai de dire qu'il avait moins pour objet d'instruire les pasteurs que de faire voir à leurs troupeaux, qu'ils n'avaient pas eu le droit de les conduire ; mais c'est là précisément ce qu'il ne fallait faire que quand leur voix était libre encore de lui répondre, et pour bien juger l'auteur il nous faut considérer aujourd'hui combien ce siècle était belliqueux. En effet, Malebranche attaquant encore Arnauld déjà couché dans sa tombe peut seul nous expliquer Fénelon réfutant encore Claude et Jurieu déjà exilés.

Ajoutons, pour expliquer un étonnement par un autre, qu'on se battait pour le principe du jour, pour l'unité, comme nous nous battons aujoud'hui pour le principe contraire, pour celui de la liberté dans la variété. Seulement, on s'en remettait un peu plus à Dieu que nous ne faisons, je crois. « Seigneur, dit Fénelon, après avoir lancé toutes les flèches de son carquois, Seigneur... que vos enfants travaillent tous ensemble à se réformer dans une douce paix et dans une humble attente de vos miséricordes, afin que votre Église refleurisse et qu'on voie reluire sur elle la beauté des anciens jours. »

Dans son second écrit, publié à la même époque, Fénélon se trouva sur un terrain plus doux et mieux fait pour l'attirer. Nul n'a jamais mieux apprécié, instruit et dirigé les femmes que le supérieur des Nouvelles catholiques, et le traité [de l'*Éducation des Filles*] que celles-ci lui ont inspiré a rendu trop de services aux mères qui se sont occupées de leurs enfants pour qu'on puisse jamais l'oublier. Aujourd'hui il n'apprend plus rien à personne et il ne suffit plus à aucune éducation sérieuse; mais ce qu'il prescrit est excellent encore, et les cadres y sont si bien tracés qu'il est aisé d'y ajouter ce qui y manque nécessairement. L'apparition du livre fut un des beaux faits du siècle de Louis XIV : il vint combler une lacune sensible. Les filles élevées, la plupart, dans les établissements religieux étaient généralement négligées quant aux études profanes. Cette sorte de négligence était même érigée en principe. Fénelon nous l'apprend dans ces lignes : « Il ne faut pas qu'elles soient savantes, dit-on, la curiosité les rend vaines et précieuses ; il suffit qu'elles sachent gouverner leur ménage et obéir à leurs maris sans raisonner. »

Telles étaient les maximes du temps, nous dit l'auteur, et à la place de ces idées qui, sans être barbares, étaient du moins singulièrement étroites, il en établit de si saines qu'elles furent acceptées de toute l'Europe et qu'on eût fait sagement de s'y tenir plus longtemps. Il donna en même temps sur les études et les mœurs des directions si salutaires qu'elles aidèrent à doter la France de cette génération de femmes distinguées par leurs solides connaissances et leurs fortes habitudes qu'on admire encore sans parvenir à les faire imiter. Je n'ajoute pas, sans le vouloir sérieusement, car si nos théories se sont un peu égarées pour le rôle de la femme, ce n'est pas qu'on ait voulu les détourner de leur vocation naturelle. On n'a exagéré les prétentions en les portant au maximum que pour assurer au moins le triomphe du minimum, et si, pour tout ce qui concerne le gouvernement de la maison et l'économie domestique, notre pratique s'est un peu amollie, ce n'est que par suite de quelques erreurs sur les obligations de la femme. Ce n'est pas qu'on ait rien retranché du nombre de ses devoirs ; on s'en est bien gardé ; seulement notre goût pour les arts a fait confondre les choses essentielles et les choses qui, jusqu'à nous, passaient pour secondaires. D'après Fénelon les premières étaient « une maison à régler, un mari à rendre heureux, des enfants à élever. » C'était là une théorie simple; une pratique simple pouvait y répondre. Il n'en est plus ainsi : notre théorie est vaste et notre pratique compliquée. Çà et là celle de Fénelon reste bien debout en apparence, mais non pas en réalité. D'abord personne ne la professe plus sérieusement; chacun sait ensuite que la pratique, loin de s'y conformer, suit des goûts et des mœurs qui entraînent ailleurs et beaucoup plus loin.

Fénelon, qui dirigeait sa congrégation au point de vue spirituel, mais qui n'était pas chargé de ses études, de son éducation ordinaire, avait moins réfléchi sur celle-ci que sur la question morale. Aussi les chapitres les meilleurs de son traité ne sont pas ceux qui donnent des conseils sur l'instruction des filles; ce sont plutôt ceux qui indiquent leurs défauts. De ceux-ci il est question un peu partout, et l'auteur censure surtout avec finesse, en traits qui se gravent dans la mémoire comme ils frappent l'imagination, cette vanité des ajustements qui agite tous les cœurs de femmes et préoccupe les moralistes de tous les siècles. Si les conseils de Fénelon sur les méthodes d'instruction sont faibles, c'est qu'il avait encore peu enseigné quand il les donna. C'est plutôt l'homme du midi, l'homme d'imagination que le maître exercé qui y parle. Quand c'est le maître, il est parfois au moins imprudent. Voici les recommandations qu'il donne sur l'instruction religieuse, c'est-à-dire celle dont il ignorait le moins les procédés, mais qu'il avait mal observée dans l'éducation des enfants. « Frappez vivement leur imagination, dit-il; ne leur proposez rien qui ne soit revêtu d'images sensibles. Représentez Dieu assis sur son trône, avec des yeux plus brillants que les rayons du soleil et plus perçants que les éclairs ; faites-le parler, donnez-lui des oreilles qui écoutent tout... Viendra le temps où vous rendrez toutes ces connaissances plus exactes. » Tout cela est dangereux. Quel singulier procédé que celui qui implante l'erreur comme pour le plaisir de venir l'arracher quand elle aura pris racine dans les jeunes âmes, et sans qu'il y ait certitude de réussir à faire aimer la vérité qu'on essayera d'y substituer au même degré qu'on y a fait chérir de belles images. Il n'est rien de plus téméraire que cette méthode.

Mais les taches de ce genre, peu nombreuses dans le petit volume, sont rachetées par des vues d'une si parfaite sagesse, d'une si rare élévation et d'une délicatesse si merveilleuse qu'on se reproche toutes les critiques, si légères qu'elles soient. Je ne parle pas de la façon de dire qui est incomparable. L'esprit qui y règne partout s'échappe quelquefois soit en éclairs qui déchirent, soit en saillies qui égayent. Ce qui y surprend le plus ceux qui ne savent pas que l'ouvrage parut au moment où madame de Maintenon venait d'ouvrir la maison de Saint-Cyr, et où l'on évitait tout ce qui avait l'air et le caractère monastiques, c'est la critique que Fénelon fait de l'éducation de couvent.

On dit que ce traité fut écrit à la demande de la duchesse de Beauvilliers et pour l'éducation de sa fille. C'est une erreur. Il fut inspiré à l'auteur par tout ce qu'il voyait chaque jour, soit dans l'établissement qu'il dirigeait, soit dans le monde qu'il fréquentait. Madame de Beauvilliers ayant su qu'il l'écrivait, lui en demanda communication, et l'auteur le lui envoya avec un *Avis à une dame de qualité sur l'éducation de sa fille*. C'est là ce qui a fait naître la tradition. C'est, d'ailleurs, dans ces dernières pages, dans cet *Avis*, qu'on lit une des maximes les plus remarquées, rendues en ces mots pleins de sel : « J'aime bien mieux qu'elle (mademoiselle votre fille) soit instruite des comptes de votre maître d'hôtel que des disputes des théologiens sur la grâce. »

Pour faire comprendre l'à-propos de cette sortie contre les débats théologiques du temps, il nous faut faire connaissance avec celui de ces débats qui venait d'éclater et qui occupait encore toute la France. Il roulait précisément sur la grâce, et il fut très-brillant. Ce que nous en dirons en quelques mots, nous fera connaître l'origine, les principes et l'importance d'un troisième écrit que le jeune et fécond auteur composa à cette époque, j'entends la *Réfutation du système de Malebranche sur la nature et la grâce*.

Trois ans auparavant, en 1683, un ouvrage de Malebranche sur la nature et la grâce avait fait éclater entre le philosophe de l'Oratoire et l'oracle de Port-Royal, le grand Arnauld, une querelle animée qui avait ému la cour et la ville, qui était vive encore, qui dura jusqu'à la mort du second et que le premier reprit même après. Elle intéressait particulièrement la religieuse famille des Beauvilliers, dont un membre, le duc de Chevreuse, était attaché à Port-Royal. Fénelon lui-même s'était engagé dans cette question, et elle en valait bien la peine, car elle est haute, délicate et aussi importante en matière de pure spéculation qu'en matière de foi chrétienne. Qui ne l'a pas méditée comprend en philosophie bien peu de chose, et en religion presque rien. Elle est, d'ailleurs, très-simple, si l'on veut se donner la peine d'être clair en l'exposant et attentif en la suivant.

La nature dont il s'agit, ce n'est pas l'univers, c'est l'ensemble des dispositions ou des facultés naturelles de l'homme; et la grâce dont il est question, c'est l'ensemble des dispositions ou plutôt des dispensations surnaturelles qui viennent s'y ajouter de la part de Dieu. Cela va loin, et ce que la raison, celle du philosophe ou celle de l'homme du monde, voudrait savoir d'abord, c'est ceci : les dispositions naturelles, les facultés morales et physiques, tous les moyens qui nous sont donnés dans la nature humaine elle-même, y compris tous les développements dont ils sont susceptibles et toutes les circonstances où ce développement a lieu, suffisent-ils pour nous faire remplir la loi du Bien et réaliser notre perfectionnement moral? Ou bien nous faut-il encore, vu leur insuffisance, des dispensations ultérieures et supérieures, des dons extraordinaires, en un mot tout cet ensemble de moyens surnaturels ou spirituels qu'en style religieux on appelle la grâce?

Si oui, qu'est-ce que ces forces surnaturelles? Sont-elles destinées, offertes ou accordées à tout le monde, ou bien réservées à quelques-uns seulement, à titre de priviléges? Dans l'un ou l'autre cas, en vertu de quelle conception suprême fonctionnent-elles dans l'espèce humaine? De quelle manière et d'après quelles lois leur jeu intervient-il sans celui de nos facultés naturelles?

Puis, la grâce est nécessairement égale en force ou supérieure à la nature. Si elle n'est pas plus forte que la nature, pourquoi est-elle nécessaire et comment est-elle suffisante ?

Si elle est plus forte, quelle est sa part dans la moralité humaine et quelle est celle de la nature ?

En d'autres termes, quelle est, dans tout ce que nous faisons par nos moyens naturels ou surnaturels, la part de notre responsabilité et quelle est l'action directe de Dieu dans notre œuvre ?

Chacun voit la complication de la question et les difficultés de la solution. En effet, du moment où vous faites la part de l'homme trop petite et celle de Dieu trop grande, vous détruisez la moralité de l'homme; et du moment où vous faites la part de Dieu trop petite et celle de l'homme trop grande, vous affaiblissez la dignité de Dieu et diminuez la convenance de son intervention dans notre jeu; en un mot, vous niez la nécessité de la grâce.

Mais nier la grâce, c'est nier le christianisme dans son origine, dans ses principes et dans ses fondements; c'est le frapper dans toute sa doctrine et dans toutes ses institutions. La question est donc encore plus grave pour le chrétien que pour le philosophe, et l'on comprend qu'un philosophe, en venant la trancher comme Malebranche, et dire que Dieu ne procède que par des lois générales sans intervenir dans les détails, ait soulevé les réclamations des théologiens. Est-ce à la théologie ou à la philosophie à la résoudre ? Ou bien est-elle au-dessus des lumières de l'une et de l'autre ?

On le sent bien, celui qui a créé la nature et l'a douée de ses forces, qui a réglé le jeu de ses forces et leur manière de fonctionner, peut seul en mesurer la portée;

seul aussi il peut dire le degré d'intervention, directe, immédiate, ordinaire ou extraordinaire, qu'il s'y est réservé. On sent encore mieux que, de la part de l'homme, prétendre lui faire son compte et formuler des lois qu'il se serait imposées lui-même en réglant la marche de tout ce qui n'est pas lui; venir affirmer qu'il a fixé aux forces naturelles telles limites ou telles autres en se réservant un trésor de forces surnaturelles à communiquer au besoin à tous ou seulement à quelques-uns selon son bon plaisir, c'est dépasser les bornes de notre intelligence et choquer la saine raison. Nous calculons telles forces de la nature et nous y proclamons bien volontiers telle loi ou telle autre qui doit nous rendre compte de leur jeu; mais on n'a jamais prétendu mesurer les forces ou les causes qui nous rendent raison du mouvement de l'univers et de celui des divers globes qui y roulent ou s'y tiennent en équilibre. Prétendre expliquer le jeu des forces bien plus intérieures, plus délicates et plus mystérieuses qui mettent en mouvement le monde moral; faire le départ entre les deux ordres de causes qui s'y tiennent en équilibre et y amènent le grand drame des idées et des passions, des vices et des vertus, des volontés et des œuvres; tracer la destinée morale, non pas de l'humanité seulement, mais de toutes les portions du monde spirituel tout entier et vouloir en expliquer le jeu, c'est choquer la vraie science.

Malebranche avait osé trancher la question avec cette témérité propre à l'école cartésienne qui, tout en prêchant le doute méthodique, au fond ne doutait de rien. Il avait fait la part de Dieu et celle des créatures. La première, la part de Dieu, c'est la causalité absolue, la seule vraie, celle qui agit par les lois générales. La seconde, la part des créatures, c'est la causalité secondaire, occasionnelle. Elle agit dans les détails, dans les choses secondaires.

Mais une providence qui se borne à créer les forces générales et à leur donner des lois générales, sauf à ces forces à produire toujours et indéfiniment ce qu'elles portent en elles et sauf à ces lois à régler toujours et invariablement ce qu'elles ont mission de régler ainsi, une telle providence, disons-nous, ne serait ni chrétienne, ni philosophique. Elle aurait de grands airs de famille avec le destin, le *fatum* des païens, et ne serait guère non plus du goût des gens de simple bon sens; car eux aussi se révoltent à l'idée de distinguer dans les forces et dans les lois de la nature ce qui est général de ce qui est particulier; il n'est rien de plus faible dans les belles pages de Malebranche que sa théorie des lois générales. En effet, c'est un bizarre mélange de textes sacrés mal entendus et de métaphysique impossible. Le principe et la source de ces lois, dit-il, est le Verbe, Jésus-Christ lui-même. Mais c'est là une idée prise mal à propos dans saint Jean et dans ce que l'évangéliste dit du Logos; encore Malebranche prend-il ce mot dans les sens les plus divers : [1]) dans celui de saint Jean et de saint Paul, où le Logos ou le Fils de Dieu est le créateur de l'univers, son régulateur suprême; [2]) dans les diverses acceptions de Philon, le juif platonisant d'Alexandrie, surtout dans celle de *Pensée de Dieu* et [3]) dans celle qui lui est propre, où le Logos est l'ensemble des idées qui président à la nature tout entière. En ce sens on pouvait dire que les lois générales qui gouvernent l'univers ont leur source et leur principe dans le Logos; seulement Malebranche aurait dû savoir que ce n'est pas dans ce sens que saint Jean ou la foi chrétienne prend le mot en question. Ensuite il n'aurait pas dû oublier sa théorie sur l'origine des lois à l'instant même, et sur le point de les énumérer au nombre de cinq, nous dire dans un langage inacceptable, que Dieu lui-même *s'était prescrit ces lois!* Dieu peut-il se prescrire des lois?

Et quelles étaient ces lois d'après l'illogique théosophe de l'Oratoire?

Celle de la communication des mouvements; celles de l'union du corps et de l'âme; celles qui donnent aux bons et mauvais esprits pouvoir sur les corps, par exemple aux démons celui de nous tourmenter; et celles enfin qui donnent à Jésus-Christ la souveraine puissance dans le ciel et sur la terre. Mais quelle singulière confusion des lois de l'ordre physique et de l'ordre moral du monde que celle où brille l'étrange conception du gouvernement des Juifs par les anges! Comme s'il eût été possible de détacher du gouvernement général du monde ou du globe terrestre une portion quelconque à titre d'apanage réservé ou de région privilégiée! Quelle idée réelle se faisait donc du gouvernement de Dieu un métaphysicien qui s'imaginait que les anges avaient pu mener la Judée sans les nations voisines, avec lesquelles elle se trouva sans cesse en rapport, soit en état de guerre et de subordination, soit en état d'alliance et même de domination? N'est-il pas évident que si les anges gouvernaient d'abord les Juifs, puis encore ces nations, ils gouvernaient nécessairement aussi celles qui avaient avec elle ces relations que les peuples ont toujours avec leurs voisins ? Et ne résulte-t-il pas forcément de tout ceci un fait étrange, à savoir que les anges gouvernaient, non pas la Judée mais la terre tout entière, le nouveau monde excepté ?

C'est dans ses *Entretiens de métaphysique* que Malebranche développe cette étrange théorie; mais elle se trouva déjà en germe dans l'écrit qui fit éclater entre lui et Arnauld leur fameux débat, le *Traité de la nature et de la grâce*. Aussi personne ne fut-il satisfait du fameux traité de Malebranche. Tout le monde en admira l'air de piété, les traits d'esprit, les hardiesses de pensée, le charme des tours; mais ni la cour ni la ville n'en accepta les solutions, et quoiqu'il fût d'un métaphysicien bien supérieur au célèbre Arnauld, celui-ci en le réfutant se montra meilleur logicien et chrétien plus exact. Le livre de Malebranche, dit un de ses admirateurs, eut d'abord presque autant de critiques que de lecteurs. Bossuet, qui, en sa qualité de précepteur du futur roi de France, se croyait un peu responsable de la pensée religieuse du royaume, n'était pas plus content des chimères du théosophe de l'Oratoire que ne l'était Port-Royal : *belles*, *neuves*, *fausses*, tel était son jugement. Or sa rude sévérité était fondée en ce sens, que Malebranche se trompait aussi étrangement sur l'œuvre la plus essentielle de l'intelligence humaine, la perception des choses, qu'il se trompait sur l'œuvre la plus admirable de l'intelligence divine, le gouvernement du monde.

En effet, priver l'intelligence humaine de la faculté,

du privilége de connaître par elle-même et la mettre en tutelle par l'affirmation qu'elle ne peut rien voir qu'en Dieu; priver l'intelligence divine de la faculté, du privilége de tout diriger, le particulier comme le général; la dépouiller enfin au profit de lois primordiales qu'elle se serait prescrites à elle-même, c'était enseigner quatre conceptions intolérables, propres à fausser toute la religion et toute la philosophie sous le vain prétexte de les concilier ensemble. Bossuet ne se laissa pas tromper par ce dessein mis en avant par Malebranche comme il l'était par Descartes; après avoir essayé vainement dans quelques conférences de ramener l'oratorien à la doctrine reçue, il le censura du haut de la chaire en termes animés. « Que je méprise, dit-il, ces philosophes qui, mesurant les desseins de Dieu à leur pensée, ne le font auteur que d'un certain ordre général d'où le reste se développe comme il peut; comme s'il avait à notre manière des vues générales et confuses et comme si la souveraine intelligence pouvait ne pas comprendre dans ses desseins les choses particulières qui seules subsistent véritablement! » (*Oraison funèbre de Marie Thérèse d'Autriche.*)

Ce ne fut pas tout, et la plume de Bossuet lui préparait une autre répression. Toutefois Malebranche, pour prévenir de plus rudes coups, s'étant humilié; étant allé remercier l'orateur de *l'honneur qu'il lui avait fait de parler de lui*, et quelques personnages considérables, tels que le duc de Chevreuse, le marquis d'Allemans et le grand Condé lui-même s'étant entremis pour amener un adoucissement, Bossuet parut se calmer. Mais s'il renonça à son dessein d'écrire lui-même contre l'illustre oratorien qu'un prince du sang venait de déclarer le premier métaphysicien du monde, ce n'était pas qu'il fût satisfait, il s'en faut. Si belliqueux qu'il fût, il voulut bien tenir parole au prince de Condé et ne pas rompre de lance avec Malebranche; mais déjà il avait fait saisir le malencontreux traité — car il faisait de la police comme de la théologie, — et il communiqua son mécontentement à Fénelon, engageant ce jeune et ardent ami qui était plus philosophe qu'Arnauld et annonçait un écrivain aussi brillant que Malebranche, à réfuter solidement ce dernier. Il lui promit même de revoir son manuscrit, vu que la question de la grâce était d'une grande délicatesse et qu'il ne fallait pas y errer. A ces conditions Fénelon accepta, et telle fut l'origine de son premier écrit philosophique.

Ce n'était pas toutefois, on le sent bien, d'un traité de philosophie pure qu'il s'agissait, c'était d'une de ces questions où la théologie aimait à dominer la philosophie, à la compléter, à la redresser, à se la soumettre. Cela allait parfaitement à Fénelon. Et, à ce sujet, je m'empresse de dire qu'il ne faut jamais s'attendre de sa part à autre chose qu'à une philosophie soumise à la théologie, même à la théologie scolastique au besoin.

Sa réfutation de Malebranche fut très-vive. Il reconnut à son adversaire une grande connaissance des principes de la philosophie et un amour sincère de la religion; mais il «s'est engagé, dit-il, dans son système, insensiblement et sans envisager les conséquences désastreuses qu'il aurait pour les fondements mêmes de la foi. » Or, telles en étant les conséquences, les principes ne pouvaient en être bons. Aussi les réfuta-t-il avec une rare verdeur. A ce point de vue, son langage étonne même un peu. Tant le ton en est dégagé qu'il paraît trop tranchant vis-à-vis d'un Malebranche ; mais c'était le défaut de l'école, et, cartésien lui aussi, Fénelon avait le droit de se montrer tel. Il le fit trop. « A moins qu'il ne change tous les principes de sa doctrine, qu'en un mot il n'abandonne tout son système, dit-il, je lui montrerai toujours que non-seulement ce qu'il dit, mais encore tout ce qu'il peut dire, est insoutenable. »

C'était parler avec trop de confiance ; mais Fénelon était jeune et son traité est excellent d'un bout à l'autre. Il est trop plein de théologie scolastique pour qu'on le lise aujourd'hui avec plaisir, mais on sent en le lisant qu'il a été fait pour passer sous les yeux de Bossuet, qui effectivement y a mis des notes en marge et peut l'avoir trouvé bon. Toutefois, il ne parut pas du vivant de Fénelon, et nul ne sait bien pourquoi, mais je présume que la soumission, d'ailleurs plus apparente que réelle et plus complétement espérée de Malebranche, fut la véritable raison qui retint Bossuet et Fénelon. On doit regretter leur abstention. Il eût été beau de voir Malebranche mis en demeure de résoudre lui-même les difficultés que Fénelon lui montrait dans son système. On savait d'ailleurs que l'ouvrage existait, et l'on désira longtemps, mais en vain, de le connaître. Après la mort de Fénelon, en 1717, les *Nouvelles littéraires* en donnèrent des fragments et en annoncèrent la publication prochaine ; mais il ne parut qu'en 1820, dans l'édition des *Œuvres complètes* de Fénelon.

CHAPITRE IV

Les premières apparitions du mysticisme de Fénelon. — Les excentricités du traité de l'existence de Dieu. — Le post-scriptum de l'Éducation des filles. — Les tendances théosophiques de Malebranche. — Les analogies de Fénelon, de Malebranche et de madame Guyon. — Les antipathies des grands penseurs du siècle.

1687

Fénelon dans ces années, au retour du Poitou, était encore un écrivain peu connu, car le traité du *Ministère* n'était que de la polémique; et le *Traité de l'existence de Dieu*, son ouvrage longtemps le plus admiré fut bien écrit à cette époque, mais il ne le publia pas non plus.

Ce que nous en avons n'est d'ailleurs que l'ébauche très-soignée d'un ouvrage qui demeura à l'état de projet, d'autres travaux ayant absorbé le temps et l'attention de l'illustre prélat. Cependant, tout à l'encontre de Pascal, qui n'a laissé que des pensées détachées sur la grande apologie chrétienne qu'il méditait, Fénelon a laissé de la sienne des chapitres complétement développés et amplifiés avec pompe. Son traité se compose de deux parties fort inégales, mais qui révèlent l'une et l'autre également le génie et les tendances de leur auteur dès cet âge.

Dans sa première partie, c'est le spectacle de la nature aussi ingénieusement observé qu'éloquemment peint, qu'il se complaît à dérouler devant nous. Il y suit la puissance des forces et la sagesse des lois, démontrant par les unes et les autres l'existence d'une intelligence suprême, personnelle, vivante, aimante, adorable.

Dans la seconde partie, c'est le domaine des idées qui lui fournit ses preuves les plus éclatantes.

Dans les deux, penseur ingénieux, mais plus brillant qu'exact et plus abondant que profond, en apparence toujours philosophe, en réalité toujours dogmatiste, il répand toujours le charme du sentiment sur le travail de la raison. Il aime à étaler l'appareil du raisonnement autant que les splendeurs du langage; mais c'est surtout une âme mystique qu'il révèle; l'émotion domine toujours sa pensée; l'adoration respire jusque dans ses arguments. C'est là le charme qui entraîne le lecteur, mais c'est aussi la séduction qui le trompe. Elle égare l'auteur lui-même. Autant le goût et même l'affectation du raisonnement le jettent parfois dans les subtilités de l'école, autant le goût et l'affectation d'une méditation émue le conduisent à ces exagérations qui sont le grand défaut de la chaire. Et, en effet, aux déductions du métaphysicien succède trop souvent dans ce beau livre la déclamation du prédicateur.

Ces taches sont moins sensibles dans la première partie de son travail, où l'auteur suit Cicéron, saint Augustin et des écrivains positifs; mais elles altèrent la deuxième, où il suit Descartes avec les exagérations qui distinguent tous les penseurs de son école, Malebranche comme Geulincx et Spinoza. En effet, ne dirait-on pas entendre Malebranche et Spinoza fondus ensemble en lisant la tirade qui suit sur ce qu'il y a de plus simple, de plus nécessaire et de plus concevable en Dieu, son unité, celui de ses attributs métaphysiques qu'on peut indifféremment mettre au sommet ou à la base de toute théologie spéculative. Voici sur ce sujet les indéfinissables paroles de Fénelon :

« O unité infinie ! je vous entrevois, mais c'est toujours en me multipliant. (?) Universelle et indivisible vérité ! ce n'est pas vous que je divise; car vous demeurez toujours une et tout entière, et je croirais faire un blasphème (?) que de croire en vous quelque composition. Mais c'est moi, ombre de l'unité (?), qui ne suis jamais entièrement un. Non, je ne suis qu'un amas et un tissu de pensées successives et imparfaites. La distinction qui ne peut se trouver dans vos perfections se trouve réellement dans mes pensées qui tendent vers vous, et dont aucune ne peut atteindre jusqu'à la suprême unité. Il faudrait être un autant que vous, pour vous voir d'un seul regard indivisible dans votre unité infinie. »

On voit où cela est pris, car chacun sait que l'*un* est précisément ce à quoi les grands mystiques de l'école platonicienne aspiraient et prétendaient arriver; et comme eux Fénelon, dans son style qui sent l'extase, tombe du mysticisme dans le panthéisme, que réellement il a en horreur quand c'est Spinoza qui le professe, et qu'il ne professe réellement pas, mais qu'il a l'air de professer sans le vouloir. Dans cette sorte d'extase qu'il semble aimer, il s'écrie bientôt sur le non-un :

« O multiplicité créée, que tu es pauvre dans ton abondance apparente ! Tout nombre est bientôt épuisé ; toute composition a des bornes étroites ; tout ce qui est plus d'un est infiniment moins qu'un (?). Il n'y a que l'unité ; *elle seule est tout, et après elle il n'y a plus rien. Tout le reste paraît exister, et on ne sait précisément où il existe, ni quand il existe.* » C'est le πολλὰ des platoniciens, mais que veulent dire cet *où* et ce *quand ?*

Voici qui devient inintelligible : « En divisant toujours, on cherche toujours l'être qui est l'unité, et on le cherche sans le trouver jamais. La composition n'est qu'une représentation et une image trompeuse de l'être. C'est un je ne sais quoi qui fond dans mes mains dès que je le presse. Lorsque j'y pense le moins, il se présente à moi, je n'en puis douter : je le tiens ; je dis : Le voilà. Veux-je le saisir encore de plus près et l'approfondir ? Je ne sais plus ce qu'il devient, et je ne puis me prouver à moi-même que ce que je tiens a quelque chose de certain, de précis et de consistant. Ce qui est réel n'est point plusieurs ; il est singulier, et n'est qu'une seule chose. Ce qui est vrai et réel doit sans doute être précisément soi-même, et rien au delà. Mais où trouverons-nous cet être réel et précis de chaque chose, qui la distingue de toute autre ? Pour y parvenir, il faut arriver jusqu'à la réelle et véritable unité. Cette unité, où est-elle ? »

« Par conséquent où sera donc l'être et la réalité des choses ? »

Se payant ainsi d'images ou d'expressions figurées dont il se joue avec complaisance, le jeune écrivain finit par en être le jouet à son tour et ne plus se reconnaître lui-même. En effet, de cri en cri il s'écrie enfin :

« *O Dieu ! il n'y a que vous. Moi-même, je ne suis point :* je ne puis me trouver dans cette multitude de pensées successives, qui sont tout ce que je puis trouver de moi. »

Mais c'est beaucoup que des pensées successives, et Descartes se trouvait, s'affirmait, même au nom d'une seule pensée, du doute. Fénelon veut l'unité ou rien :

« L'unité, qui est la vérité même, se trouve si peu en moi, que je ne puis concevoir l'unité suprême qu'en la divisant et en la multipliant, comme je suis moi-même multiplié. A force d'être plusieurs pensées, dont l'une n'est point l'autre, je ne suis plus rien (?), et je ne puis pas même voir d'une seule vue celui qui est un, parce qu'il est un, et que je ne le suis pas. Oh ! qui me tirera des nombres, des compositions et des successions qui sentent si fort le néant ! »

Mais c'est le contraire qui est le vrai. Le nombre est-il le néant ? La composition, le néant encore ? La succession, toujours le néant ? Fénelon, une fois lancé, s'aperçoit si peu de sa dérive qu'il finit par ce trait :

« Plus on multiplie les nombres, plus on s'éloigne de l'être précis et réel qui n'est que dans l'unité. »

Dès qu'on admet qu'au fond on n'est pas et que Dieu seul est, par la raison qu'il est plus un que nous, on est bien près de la théosophie de Malebranche, qui dit que nous ne savons rien, ne connaissons rien, ne voyons rien qu'en Dieu ; on est bien près du mysticisme de madame Guyon qui ne veut exister qu'en Dieu, ne s'inspirer que de son esprit et n'écrire que sous sa dictée.

Fénelon termine même la première partie de son

traité par une de ces allocutions familières aux théosophes et aux mystiques du temps, qui s'adressent tour à tour au *Verbe éternel*, au *divin Amour*, ou mieux encore au *céleste Époux*.

« Que vois-je, dit-il, dans toute la nature? Dieu, Dieu partout, et encore Dieu seul. Quand je pense, Seigneur, que *tout l'être est en vous* — c'est l'idée cartésienne que Dieu seul est une substance proprement dite, ou l'idée spinoziste, qu'il est la seule substance réelle — vous épuisez et vous engloutissez, ô abîme de vérité, toute ma pensée. (?) Je ne sais ce que je deviens encore! tout ce qui n'est point vous disparaît, et à peine me reste-t-il de quoi me trouver encore moi-même. » Ici donc il se retrouve. Mais voici venir le style de madame Guyon : « Qui ne vous voit point n'a rien vu, qui ne vous goûte point n'a jamais rien senti : *il est comme s'il n'était pas;* sa vie entière n'est qu'un songe. » Et voici celui du roi David. « Levez-vous, Seigneur, levez-vous; qu'à votre face vos ennemis se fondent comme la cire, et s'évanouissent comme la fumée. » Voici enfin celui de tous les mystiques : « Malheur à l'âme impie, qui, loin de vous, est sans Dieu, sans espérance, sans éternelle consolation! Déjà heureuse celle qui vous cherche, qui soupire et qui a soif de vous! mais pleinement heureuse celle sur qui rejaillit la lumière de votre face, dont votre main a essuyé les larmes, et dont votre amour a déjà comblé les désirs! Quand sera-ce, Seigneur? O beau jour sans nuage et sans fin, dont vous serez vous-même le soleil, et où vous coulerez au travers de mon cœur comme un torrent de volupté! »

Il n'y a rien de plus fort dans les *Torrents* de madame Guyon. Mais cela est inspiré à l'ancien missionnaire du Poitou par ses lectures bibliques, par celle du *Cantique* de Salomon et celle des Psaumes, on le voit par cette finale :

« A cette douce espérance mes os tressaillent, et s'écrient : *Qui est semblable à vous?* Mon cœur se fond et ma chair tombe en défaillance, ô Dieu de mon cœur, et mon éternelle portion ! » (Ps. 157.)

Jusque-là Fénelon n'avait révélé de tendances mystiques dans aucun de ses écrits, sauf quelques lignes qu'on lit, non pas dans le *Traité de l'Education des filles*, mais dans l'*Avis* qui s'y trouve annexé comme une sorte de *post-scriptum* à l'adresse de madame la duchesse de Beauvilliers. En effet, on y lit les mots bien significatifs que voici :

« Les personnes véritablement intérieures — qu'on remarque ce langage tout mystique — sont avec Dieu comme on est avec ses intimes amis. » — Mais bientôt ce n'est plus le langage seul, c'est la doctrine elle-même qui est mystique. En effet, Fénelon ajoute : « On ne mesure point ce qu'on dit (!) parce qu'on sait à qui on parle..... C'est une conversation libre de vraie amitié : alors Dieu devient l'ami du cœur..... l'époux avec lequel on n'est plus qu'un même esprit par la grâce. »

Remarquez cette union toute mystique qui *de l'âme et de son époux fait un seul et même esprit.*

Mis à la fin d'un traité, c'est là un vrai *post-scriptum* de femme : on rejette dans les dernières lignes d'une lettre la pensée la plus intime, celle qui inspire le tout.

Mais, si près qu'on se trouve, ici ou ailleurs, de madame Guyon, de Malebranche, de tel autre théosophe ou mystique du siècle, il faut remarquer néanmoins que jamais Fénelon, dans le *Traité de l'existence de Dieu*, qu'il parle des choses de la foi, de celles de la nature, de ses forces ou de ses lois, de la providence divine ou du gouvernement de l'univers, et si peu géomètre ou astronome qu'il soit, ne tombe dans des chimères semblables à celles du mathématicien Malebranche énumérant les lois générales du monde. Jamais Fénelon n'eût mis de ce nombre la loi en vertu de laquelle les anges étaient chargés, au temps de Jésus-Christ, du gouvernement de la Judée. Rien de plus dangereux en philosophie que ces chimères, et nous avons raison de reprocher à l'Allemagne les brillantes rêveries dont elle s'est construit coup sur coup toute une série de systèmes qu'elle a pris pour de magnifiques conceptions; d'autant plus raison que le monde était mieux averti de leur danger par les chimériques constructions de Descartes, de Malebranche et de Spinoza que Leibnitz eut tant de peine à dissiper et qui facilitèrent si malheureusement, par l'absence de toute solidité, l'avénement de l'empirisme et le règne du sensualisme, que Bacon et Locke, Gassendi et Condillac jetaient à l'envi aux esprits positifs du dernier siècle.

Fénelon paya toutefois, lui aussi, son tribut aux chimères de ses maîtres; et si la beauté de son génie lui tint lieu de la science qui lui faisait défaut quant aux lois générales du monde que Malebranche indiquait d'une manière si bizarre et si tranchante, ce fut sur une question de théodicée qu'il se rencontra le plus avec les théosophes et les mystiques de son siècle.

En effet, si Malebranche veut tout voir en Dieu et

réduire l'homme au mince rôle d'une cause occasionnelle; s'il fait de Dieu la seule cause véritable et se perd en Dieu avec sa personnalité, sa liberté, toute sa valeur intellectuelle et morale, Fénelon ne reste pas en arrière de ce débordement théosophique. A son tour il nous dit : « Je ne puis concevoir aucun lieu où Dieu n'agisse, c'est-à-dire aucun être que Dieu ne produise sans cesse. Tout lieu est corps; il n'y a aucun corps sur lequel Dieu n'agisse et qui ne subsiste par l'actuelle opération de Dieu. » Puis, s'adressant à Dieu lui-même, il s'écrie : « Vous êtes au dedans de moi plus que moi-même, je ne suis dans le lieu même où je suis que d'une manière finie, vous y êtes infiniment et votre action infinie est sur moi. » Or, si l'action de Dieu est infinie sur nous, et si cela n'est pas amendé par toutes les restrictions nécessaires, cela anéantit en nous toute spontanéité. Si Dieu y est infiniment, que pouvons-nous y être, nous ? Sans doute l'omniprésence et l'omnipotence de Dieu, qui se confondent en un seul et même attribut, sont des idées nécessaires de la raison, mais loin d'avoir pour effet d'anéantir tout le reste, de tout occuper, de tout faire et de tenir lieu de toute autre chose ou de tout autre être, de toute autre pensée ou de toute autre volonté, ces idées font à chacun sa sphère et laissent à chacun la liberté voulue pour sa fin.

Fénelon le sait; mais, lancé dans la spéculation théologique, il rappelle étonnamment Malebranche égaré dans la spéculation théosophique. Et pourtant, loin de comprendre leur affinité, ces deux auteurs n'ont eu d'abord l'un pour l'autre que froideur et contradiction. Dans les dernières années de leurs carrières si profondément attristées par de violents débats, une estime mutuelle établit entre eux des procédés très-convenables ; mais leur antipathie ou leur indifférence est telle que ces deux beaux génies, prêtres, philosophes et écrivains éminents l'un et l'autre, passent côte à côte tout un demi-siècle sans se voir, sans désirer de se connaître, commençant par se combattre et n'échangeant une parole d'honnêteté qu'au moment où ils vont descendre dans la tombe l'un et l'autre. Quels torts ! En s'éloignant à la fois de Fénelon et de Bossuet, Malebranche se priva de tout conseil ; en s'éloignant de Malebranche et de Bossuet, Fénelon fit de même. Spinoza eût un peu bridé ce dernier, mais il lui était antipathique, et si parfois la pensée philosophique de Fénelon se rencontre avec la sienne, ce n'est que dans les principes empruntés à leur maître commun, à Descartes. Spinoza, il est vrai, a sur l'amour de Dieu des expressions de tendresse orientale qui approchent de celles du mysticisme chrétien ; mais ce penseur si austère, si sec et si audacieux dans les déductions qu'il tire de principes inadmissibles et qu'il proclame comme des axiomes, Fénelon le combat avec dédain et avec colère. C'est un fait curieux, que l'homme de ce siècle qui a le moins puisé dans les écrits du philosophe d'Amsterdam et dans ceux de Malebranche, c'est-à-dire dans les deux auteurs les plus condamnés à Rome, soit précisément celui qui y a rencontré le plus d'opposition. Mais, en s'éloignant avec trop de vivacité des exagérations de Malebranche et de Spinoza, Fénelon se trompa autant qu'en trop s'attachant à quelques-unes de celles de Descartes.

Il commit une erreur plus grande en s'attachant pour ses études mystiques à deux courants différents, dont l'un, celui qui n'était pas approuvé, rendit suspect ce qu'il prenait dans l'autre, quelque circonspection qu'il mît à ne pas aller jusqu'au fond et quelque amélioration qu'il apportât jusque dans la forme de ce qu'il empruntait à celui qui était sanctionné.

En effet, s'il n'y avait en France ni théosophie visionnaire, ni théurgie chimérique, il s'y trouvait deux courants mystiques auxquels Fénelon s'associa non-seulement avec toute l'ardeur de son âme, mais encore avec le dessein d'en tirer une doctrine de haute perfection qu'il entreprit d'élaborer avec toute la vivacité de son génie.

CHAPITRE V

Les deux nuances mystiques. — Les visions et les extases. — Sainte Brigitte et autres. — Les gnostiques. — Saint Pierre, saint Paul et saint Jean. — Pascal, Descartes et M. de Rancé. — Le rôle des femmes au dix-septième siècle. — Saint François de Sales et la baronne de Chantal. — Louis XIV et madame de Maintenon. — Fénelon et madame Guyon.

1630 — 1688

Dans tout le cours de ce siècle, on doit distinguer deux nuances mystiques qui se touchent et se rencontrent, mais qui ne se confondent pas : le mysticisme tempéré et le mysticisme exalté, c'est-à-dire extatique ou visionnaire.

C'est celui-ci qui est ou se croit honoré dans ses élans suprêmes de visions, de révélations et d'illuminations : disons pour être plus clair, que c'est celui de sainte Brigitte, de sainte Catherine et de sainte Thérèse.

Il devenait rare, mais il en restait quelque chose, et non-seulement quelque amour ou quelque regret, mais quelque aspiration même. Toutefois il se dérobait au monde, même pieux, dans les cellules ou les chambrettes les plus solitaires. Ce n'est pas que cette communication extraordinaire ou supérieure avec le ciel ne fût autorisée par la foi chrétienne. Loin d'être le privilége de quelques esprits plus ambitieux ou plus excentriques que les autres, elle était enseignée, au contraire, par les plus grands exemples, et non pas seulement ceux des écoles flétries, soit des Gnostiques, des Basilidiens, des Valentiniens, des Ophites, mais encore par les précédents des trois plus éminents d'entre les apôtres, saint Pierre, saint Jean et saint Paul. Il n'est personne à qui ne soient présentes les extases du premier, les visions et les révélations du second, et si quelqu'un ignore celles du troisième, qu'il veuille bien relire son épître deuxième aux Corinthiens, où il dit : « Certes, il ne me convient pas de me glorifier, car j'en viendrais à des visions et à des révélations du Seigneur. Je connais un homme en Christ qui, il y a quatorze ans, fut ravi jusqu'au troisième ciel. Si ce fut dans le corps, je ne sais; si ce fut hors du corps, je ne sais, Dieu le sait. »

On connaît cette distinction, et l'on sait que Swedenborg dit très-nettement, en ce qui regarde ses extases à lui, s'il les eut dans le corps ou hors-du corps.

S. Paul continue : « Je sais que cet homme fut transporté dans le paradis, et y entendit des choses inexprimables, qu'il n'est pas possible à l'homme d'énoncer. »

Il y avait là, et l'Église chrétienne ne l'ignora jamais, le plus grand des précédents pour les ravissements et les révélations, je ne parle pas de l'inspiration seulement. Aussi ne proscrivait-on ni ces états de l'âme, ni ces communications du ciel. On les examinait, les rejetait ou les admettait, sans autre parti pris que le respect de la vérité. Au temps de Fénelon, on lisait encore partout les vies de ces saints personnages, et on ne demandait pas mieux que d'être favorisé des grâces qui les avaient illustrés ; mais nul ne disait en avoir la possession ou la jouissance. A l'époque où Jane Leade avait ses visions, et où naissait Swedenborg qui allait avoir les siennes, il restait encore, même en France et dans toutes les couches de la société, y compris la plus philosophique et la plus élevée, des prédilections singulières pour le merveilleux. On vivait même sur des exemples très-récents et très-étranges. Pascal avait eu ses hallucinations, et Descartes lui-même ses visions. Aujourd'hui, nous comprenons difficilement certaines puissances de croire qui ne sont plus de notre goût, qui sont même tombées dans un discrédit absolu ; mais, au siècle de Fénelon, il faut bien nous le dire, les sciences occultes elles-mêmes avaient encore leurs partisans. Descartes n'avait pas été le dernier des sages dont on citât les visions et la recherche de ce fameux élixir qui devait le faire vivre quatre à cinq cents ans. Le grand réformateur de la Trappe, M. de Rancé, cet ami de Malebranche et de Bossuet qui fut si sévère pour Fénelon, tenta l'évocation de la trop célèbre maîtresse dont la mort subite l'avait arraché au déréglement, et, si nous en croyons sa Vie écrite par Chateaubriand, il obtint des visions auxquelles il n'attacha que trop de prix.

Un mysticisme plus ou moins tempéré régnait encore communément dans le monde religieux et dans quelques-unes des régions élevées du monde élégant. Dans ce monde-là, c'était la nuance de saint François de Sales et de la baronne de Chantal qui plaisait, et tel-en était l'ascendant sur les esprits qu'elle flottait comme une haute idéalité devant tous les regards, si bien, qu'à moins d'en connaître les principes, les aspirations et la doctrine, on ne comprend rien à l'histoire morale de cette époque. Ses principes régnèrent en quelque sorte conjointement avec l'Évangile, si ce n'est sur la pensée morale de la société, du moins sur ce qu'il y avait de plus saint dans le clergé et dans les congrégations religieuses. Or la portion la plus sérieuse d'entre les gens de lettres, d'entre les gens du monde et d'entre les femmes les plus illustres, suivait ce courant.

Mais nul ne voulait aller au delà.

Il était réservé dans ce même siècle à une femme très-distinguée par son esprit de troubler l'Église et l'État rien qu'à vouloir essayer la conciliation, dans sa personne et dans ses écrits, de ces deux nuances. Or, vouloir renouveler les mérites et la sainteté des types qu'offrait le mysticisme exalté, celui du passé, avec ses plus hautes ambitions, avec ses communications les plus éclatantes, c'était trop. On eût permis à cette femme d'aspirer elle-même aux extases, aux visions et aux illuminations les plus directes; mais la mission qu'elle s'attribuait, d'être appelée d'en haut à enseigner et à communiquer dans la sphère la plus élevée de la société ses dons, ses aspirations et les grâces extraordinaires dont elle jouissait, cette mission parut une prétention exorbitante, un apostolat intolérable.

Et il était réservé à Fénelon, sans avoir une ambition aussi excessive que celle de madame Guyon, d'entrer avec elle dans des rapports d'une véritable amitié, d'une sérieuse communauté de tendances.

En effet, il a voulu concilier les deux courants mystiques, les épurer l'un et l'autre, en rejeter le merveilleux un peu trop étrange et en garder religieusement et saintement tout le surnaturel, présenter l'intimité avec le monde spirituel sous des formes plus élevées et plus appropriées aux délicatesses du siècle et les attirer ainsi dans les plus hauts raffinements de la perfection évangélique.

Cela était beaucoup plus modéré et plus sain que la mission de madame Guyon. Et pourtant cette œuvre passa aussi pour une chose nouvelle, et cette mission, justifiée par tous les dons du génie, par toutes les grâces de l'éloquence et par toutes les vertus du sacerdoce, parut à ce point exorbitante à son tour qu'on se hâta de la jeter dans le même moule que l'autre, de la frapper du même coup qui la flétrissait.

Ce fut, en effet, le mysticisme théosophique de madame Guyon qui perdit, en le compromettant, le mysticisme très-évangélique et tout Johannéen de Fénelon.

Quel était donc l'état des esprits pour qu'une femme pût à ce point les émouvoir, et qu'une fois émus ils aient entraîné la science elle-même à se donner un démenti, à censurer dans la personne de Fénelon les maximes de ses guides les plus spirituels, à condamner le plus illustre des prélats de France, le plus beau génie du siècle et le plus séduisant docteur que depuis Bonaventure l'Église ait eu en son sein?

D'ordinaire on s'afflige, au nom du culte même qu'on professe pour Fénelon, des relations qui s'établirent entre lui et madame Guyon, de toute l'influence qu'elle eut sur sa pensée, sur ses affections, sur sa destinée. Et ce n'est pas absolument à tort. Toutefois, il faut bien considérer qu'il n'a pas dépendu de lui de se rencontrer ou de ne pas se rencontrer avec elle ; que, loin de prendre d'elle une opinion plus favorable que celle qu'avait toute la société où il la vit, il n'a jamais partagé aucune des fausses vues ou des illusions qu'adoptèrent d'elle ses amis les plus distingués, et que toutes celles qu'il a partagées, il les a épurées.

D'ailleurs ce qui distingue Fénelon de tout autre moraliste et de tout autre écrivain mystique de son siècle, c'est précisément cette belle et philosophique théorie de l'amour pur qu'il a si bien développée à la suite de ces relations et de cette influence. Cette théorie qu'on a qualifiée de mystique, si parfaite qu'elle fût aux yeux de la métaphysique, est en effet un de ses titres de gloire ; car elle a frappé, même en succombant un moment, d'une censure ineffaçable le calcul de l'amour égoïste, le mercenariat, le bilan qu'établit l'amour mercenaire entre ses affections et ses espérances.

On affecte souvent aussi de se montrer indulgent pour Fénelon, mais sévère pour madame Guyon. On demande alors, comment un homme d'un si beau génie a pu suivre à ce point celui d'une faible femme ?

Mais d'abord, ne nous payons pas de ces mots tout faits et trop commodes, de ces mots qui, dispensant l'historien de toute recherche nouvelle et le lecteur de toute réflexion propre, ne sont bons qu'à perpétuer de vieilles erreurs et qu'à servir des passions surannées.

En second lieu sachons bien que madame Guyon ne fut rien moins qu'une femme faible. Il se rencontre dans ce siècle beaucoup de femmes fortes, et madame Guyon ne le cède à aucune d'elles ni en intelligence ni en instruction ni en énergie. Il n'en est aucune qui ait lutté comme elle contre deux archevêques de Paris, un évêque de Meaux, et lequel ! un curé de Saint-Sulpice, un supérieur de séminaire, Louis XIV et madame de Maintenon. Il n'en est aucune qui ait laissé rien de comparable à son commentaire de la Bible. Son temps n'offre rien d'égal à sa résignation au martyre qu'on lui fit subir dans les prisons. Madame Guyon, qui aima Fénelon d'une sainte et forte amitié, mais sans exaltation aucune; qui ne l'invoqua jamais dans son intérêt et ne le nomma jamais, de peur de le compromettre; qui ne lui imputa jamais ni son prudent silence, ni ses reniements apparents, fut une femme très-forte, la femme forte par excellence : elle le fut au milieu de ses souffrances morales et physiques, sous les verrous et dans la pauvreté, réduite à demander des chemises et un corset à M. de la Chétardie. Rien de plus aisé qu'un jugement rapide et dégagé sur son compte; mais rien de plus faux, de plus indigne de notre siècle, d'un siècle qui n'a plus pour excuser ces torts les passions et la foi émue des vieux âges.

Pour bien apprécier les rapports de Fénelon avec madame Guyon, il faut voir sous leur vrai jour le rôle des saintes femmes et leurs relations pieuses avec les ministres de la religion les plus éminents de cette époque.

Le rôle que la femme jouait en France, il y a cent soixante ans, en regard de celui de notre sexe n'était pas plus considérable qu'il n'est aujourd'hui, mais il était un peu autre. Fort petit dans les choses de goût, en dépit de quelques grandes dames qui écrivaient supérieurement une lettre ou quelques pages de Mémoires sur les intrigues de la cour ou les mœurs de la ville, il n'accuse aucune influence suivie sur la pensée philosophique, sur les principes de la littérature ou le progrès dans les arts.

En religion et en politique l'ascendant des femmes était au contraire très-considérable.

Pour ce qui est de la politique, qui nous est d'ailleurs étrangère ici, je puis, pour toute démonstration d'une thèse aussi facile, me borner à rappeler les noms des trois femmes qui exercèrent l'influence la plus profonde, soit sur les mœurs, soit sur les affaires, et qui servirent généralement de types à toutes celles qui eurent l'ambition ou la bonne fortune d'avoir à gouverner des princes et des ministres — or grand en fut le nombre — je puis nommer simplement madame de Montespan, madame des Ursins et madame de Maintenon.

Quant à la religion, les femmes prenaient une large part dans toutes les questions, dans le maniement de tous les intérêts de la foi, dans le gouvernement de toutes les institutions de l'Église et dans le débat de toutes les affaires de piété.

En aucun autre temps on n'a lu davantage les écrits et publié les vies de celles qui avaient le plus illustré la société chrétienne, et jamais les gens du monde n'ont plus rivalisé dans l'étude et dans le culte de ces saintes femmes avec les gens d'Église, les religieux et les religieuses. Les plus éminents théologiens, y compris Bossuet, se plurent dans ces lectures, les uns malgré les illuminations, les visions et les révélations qui y abondaient, les autres à cause de ces extases et de ces illuminations mêmes. Toutes celles qui se mêlèrent au gouvernement des âmes sous Louis XIV marchèrent plus ou moins sur les traces de ces saintes vénérées; et à voir leur ardente activité, l'habileté douce et intelligente qu'elles y apportèrent, on serait tenté de croire qu'elles songeaient sérieusement à disputer ce gouvernement aux hommes qui en avaient le privilége. Les meilleurs d'entre ceux-ci prenaient peut-être quelque plaisir à contempler ces luttes de généreuse émulation, si propres à rappeler les plus beaux souvenirs de l'Église et les plus touchants types de l'Évangile.

Les hommes, il est vrai, ne restèrent pas en arrière; ils ne se laissèrent pas rejeter par les femmes sur le second plan, ni pour la parole, ni pour les œuvres. Toutefois si, dans les chaires et dans la littérature savante, ils prirent partout la première place et gardèrent avec une jalouse vigilance celle du confessionnal qu'ils occupaient seuls, ils n'eurent pas toujours ces priviléges au fond des cœurs, nous en verrons la preuve même à Saint-Cyr. Les femmes discutaient : les plus soumises, les simples religieuses, faisaient elles-mêmes des objections ou des questions qui en valaient autant. Elles gardaient des réserves qui n'étaient que des résistances mal déguisées. Quand madame de la Maisonfort, jusque-là l'amie intime de madame de Maintenon et la pénitente dévouée de Fénelon, fut amenée à choisir entre son directeur qu'elle préférait et Bossuet que préférait pour elle sa protectrice, elle se mit avec empressement sous la direction du second; mais elle ne cessa, tant qu'il vécut, de lui présenter par écrit, sur ses ouvrages et sur toutes sortes de questions, les observations les plus franches et les plus essentielles.

Ce qui nous fait illusion maintenant sur le rôle des hommes à cette époque, et à d'autres peut-être; ce qui nous porte à croire qu'ils occupèrent partout la première place, ce sont les monuments qu'ils ont toujours le privilége de laisser après eux. C'est aussi le langage de soumission et d'infériorité qui est reçu dans le monde et qui est habituel aux femmes. Mais, en dépit de ce langage et en partie d'après les monuments mêmes qui nous restent de la main des hommes, nous voyons clairement, qu'en réalité ceux-ci n'eurent parfois que la seconde place, même dans les institutions religieuses qu'ils dirigeaient en apparence.

Et cela remonte à la génération qui avait formé celle qui nous intéresse ici, témoin, au commencement du siècle, saint François de Sales, la plus grande figure de l'Église de son temps, et témoin à la fin du siècle Louis XIV, la plus grande figure en politique.

En effet, ce ne fut pas le second, ce fut madame de Maintenon, qui fut la créatrice véritable et le souverain monarque de Saint-Cyr, cette royale maison, où Louis XIV, qui y donna et paya tout, n'était admis que sur le pied d'un visiteur princier, recevant tous les hommages et donnant des éloges à tout le monde, mais des ordres à personne.

Ce fut madame de Maintenon, devenue la femme du roi, ce ne fut pas le roi, qui désigna les évêques, les archevêques, les supérieurs et les abbesses, les directeurs et les confesseurs, les aumôniers et les dignitaires ecclésiastiques des princes et des princesses.

Ce ne fut pas saint François de Sales, ce fut sa sainte amie, la baronne de Chantal, qui fut la vraie directrice et même la fondatrice réelle des *Visitandines*.

Et cette position des femmes, qui n'est pas toujours l'indépendance, mais qui est souvent plus, l'égalité, quelquefois même la supériorité, se voit dans les questions de religion comme dans les institutions. Quand la baronne de Chantal eut choisi pour son directeur, à côté de son confesseur ordinaire, saint François de Sales, qu'elle avait rencontré dans la maison de son beau-père, elle se reprocha ce partage comme peu *canonique*, et le saint évêque, quoiqu'il fût toujours un ange de perfection à ses yeux, eut beau combattre ses scrupules et lui citer à l'appui du cumul qu'elle se reprochait l'exemple de sainte Thérèse elle-même, la sainte baronne, comme si elle se croyait plus théologienne que son évêque, garda longtemps encore ses scrupules. Saint François de Sales l'assurait bien que c'était la volonté de Dieu qu'il la dirigeât, tout en l'écoutant, elle se faisait un raisonnement d'une subtilité toute doctorale et qui, à sa grande douleur, l'embarrassa d'autant plus qu'elle avait moins envie d'en accepter la conclusion forcée. « Puisque l'évêque de Genève n'est pas mon confesseur légitime, vu que j'en ai déjà un qui l'est, et que cependant je préfère l'évêque, n'y a-t-il pas lieu, se dit-elle et lui dit-elle, de croire que l'union spirituelle où je suis entrée avec vous se fonde sur une affection particulière, ou du moins tient quelque peu à une affection de ce genre? »

Remarquez que les termes dont elle se sert ou la manière dont elle s'exprime nous laissent et la laissèrent elle-même, ainsi que son interlocuteur, dans un doute : à savoir si c'est son affection pour le saint, celle du saint pour elle, ou bien l'affection réciproque qui motive ses hésitations. Et remarquez encore qu'elle désire, quand même, avoir la certitude que c'est bien véritablement une affection particulière que lui porte son directeur. Remarquez enfin qu'aussitôt qu'elle en est assurée, au lieu d'en être dans la plus profonde douleur à cause de la conclusion qui paraît forcée, elle s'écrie avec la plus humble et la plus joyeuse franchise : « Que suis-je donc pour oser compter sur une affection de ce genre! »

Est-ce qu'elle n'hésite plus sur la légitimité de son union spirituelle? Cela n'est pas certain; ce qui l'est, c'est qu'elle aime à être assurée toujours davantage de cette affection particulière qu'elle tient si fort en suspicion.

On en conviendra, il y avait là de quoi étonner le directeur à son tour. Et l'évêque a beau assurer la baronne que c'est Dieu qui lui a donné son âme à diriger et que cette direction lui est utile à lui-même (Lettre du 14 octobre 1604); il a beau protester de la parfaite pureté de son affection particulière pour elle et lui apprendre qu'il pense à elle chaque fois qu'il dit l'oraison dominicale, la logique de la subtile théologienne n'est pas satisfaite encore. Elle ne doute plus désormais du fait, qu'il y a une affection particulière en jeu et que ce sentiment est entré pour quelque chose dans un rapport où il n'avait que faire; elle est pourtant si heureuse de la direction dont elle jouit, grâce à ce sentiment, qu'en dépit de ce sentiment elle ne veut plus désormais ni tourmenter son directeur à ce sujet, ni même s'informer si l'affection subsiste toujours. Elle fermera les yeux sur un mystère qu'elle ne veut pas sonder, et elle formule sa résignation en des termes qui prouvent combien cette âme délicate et fine a eu de mérite et mis de bonne volonté à se soumettre : « Il y a quelque chose en moi, dit-elle, qui n'a jamais été satisfait, mais je ne saurais dire ce que c'est. »

Dans cette situation, les rapports entre les deux personnages offrent le mélange de l'infériorité et de l'égalité. Bientôt, et à mesure que l'union spirituelle des deux mystiques prend les allures d'une confiance entière, la supériorité semble passer du directeur à la dirigée. Dans les visites que l'évêque fait à la maison des Visitandines qu'il a fondée avec la mère de Chantal, ce qu'il aime le plus à y communiquer aux religieuses, c'est sa correspondance avec leur supérieure. Rien n'est plus simple, et au premier aspect on fait à peine attention à la lettre où l'évêque dit à madame de Chantal : « Voyez, très-chère mère, quand je visite nos filles, l'envie leur prend d'avoir par moi des nouvelles de vous, et si je pouvais montrer vos lettres à nos religieuses, ce serait leur faire grand plaisir (lettre du 4 mars 1615). » Mais une autre lettre nous apprend toute la portée du désir qu'il a de montrer leur correspondance : c'est que l'évêque ne trouve son autorité spirituelle tout à fait complète que dans son union avec celle de la supérieure. Aussi ce n'est pas la supérieure, c'est, au contraire, l'évêque qui en appelle à leur *union* avec le plus de complaisance. Je dis à leur union : ils veulent qu'on entende leur identité. « Ma nièce (la suppléante de la baronne en son absence) sait très-bien que je suis vous-même, lui dit un jour le saint. » Et une autre fois il écrit plus nettement encore : « Je suis, comme vous savez, vous-même, sans réserve ni différence quelconque. »

C'est aussi l'évêque qui se réjouit le plus de ce qu'ils seront parfaitement *un* dans la vie à venir. Il se complaît à lui apprendre qu'il ne dit jamais la messe sans penser à elle; qu'il la dit principalement pour son amie; qu'il pense à elle quand il porte le saint Sacrement en procession; qu'il pense encore à elle quand il prend la cène ou quand il étend sur l'autel le *corporal* qui doit recevoir la sainte hostie; qu'en un mot il pense à elle dans tous ses exercices religieux.

Cela veut dire sans doute qu'à ce point il a charge d'âme à son sujet, que son salut à elle lui tient au cœur autant que le sien propre, et qu'il s'en préoccupe dans ses fonctions les plus saintes. Et rien de plus beau. Mais quand il lui écrit qu'il ne prêche nulle part avec plus de chaleur que dans la chapelle du monastère où elle est au nombre de ses auditrices; qu'il est heureux d'annoncer la sainte parole dans des vêtements tous faits de la main d'une *mère si aimable;* qu'il ne rédige que pour elle son traité *De l'amour de Dieu*, et quand enfin il appelle cet écrit, fruit de leur commerce spirituel, tout simplement *notre livre*, n'est-il pas vrai qu'il parle un langage exagéré, qui ferait croire que madame de Chantal est à elle seule tout son diocèse? Et n'est-il pas vrai encore qu'à la fin du siècle aucun écrivain, si mystique qu'il fût, n'aurait plus voulu adopter ce style?

Faut-il ajouter que souvent dans cette correspondance

la terminologie oublie que la famille spirituelle n'est pas la famille naturelle ; que saint François, de même qu'il dit *notre livre* en parlant de son ouvrage, dit *nos enfants* en parlant de ceux de madame de Chantal; qu'à chaque instant il dit *nos petits*, ou *la plus jeune de nos filles*, ou notre Celse Bénigne, ce qui indique le fils de la baronne, qui fut le père de madame de Sévigné?

La mère supérieure à son tour se pénètre si bien de cette vie *une et la même dans deux âmes qui n'ont qu'une seule pensée, et qu'un seul amour*, celui de Dieu, que pour elle aussi l'union devient complète et qu'elle vit la même vie que son directeur. La théorie « du parfait amour, » de cet amour qui veut qu'on aime Dieu pour lui-même et non pour la paix de la terre ou le bonheur du ciel qu'il nous donne à titre de récompense ; qu'on l'aimât toujours et autant que jamais, encore qu'on eût la certitude d'être exclu du paradis, telle est leur grande thèse. C'était une conception très-métaphysique et pour le peuple un raffinement abstrait, mais on y tenait : on voulait aimer quand même, aimer au sein de la sécheresse, aimer au fond du doute, aimer jusque dans l'abîme du péché, aimer au milieu de toutes les épreuves. Du moment où le directeur de Marie de Chantal avait passé par là, il fallait bien qu'elle aussi y passât. Or, les biographes de saint François de Sales nous apprennent « qu'à peine entré dans les voies de la perfection chrétienne, il fut pris d'une affreuse tentation de désespoir et se persuada qu'il était inévitablement destiné au supplice éternel; qu'un jour prosterné devant une statue de la Vierge dans l'église de Saint-Étienne des Grès, il s'écria : « Mon Dieu, puisque je dois avoir le malheur de vous haïr éternellement, faites du moins que sur terre je vous aime de tout mon cœur. » Par une analogie nécessaire, madame de Chantal eut des épreuves du même genre, « des tentations d'une violence telle que, dans ses crises, elle renonça à son salut et désespéra de jamais obtenir ce qui avait pour elle le plus de prix, plus de prix que sa vie. » Cela veut dire sans doute qu'elle se fit à l'idée d'aimer encore Dieu quand même elle serait damnée. Mais « jamais sa pensée ne renonça à son père spirituel. » Cela veut-il dire qu'elle ne conçut jamais la pensée que son directeur pût avoir le même malheur ? Ou bien cela veut-il dire qu'elle ne se fit jamais à l'idée que son âme pourrait se détacher de son saint ami ou l'aimer moins ? Je ne sais, mais j'incline à ce dernier sens, car elle dit avec une grande joie : « Il me semble voir les deux portions de *notre âme*, ne plus en former qu'une, et elle lui répète avec bonheur son fameux : *Vous savez que je suis vous-même.* » Remarquez bien que je ne cite pas pour critiquer, que je cite pour établir un fait, l'égalité des deux sexes.

Rien ne saurait mieux peindre la haute position de la femme dans ce siècle que cette parfaite union, cette absolue égalité ; car pour une femme, même éminente, ce n'est pas peu de chose que l'égalité spirituelle avec le plus saint prélat de l'église, puisqu'elle implique l'opinion d'une parfaite harmonie de sainteté.

CHAPITRE VI

Le rôle des femmes; suite. — Les Visitandines. — La mère Angélique et ses Conférences. — Madame de Miramion et ses œuvres. — Madame Guyon et sa théorie sur l'amour divin, sur les visions, l'extase et les ravissements. — Rapports de madame Guyon avec M. d'Arenthon et le P. Lacombe.

1640-1860

Grâce à l'union spirituelle, à la haute naissance et à la piété éminente des deux personnages qui présidèrent aux débuts et à la direction de l'ordre des Visitandines, le rôle que cette congrégation de femmes joua dès son origine et dans les années où Fénelon reçut son éducation première, fut prépondérant dans la société. En effet, l'influence de madame de Chantal, qui mourut en 1641, ne se borna pas à sa congrégation. Composée de filles distinguées par la naissance, par l'éducation et les services rendus, sa communauté servit un peu de leçon aux autres; les familles elles-mêmes se façonnaient volontiers à son image, et l'aïeule de madame de Sévigné fut bientôt un des types de dévotion les plus imités de l'époque. On le suivait dans le grand monde aussi bien que dans les couvents.

Dans les congrégations une seule femme, dans ce siècle, rivalisa d'influence avec Marie de Chantal, et dans la région des Arnauld qu'illustraient, d'une part, madame de Longueville, et d'autre part, Pascal, l'autorité de la Mère Angélique fut peut-être plus grande encore. Mais cette autorité fut aussi plus limitée; bientôt elle se concentra même dans les cercles proscrits du jansénisme. La Mère Angélique fut d'ailleurs bonne théologienne comme tous les Arnauld, seulement sa théologie, au service d'une étroite dévotion de monastère, n'offrit aucun élément nouveau au développement de la pensée.

Ses *Conférences* avec ses religieuses, où l'on aimerait à trouver quelque reflet de Pascal ou quelque affinité avec Fénelon, n'ont aucune valeur pour la science. Au contraire, toutes les fois que l'une ou l'autre de ses interlocutrices fait une question un peu sérieuse, la Mère l'aplatit incontinent. Et pourtant on y est frappé du ton doctoral qu'affecte la supérieure, du ton tranchant même qu'y met sa sincère humilité.

Dans le monde deux femmes célèbres, madame de Miramion et madame de Maintenon, imitèrent chacune selon ses goûts et sa position, soit les instituts, soit l'influence religieuse de ces deux types. Madame de Miramion, qui, dans le veuvage de sa jeunesse et dans l'éclat de sa beauté, avait joué un rôle grand et digne vis-à-vis de Bussy-Rabutin, et qui, dans son âge mûr, par un saint emploi de son opulence, aidait saint Vincent de Paul dans ses plus belles œuvres, était appréciée de tout le monde. Louis XIV, qui faisait faire de larges aumônes par les mains de cette femme admirée, donnait l'exemple du respect et de la déférence qui étaient dus à ses hautes vertus. Elle fonda plusieurs communautés qui élevaient des institutrices pour de pauvres filles et des gardes-malades pour les campagnes. Elle dépensa sagement et saintement pour les pauvres ses immenses revenus, et par son grand sens et sa piété réglée, encore plus que par ses richesses, elle exerça dans la société la meilleure une influence que peu d'hommes de son temps auraient égalée peut-être, fût-ce avec la même fortune et les mêmes inclinations, car les grâces de sa personne et la dignité de ses manières y entraient pour beaucoup. Nous aurons besoin tout à l'heure de la connaissance qu'ici nous faisons avec elle. Quant à madame de Maintenon, elle n'eut aucune action sur les idées, et ne discuta jamais aucune question d'art ou de littérature, mais son action sur les intérêts et les questions de religion, sur toutes les affaires, n'en fut pas moins profonde. Aidée ou non de son directeur, conseillée ou assistée des prélats ses amis, sa rare intelligence et son savoir-faire plus rare encore non-seulement désignaient au roi les candidats aux évêchés et aux archevêchés, aux abbayes d'hommes et de femmes, mais dirigeait, suivait, éclairait et parfois reprenait ceux qui se trompaient ou se négligeaient. Elle gouvernait spirituellement son école de Saint-Cyr toujours d'accord avec son évêque diocésain et avec son directeur, mais d'après son plan, ses vues, ses observations successives, toujours avec indépendance, quelquefois avec une autorité qui se passait d'avis. Souvent elle instruisait et conseillait tout autour d'elle. Elle tenait d'excellentes conférences avec les dames qu'elle avait données pour directrices à cette importante maison ; toujours au courant de leurs pensées comme de leurs travaux, elle éloignait avec politesse celles dont les services répondaient mal à ses desseins et en installait d'autres avec une grande aisance et des injonctions précises. Elle leur adressait des lettres également instructives sur l'enseignement profane, sur la conduite spirituelle, sur l'esprit des institutrices et sur celui des élèves. Elle traçait des règlements d'intérieur auxquels elle ne faisait mettre que pour la forme l'attache épiscopale du supérieur ecclésiastique. On assure que son esprit était médiocre et son instruction défectueuse. Je ne consulte que des documents, sa correspondance, les règlements émanés de sa plume et les conférences qu'elle présidait : or tout cela, nul d'entre les aumôniers de la cour, les précepteurs des princes, les confesseurs ou les prédicateurs du roi, ne l'eût peut-être mieux fait que cette femme si éclairée, si sincèrement pieuse et si profondément habile. Cette femme étonnante, le protestantisme l'avait si parfaitement façonnée aux habitudes d'examen, le catholicisme aux habitudes d'autorité, qu'elle sut à la fois scruter et obéir ; discipliner un roi absolu et une cour frivole ; faire d'un despote adultère un époux régulier ; commander à la plus haute noblesse et à la société la plus moqueuse le respect de madame Scarron ; prendre la tête entre tous les membres de la famille royale ; en soutenir le chef lui-même dans sa foi chancelante à sa propre majesté et répandre quelque douceur sur son infortunée vieillesse. Madame de

Maintenon fit plus : elle donna l'exemple d'une véritable dévotion sans se prêter jamais aux pratiques de l'ascétisme monastique, ni plier son goût délicat au style épithalamique d'une mysticité qu'elle trouva un jour installée dans la société préférée d'elle, mysticité qu'elle-même introduisit à Saint-Cyr par suite de l'affection qu'elle portait aux personnages les plus distingués de son intimité, mais mysticité dont elle n'adopta rien et dont nous la verrons bannir en un jour donné jusqu'aux derniers vestiges avec autant d'aisance qu'on quitte une toilette qui vous va mal.

Femme du monde aussi, madame Guyon, qui excellait dans le style mystique, où même elle passa les bornes, était beaucoup plus instruite dans les questions religieuses que madame de Maintenon et plus ambitieuse de ce gouvernement des âmes qui était échu à madame de Chantal sans aucune recherche de sa part. Madame Guyon, au contraire, enthousiaste des écrits et des institutions, de tout l'enseignement et de toute la vie de saint François de Sales et de sa compagne, s'étudiait à la fois à imiter leur sainteté et à développer leur doctrine. A l'époque où elle devint veuve et libre de suivre ses goûts, elle joignait aux avantages de la jeunesse, de la naissance et de la fortune, si grands en tout temps, ceux d'une rare beauté de parole, d'une véritable austérité de mœurs et du zèle le plus ardent. Par tous ses dons et ses aspirations, elle était merveilleusement propre à enseigner sous de belles formes cette théorie mystique que depuis Denis l'Aréopagite, depuis Hugues de Saint-Victor et saint Bernard, on appelait, dans les cercles des parfaits, la *théologie du saint amour*, la *théo-*

logie de l'amour divin, ou simplement la *théologie de l'amour*, science peu connue du vulgaire, mais très-prônée et très-ambitionnée des élus, très-recherchée parmi eux. Cette science qu'on enseignait surtout aux religieux, c'est-à-dire à ceux d'entre eux qui aspiraient sérieusement à la perfection cénobitique, un savant amateur, Harphius, l'avait formulée au seizième siècle en un manuel à la portée de tous ceux qui lisaient le latin, sous le titre le plus séduisant : *Theologiæ mysticæ, speculativæ et adfectivæ quæ non tam lectione juvatur quam animi puritate exercitioque obtinetur amoris libri III. Col. Agrip.* fol. 1556.

Telle était la personne que Fénelon devait rencontrer à l'hôtel Beauvilliers et y voir accueillir comme une sorte d'oracle, grâce à la protection dont madame de Miramion, madame de Béthune et madame de Maintenon l'honoraient à cette époque.

Madame Guyon avait été élevée dans les meilleures maisons. Façonnée par la lecture des œuvres de saint François de Sales et la vie de madame de Chantal, de qui elle avait appris à faire oraison et qu'elle tâchait d'imiter en tout, même dans ses rapports, madame Guyon était puissamment impressionnée par les romans que, dans sa jeunesse, elle avait lus le plus ordinairement et qu'on lui avait donnés dans l'idée qu'ils apprenaient à bien parler. Elle s'était développée rapidement, pour le monde, sous la direction de madame de Chevreuse que son père avait recueillie pendant l'exil de cette dame, et pour la religion, sous celle d'une des plus saintes filles de son temps, mademoiselle Granger, prieure des bénédictines. A ces influences de nature si diverse s'était jointe encore la plus remarquable de toutes, celle de madame de Longueville, qu'elle avait vue en son hôtel de Paris où elle avait visité son mari malade; de madame de Longueville, non plus cette brillante princesse dont tout le monde sait trop les intrigues, mais devenue dévote, un peu avancée en âge, admirant la beauté des autres, celle de madame Guyon, par exemple, qui nous apprend à cette occasion avec trop de complaisance, ce semble, qu'elle était fort belle. « Je fus fort surprise, nous dit-elle, qu'une personne dont la piété faisait tant de bruit s'arrêtât si fort à un extérieur et parût en faire tant de cas... Je ne puis dire les bontés que l'on me témoigna dans cette maison. Tous les officiers à l'envi me rendaient service; je ne trouvais partout que des gens qui m'applaudissaient à cause de ce misérable extérieur. J'étais si scrupuleuse à n'écouter personne sur cela, que j'en étais ridicule. »

Élevée ou reçue dans le monde le plus élégant, madame Guyon n'était ni une dévote de sacristie ni une exaltée de couvent. Elle raisonnait très-méthodiquement ce qu'elle admettait, et n'était ni une extatique naturelle ni une visionnaire véritable. Si l'on veut être juste à son égard et l'entendre elle-même, on sera étonné de la pureté et de la fermeté de ses principes à ce sujet. En effet, dans son chapitre sur les visions, les révélations et les ravissements, elle donne toute une théorie sur ce sujet :

« De ces sortes de dons, dit-elle, les moins purs et les plus sujets à l'illusion, ce sont les visions et les extases. Les ravissements et les révélations ne le sont pas tout à fait tant, quoiqu'ils ne le soient pas peu.

« La *vision* n'est jamais de Dieu même, ni presque

jamais de Jésus-Christ, comme ceux qui l'ont se l'imaginent; c'est un ange de lumière, qui, selon le pouvoir qui lui en est donné de Dieu, fait voir à l'âme sa représentation, qu'il prend lui-même. Il me paraît que les apparitions que l'on croit de Jésus-Christ même sont à peu près comme le soleil qui se peint dans un nuage avec de si vives couleurs que celui qui ne sait pas ce secret croit que c'est le soleil même; cependant ce n'est que son image.

« L'*extase* vient d'un goût sensible, qui est une sensualité spirituelle, où l'âme se laissant trop aller à cause de la douceur qu'elle y trouve, tombe en défaillance. Le diable donne de ces sortes de douceurs sensibles pour amorcer l'âme, lui faire haïr la croix, la rendre sensuelle, et lui donner de la vanité et de l'amour d'elle-même, l'arrêter aux dons de Dieu, et l'empêcher de suivre Jésus-Christ par le renoncement et la mort à toutes choses. » Qu'on remarque bien le diable!

« Les *ravissements* viennent d'un autre principe. C'est que Dieu attire l'âme fortement pour la faire sortir d'elle-même et la perdre en lui; et de tous les dons que j'ai décrits, c'est le plus parfait; mais l'âme étant encore arrêtée par sa propriété, elle ne peut sortir d'elle-même; de sorte qu'étant attirée d'un côté et retenue de l'autre, c'est ce qui opère le ravissement ou le vol d'esprit, qui est plus violent que l'extase et élève quelquefois même le corps de terre. Cependant ce que les hommes admirent si extraordinairement est une imperfection et un défaut dans la créature. » Le ravissement un défaut!

Je ne trouve rien de plus pur ni de plus ferme que cela dans toute la littérature contemporaine, et peu d'écrivains mystiques osent aborder ces questions avec une telle franchise. Mais nous ne sommes pas au bout, et l'on dirait que toute cette critique, cette exécution de faux dieux n'est faite qu'en faveur d'une divinité mystérieuse qu'on adore en secret. En effet voici ce qui suit :

« Le *véritable ravissement* et *l'extase parfaite* s'opèrent par l'anéantissement total, où l'âme perdant toute propriété, passe en Dieu sans effort et sans violence comme dans le lieu qui lui est propre et naturel. »

Il y a donc un ravissement véritable, une extase parfaite, et c'est le *Nirwana* du bouddhisme ! On dirait que, pour parler de cet état avec tant d'assurance, il faut absolument l'avoir connu par soi-même; cependant, pour ce qui la regarde elle-même, madame Guyon ne nous laisse pas un seul instant dans le doute à ce sujet.

« Vous me mîtes, ô mon Dieu, par une bonté inconcevable dans un état très-épuré, très-ferme et très-solide. Vous prîtes possession de ma volonté, et vous y établîtes votre trône ; et *afin que je ne me laissasse pas aller à ces dons* et ne me dérobasse pas à votre amour, vous me mîtes d'abord dans une union des puissances, et dans une adhérence continuelle à vous. Je ne pouvais faire autre chose que de vous aimer d'un amour aussi profond que tranquille qui absorbait toute autre chose. »

Remarquons en passant l'union des puissances ! Mais qu'est-ce ? Je ne sais, seulement ce n'est pas un état d'infériorité. Qu'on en juge : « Les âmes qui sont prises *de cette sorte sont les plus avantagées*, et elles ont moins de chemin à faire. Il est vrai que quand vous les avancez si fort, ô mon Dieu, elles doivent s'attendre à de fortes croix et à des morts cruelles, surtout si elles sont touchées d'abord de beaucoup de foi, d'abandon, de pur amour, de désintéressement et d'amour du seul intérêt de Dieu, sans retour sur soi-même. »

« Ce furent ces dispositions que vous mîtes d'abord en moi, avec un désir si véhément de souffrir pour vous, que j'en étais toute languissante. Je fus soudain dégoûtée de toutes les créatures; tout ce qui n'était point mon amour m'était insupportable. La croix, que j'avais portée jusqu'alors par résignation, devint mes délices et l'objet de mes complaisances. »

Ce qui rendait madame Guyon si heureuse, l'amour divin et cet amour pur qui trouve ses délices dans les croix, elle brûlait du désir de le communiquer; et comme elle attribuait à la prière l'origine de toutes les grâces dont elle était *avantagée*, elle réduisit toutes les perfections à une seule, l'amour pur, et toutes les voies d'y arriver à une seule, la prière. Madame Guyon n'était alors en réalité qu'un professeur d'oraison et d'amour. C'était pourtant un professeur plein d'amour-propre. Épouse du Seigneur, elle prenait très au sérieux cette qualité et se voyait partout l'objet de sa sollicitude, de ses grâces, de ses prodiges même. Cet amour-propre, son péché mignon, fut tel qu'il est aisé de la traiter avec rigueur. Pour être juste envers elle, plus juste que ne le furent ses adversaires les plus haut placés de tous les âges, il faut, sans rien lui prêter, la laisser se peindre elle-même, puisqu'elle a bien voulu prendre ce soin. On n'a jamais vu cœur humain à la fois plus pétri d'amour-propre et d'amour de Dieu, plus naïf et plus subtil.

Dans sa biographie, qui est un entretien perpétuel avec son Amour, elle nous dit dès l'abord le secret de toute sa dévotion. Elle nous apprend qu'elle eut, encore enfant, un désir irrésistible de se donner à Dieu, — c'était l'idée et la phrase du siècle, — et qu'une fois qu'elle s'était donnée à Dieu, elle eut l'instinct du sacrifice et de l'immolation continuelle. Pour servir le Seigneur autrement qu'en idée et par des vœux, pour être libre de sa personne et de ses affections, elle se dépouilla de sa fortune et en laissa jouir ceux qui avaient la tutelle de ses enfants.

Ce premier sacrifice fut suivi de bien d'autres. « Je puis dire, écrit-elle, qu'il semblait que Notre-Seigneur occupait tous mes sacrifices et me fournissait incessamment de nouvelles matières pour lui en faire. » Et elle eut ce mérite, cette jouissance, que ce n'étaient pas réellement des sacrifices pour elle; au contraire, ce n'étaient que des jouissances, vu qu'elle rapportait tout à Dieu. Or, Dieu était à ce point son amour, « qu'elle ne pouvait entendre parler de Dieu ou de Notre-Seigneur Jésus-Christ à qui elle s'unit par un contrat écrit en 1672, sans être comme hors d'elle (de jubilation). »

Telle fut bientôt l'élévation de son âme, de sa pensée affranchie des choses communes, qu'elle n'avait plus besoin de paroles articulées pour prier. Toute sa vie, toute sa personne était une prière. « Ce qui me surprit le plus, nous dit-elle, c'est que j'avais une extrême peine à dire mes prières vocales que j'avais accoutumé de dire. Sitôt que j'ouvrais la bouche pour les prononcer, l'amour me saisissait si fort que je demeurais absorbée dans un silence profond et dans une paix que je ne saurais exprimer... Il se faisait, sans bruit de paroles, une prière continuelle qui me semblait être celle de Notre-Seigneur Jésus-Christ lui-même, prière du Verbe, qui se fait par l'Esprit, lequel, selon saint Paul, demande pour nous ce qui est parfait, ce qui est conforme à la volonté de Dieu. » Ici encore, pour être juste, il nous faut rappeler que le Verbe, la parole divine, jouait un grand rôle dans la pensée religieuse du siècle, non pas dans celle des mystiques seulement, mais encore dans celle des philosophes; que Malebranche s'entretient sans cesse avec le Verbe et se fait faire par lui les réponses qu'il lui plaît. Pour madame Guyon, le Verbe est comme la clef de sa vie spirituelle.

« Mon cœur, nous dit-elle, avait un langage qui se faisait sans le bruit de la parole et il était entendu de son bien-aimé, comme il entend le silence profond du Verbe toujours éloquent qui parle incessamment dans le fond de l'âme. »

Notre siècle se hâte trop de mettre tous ces entretiens mystiques sur le compte de l'imagination, d'en faire de pures illusions d'une femme étrangère aux mystères de l'âme, aux hallucinations de l'intelligence humaine. Madame Guyon a prévu cette facile critique. «Que l'on n'aille pas se figurer, nous dit-elle, que c'était un langage stérile, qui est un effet de l'imagination; tel n'est pas le langage muet du Verbe dans l'âme : comme il ne cesse jamais de parler, il ne cesse jamais d'opérer... *Dixit et facta sunt; mandavit et creata sunt* (Ps. 32, 9). » Car, remarquez-le bien, madame Guyon, qui commenta toute la Bible, cite les saintes Écritures comme un docteur en Sorbonne.

Si constante que soit en elle la voix du Verbe, ce n'est pas, toutefois, le Verbe seul qui s'occupe d'elle; Dieu, son amour, prend d'elle des soins continuels : il lui envoie des messagers de salut sous l'extérieur le moins apparent. Elle va un jour à Notre-Dame; un homme qui vient on ne sait d'où, et bientôt ne se retrouve plus nulle part, lui parle avec une éloquence apostolique. Pour elle, ce n'était pas un homme; c'était, comme le Raphaël de Tobie, l'apparence d'un homme. Entre elle et la Providence, il y a comme un pacte. Quand, à la campagne, elle prend le parti d'aller à la messe à pied pour ne pas réveiller son mari par le bruit du carrosse sortant du château, la pluie cesse de tomber tant qu'elle chemine, recommence dès qu'elle est dans la chapelle, et se suspend quand elle en sort pour reprendre de plus belle dès qu'elle est rentrée. Et encore une fois, qu'on ne lui objecte pas qu'il ne faut pas généraliser ce qui a pu arriver une fois. Elle a prévu le raisonnement; elle le réfute. « Ce qui est de surprenant, c'est qu'en plusieurs années que j'en ai usé de la sorte, il ne m'est jamais arrivé d'être trompée dans ma confiance. »

Le sommeil d'un mari, qui ne voulait lui permettre d'entendre la messe si ce n'est les dimanches et les jours de fête, se mettait lui-même de complicité avec la pluie. « Pour l'ordinaire, les jours que j'allais à la messe, dit-elle, mon mari s'éveillait plus tard. »

Une femme que le ciel protége avec tant de complaisance, même dans une entreprise douteuse, car dérober un fait quotidien à la connaissance d'un mari est une œuvre un peu défectueuse, doit être pour le moins une sainte accomplie. Madame de La Mothe-Guyon n'alla pas jusque-là dans ses illusions. Elle aspirait à la perfection, et c'était là sa stricte obligation, car en vertu d'un contrat qu'elle tenait de la Mère Granger et qui, dressé avec soin, était signé d'elle, elle était l'*épouse du Seigneur enfant*. Elle ne se croyait pas néanmoins une sainte accomplie, avouant elle-même qu'elle commettait encore bien des infidélités, et le fait est qu'elle passait encore très-étourdiment à côté de la vérité. Malgré la défense de son confesseur, elle visitait sans cesse la supérieure des bénédictines, en disant aux siens *qu'elle allait chez son père*. A propos de ce mensonge, elle fait un aveu plus étrange, et sans se douter de la portée de ce qu'elle nous apprend. Elle ne voulut pas écrire à son confesseur, pour ne pas exposer les laquais à mentir quand on viendrait à les surprendre; car, dit-elle sans sourciller, *j'avais moi-même une horreur extrême pour le mensonge*. On ne s'explique guère une distraction aussi grossière dans une intelligence aussi fine. Mais nous ne sommes pas au bout de ses naïvetés. Elle nous dit, au sujet d'un voyage en Touraine : « Ce fut dans ce voyage que ma vanité triompha *pour ne plus paraître*. Mon Dieu! que je vis bien la folie des hommes qui se laissent prendre à une vaine beauté. »

Le malheur qu'elle a d'être belle et de prendre plaisir à l'attention qu'on lui prodigue partout où elle se montre, voilà ce qui humilie le plus l'épouse de Christ. Elle avait la jalousie de son époux céleste. « Il ne faut pas mesurer, dit-elle très-finement, la griéveté des fautes sur la nature des péchés, mais sur l'état des personnes qui les commettent. La moindre infidélité d'une épouse est plus sensible à son époux que les grands égarements de ses domestiques. »

Quelle infidélité avait-elle donc à se reprocher?

Celle qui peint le mieux la vraie mystique : la lutte qui s'établit surtout dans ce voyage entre ses confesseurs et son *directeur intérieur* au sujet d'une très-grave question de toilette, que tranchèrent à la fin et en dernier ressort ses femmes de chambre, d'accord avec sa faiblesse.

« Je portais, dit-elle, la gorge un peu découverte, quoiqu'elle ne le fût pas, à beaucoup près, comme les autres la portaient. » Toutefois, elle s'accusa devant ses confesseurs ; ils l'assurèrent qu'elle était mise fort modestement. Son *directeur intérieur* lui disait bien le contraire. « Mais ma vanité se mettant du parti des confesseurs et des filles qui me servaient, me faisait croire qu'ils avaient raison et que mes craintes étaient chimériques. » Elle se rattrapa ailleurs par un excès de sévérité. Le voici : « Je fis encore des fautes dans ce voyage, qui furent de regarder ce qu'il y avait de rare lorsqu'on m'y menait pour cela, quoique j'eusse la pensée d'en détourner mes yeux. » Et ici elle réussit mieux que dans l'autre question : elle céda quelquefois, « cela cependant ne m'arriva guère. »

Et loin de se consoler de ces infidélités que les âmes pures comprenaient alors, madame Guyon se les reprochait non-seulement comme un ensemble de crimes, mais comme un ensemble d'ingratitudes et de catastrophes.... « Je pleurais inconsolablement, et c'était pour moi un très-grand tourment. Je cherchais partout *celui qui brûlait mon âme dans le secret*. J'en demandais des nouvelles : mais, hélas ! il n'était presque connu de personne. » Devenue veuve à l'âge de vingt-huit ans, elle ne songea qu'au bonheur de faire quelque grand acte de piété. A l'imitation de saint François de Sales, missionnaire du Chablais, elle forma le projet d'aller convertir le chef-lieu de l'ancien diocèse de saint François, la ville de Genève. C'est une analogie avec Fénelon ; c'est son plan, ou, si l'on aime mieux, son rêve d'une mission au Levant et au Canada. Ce fut un rêve d'humanité en tous les cas : madame Guyon voulut convertir Genève en s'insinuant dans les familles par des œuvres de sœur de charité. A cet effet elle se mit, en 1681, sous la direction de M. d'Arenthon, l'évêque nominal de la cité protestante, comme madame de Chantal s'était mise sous celle de son prédécesseur. M. d'Arenthon la dirigea vers la maison des *Nouvelles Catholiques* qui se formait à Gex pour la conversion des jeunes personnes du pays. Ayant fait de sérieuses lectures et s'étant rendus familiers les meilleurs traités de piété, comme la plupart de ses contemporaines dévotes, on la croyait très-propre à l'enseignement. Et elle l'était ; mais, trop pieuse pour aimer la controverse qui dessèche le cœur, et aspirant avant tout à la haute mysticité, elle ne prit pas un grand goût à sa congrégation. Elle aurait mieux aimé suivre sa première idée et aller à Genève en sœur de charité. Toutefois, le directeur des *Nouvelles Catholiques*, qu'elle consulta, le P. Lacombe, lui déclarant que Dieu voulait l'associer à cette famille, elle se soumit au premier moment et par voie d'obéissance plutôt que d'affection. Bientôt cependant elle trouva dans le supérieur lui-même, qu'elle avait déjà vu en 1670, un grand objet d'attachement et un grand danger. Le P. Lacombe, avec une tendresse toute mystique, bien entendu, et avec une intelligence faible, au lieu de régler le zèle de la dévote jeune femme, exalta son désir de fonder elle-même une association de son goût. L'évêque, qui connut ce danger, retira le P. Lacombe de Gex, et madame Guyon, mécontente de plus en plus d'une communauté qui lui demandait le peu de bien qu'elle s'était réservé de sa grande fortune, suivit le P. Lacombe à Thonon. Tout en s'y logeant aux Ursulines, elle continua ses rapports de mysticité avec lui, allant bientôt chercher des âmes ailleurs ; car sa mission ou son œuvre se transforma singulièrement. En effet, détachée de toute communauté, elle visita successivement Turin, Verceil, Alexandrie, Marseille, Grenoble, tenant des conférences et faisant des prédications, lisant et écrivant beaucoup, déployant partout le même zèle pour la conversion des âmes et semant autour d'elle la même ardeur d'aspiration à la vie parfaite.

CHAPITRE VII

Les premières publications mystiques de madame Guyon. — Le moyen court de faire oraison. — L'explication du cantique de Salomon. — Madame Guyon et le P. Lacombe à Paris. — Le molinisme reproduit en apparence. — Sainte Thérèse et Molinos. — Le P. Lacombe enfermé à la Bastille princière. — Madame Guyon aux Visitandines. — Ses conférences à l'hôtel Beauvilliers. — Sa rencontre avec Fénelon.

1678 — 1688

Madame Guyon, très-versée dans la lecture des mystiques les plus avancés, les plus favorisés d'extases, de visions et de révélations, faisait peu de cas de ces états si enviés, si recherchés par d'autres ; ce qu'elle cherchait, elle, c'était l'union intime et le commerce familier avec Dieu, ou plutôt cette alliance spirituelle avec le Christ, l'époux céleste, qui n'est accordée qu'à l'amour.

Son grand levier était l'amour divin; le grand moyen de l'obtenir, la prière. Pour exciter à l'un et enseigner l'autre, elle publia ou laissa ses amis publier, en 1685, deux manuels : *le Moyen court et très-facile pour l'O-*

raison [à Grenoble], et l'*Explication mystique du Cantique des cantiques* [à Lyon.]

Le premier de ces écrits, approuvé par des docteurs en Sorbonne qu'on avait commis pour l'examiner à Lyon et à Grenoble, fut, par suite des rapports de son auteur avec le P. Lacombe, la cause d'un premier emprisonnement.

En effet, le fanatique barnabite se rendit avec la jeune dévote à Paris, et y prêcha et confessa de manière à se faire trop remarquer. Bientôt ses adversaires l'accusèrent, d'après son livre intitulé *Analyse de l'Oraison mentale*, de molinisme, c'est-à-dire d'attachement au mysticisme de Molinos, et bientôt aussi ils impliquèrent dans cette accusation son extatique amie.

L'union des deux mystiques, évidemment calquée par eux sur le type de celle de saint François et de madame de Chantal, était alors si intime, qu'il faut, pour ne pas la défigurer en la voulant peindre, se servir exclusivement des termes dans lesquels madame Guyon la décrit elle-même. « Elle était si parfaite que ce n'était plus qu'une unité, et cela, dit l'enthousiaste sans soupçonner le blasphème, de manière que je ne puis le distinguer de Dieu. » (V. sa Vie écrite par elle-même, III, p. 2). Cette union fut donc trop vive, mais elle ne fut pas ce qu'on eut le tort de supposer plus tard quand tous les méchants bruits passèrent pour de bons arguments. Le P. Lacombe seul avait de grands torts, une tête faible, une imagination mystique et un manque complet de dignité sacerdotale. Ce fut pour ces raisons mêmes que madame Guyon devint bientôt l'accusée principale. Elle s'agitait beaucoup et écrivait volontiers.

tandis que Lacombe écrivait peu, et ne valait guère la peine qu'on s'en occupât. L'accusation, dirigée contre l'un et l'autre, était mal fondée, en ce sens que Lacombe ne connaissait pas les écrits de Molinos et que madame Guyon ne savait pas même le nom de ce personnage. Elle connaissait des Jansénistes; mais elle était fort mal vue de ce parti, ce qu'elle avait de commun avec Fénelon, qui n' les aimait pas non plus, n'en était pas aimé et passait néanmoins pour pencher vers leurs idées.

Cependant l'archevêque de Paris, M. de Harlai, s'était persuadé de l'affinité des accusés avec Molinos, et sur un ordre royal qu'il provoqua, le P. Lacombe fut enfermé d'abord dans une maison ecclésiastique, puis à la Bastille, d'où il fut transféré à l'île d'Oléron et ensuite au château de Lourdes, où sa raison s'altéra si complétement qu'il fallut le mettre à Charenton, qui fut sa dernière demeure. Madame Guyon, par un autre ordre royal, fut conduite (en janvier 1688) aux Visitandines de Sainte-Marie, rue Saint-Antoine. Interrogée jusqu'à quatre fois par l'official de l'archevêché, même sur ses mœurs qui étaient d'une incontestable pureté, elle fut retenue au couvent pendant plusieurs mois, quoiqu'elle eût répondu de manière à ne laisser debout aucun des griefs articulés. Était-elle innocente?

Elle était étrangère à Molinos, dont les doctrines plus que périlleuses en leurs conséquences venaient d'être condamnées à Rome en 1687; mais l'analogie de leurs idées était aussi frappante que celle de leurs destinées. Ils avaient puisé à la même source; seulement Molinos, qui entra dans sa prison perpétuelle à Rome au moment même où madame Guyon allait entrer à Sainte-Marie, était disciple immédiat de sainte Thérèse sa compatriote, tandis que madame Guyon n'était l'élève de cette Sainte que par l'intermédiaire de madame de Chantal et de François de Sales. Quant à la ressemblance des théories, elle devait paraître frappante à M. de Harlai. Molinos voulait un état de contemplation à ce point parfait que l'âme ne raisonnant plus, ne réfléchissant ni sur Dieu, ni sur elle-même, y reçoive *passivement*, dans une *quiétude absolue*, la lumière céleste sans exercer aucun acte de piété, ni acte d'amour, ni acte d'adoration.

En cet état de quiétisme l'âme ne désire rien, pas même son salut, et ne craint rien, pas même l'enfer; elle abandonne tout à Dieu, et n'a pas d'autre sentiment que la paix de cet abandon.

En cet état de perfection, où l'homme est indifférent à tous les actes externes ou internes, il est dispensé de la pratique des bonnes œuvres et du recours aux sacrements qui ne sauraient rien donner à qui ne manque de rien, et telle est son indifférence, à l'interne comme à l'externe, que rien, pas même les imaginations les plus coupables, ne peuvent plus souiller ni affecter l'âme, ni le sentiment, ni l'intelligence, ni la volonté.

Quand même une âme pareille commettrait des actes criminels, son corps ne serait en cela qu'un instrument; intimement unie à Dieu, elle ne subirait aucune atteinte de ce qui agiterait les sens.

Voilà ce que disait Molinos. Qu'on remarque cette théorie; je la comparerai plus tard à un texte de madame Guyon.

Chacun voit les conséquences qu'entraîneraient des principes plus raffinés que sublimes, et encore plus grossiers en réalité que subtils en apparence. Que deviendra la vie, si l'âme est indifférente à tous ces mouvements, à ces inclinations, à ces désirs, à ces passions et à ces entraînements dont nous mettons l'origine première dans les instincts de la nature. Ces instincts nous les attribuons volontiers au corps, mais ils se traduisent en pensées, en sentiments et en œuvres, et personne n'en serait responsable du moment où le corps n'y servirait que d'instrument à l'âme et que l'âme n'y serait pas engagée, puisqu'elle ne serait pas sortie de sa quiétude, de sa paix, de son abandon à Dieu. Mais si l'âme n'est pas intéressée aux mouvements qui ont leur siége ou leur théâtre dans le corps, que deviennent la destinée morale de l'homme, la sainteté de l'âme, la pureté du corps? Que sera l'innocence de la vierge, si l'âme dans le corps, à titre de simple instrument, n'engage pas certains actes? Que sera la vertu du prêtre lui-même? La vertu et l'innocence seront des mots vides de sens; mais, en revanche, l'homme sera un abominable foyer de vices et de ténèbres.

Madame Guyon n'a pas enseigné les principes de Molinos, puisqu'elle n'a connu ni les écrits ni le nom de ce quiétiste. En apparence, elle n'a pas même enseigné cette *contemplation parfaite,* cet état d'esprit à la fois plein d'audace et de laisser-aller, de haute abstraction et de molles jouissances où la nature divine absorbe la nature humaine. Elle a, bien au contraire, enseigné l'oraison et l'amour, état beaucoup plus humble et plus ordinaire, état d'appetissement de soi, mais état d'un sublime attachement à Dieu et d'une tendresse telle qu'il amenait une union complète avec l'objet de cette pure affection, une sorte d'absorption, qu'elle l'appelait un anéantissement de soi. Et en dernière analyse, il en résultait précisément ce même abandon à Dieu et cette même indifférence pour ce qu'il fait de nous, en nous, par nous et pour nous, qu'enseignait le mystique espagnol. En effet, dans cet état de perfection où l'âme ne désire rien, disait la sainte veuve, elle ne désire pas même son salut, et aimerait son Dieu de même, fût-elle destinée aux supplices de l'enfer. Seul, l'amour désintéressé est l'*amour parfait*, et tout attachement à Dieu qui ne l'aimerait que pour jouir de son amour, de ses bénédictions, de ses grâces spirituelles et de sa félicité céleste, tout attachement intéressé, grossier, serait un égoïsme d'autant plus coupable, qu'il serait assez faux pour vouloir être de l'amour. Qu'on lise dans l'ouvrage qu'elle composa pour sa *Justification* et qui porte ce titre (3 volumes in-12), les articles *Abandon, Amour, Anéantissement, Actes* et *Oraison*, et l'on verra qu'elle ne cesse de professer ces idées, qui y reparaissent à chacune de ses pages. Partout aussi elle y prouve qu'elle ne les avait pas inventées. Elle avait lu les écrits et respiré l'air dévot du temps, elle avait appris sa doctrine de saint François de Sales et de Marie de Chantal. Cet amour héroïque de Dieu, ce tendre abandon à son amour était une des plus belles erreurs, des plus saintes aspirations de l'époque. Mais en saine morale, cette erreur était d'autant plus dangereuse qu'elle énervait plus les âmes saintes, et les rendait plus indifférentes pour les autres doctrines, pour la pureté des croyances, et, disons tout, sinon la pureté des œuvres, du moins la pureté des sentiments. Si la théorie restait séduisante encore pour les âmes éprouvées et vraiment saintes, elle égarait profondément toutes les autres. Que fit-elle de Fénelon ?

Rien de plus pur ni plus brillant à cette époque que l'avenir de ce jeune et noble prêtre, comptant de nombreux amis dans les hautes positions de l'Église et de l'État se glorifiant lui-même d'être l'ami le plus dévoué de Bossuet, qui l'honorait d'une affection paternelle, dirigeait ses études, l'attirait sans cesse à sa campagne de Germigny, l'admettait à sa pensée la plus intime, lui soumettait ses travaux, lui indiquait ceux qu'il désirait le voir entreprendre et aimait à lui présager une grande place dans l'épiscopat. Pour Fénelon, sa correspondance le dit et le redit, Bossuet était un Père de l'Église, le guide du clergé de France, dans la science ecclésiastique le premier des docteurs, hôte aimable et écrivain illustre. Fénelon n'était plus un petit protégé. L'ami le plus intime de cet honoré duc de Beauvilliers qu'à l'âge de trente-sept ans le roi avait nommé président de son conseil des finances, et qui continuait de vivre à la cour à peu près comme il eût vécu à la tête d'un diocèse, si la mort de ses deux aînés ne l'avait enlevé à la carrière ecclésiastique pour laquelle il se préparait d'abord, Fénelon se trouvait dans les mêmes relations avec les ducs de Chevreuse et de Mortemart, beaux-frères de Beauvilliers, et avec les trois nobles filles de Colbert, épouses de ces trois personnages distingués et partageant tous leurs goûts. Il ne se conçoit pas de société supérieure à celle de cette famille éminente, où madame de Maintenon, qui n'avait pas le titre ni les honneurs extérieurs de reine, mais qui en avait la considération morale et l'influence politique, aimait à se montrer. En effet, madame de Maintenon y paraissait régulièrement, afin qu'on sût bien quels amis elle recherchait dans une élévation extraordinaire dont elle parlait volontiers, même aux dames de Saint-Cyr, et qu'on vît quelles mœurs elle honorait dans la place de confiance où il avait plu au roi de l'appeler en se séparant de madame de Montespan. La famille des Beauvilliers était alliée à madame de Montespan, mais elle ne lui rendait que les politesses exigées par la parenté. Voir une telle famille aussi familièrement, c'était, de la part de la plus grande dame de la cour, indiquer, sans trahir aucun secret, le vrai caractère de son intimité avec le monarque. C'était plus. De la part d'une femme sincèrement attachée aux plus sévères convictions de la foi et très-jalouse de son empire exclusif sur la pensée morale et sur les affections intimes de Louis XIV, c'était se faire de précieux auxiliaires pour l'œuvre de réforme qu'il était de son intérêt d'accomplir dans les mœurs de celui qui donnait le ton à Versailles.

Madame de Maintenon non-seulement allait à l'hôtel Beauvilliers régulièrement, elle en partageait les goûts religieux, et appréciait beaucoup l'abbé de Fénelon, qu'elle y rencontrait habituellement. Déjà elle le connaissait par sa mission du Poitou et par les lettres écrites à M. de Seignelai, frère des trois duchesses, sur la conversion de son parent, M. de Saint-Hermine; madame de Maintenon ne pouvait que partager les sentiments que, dans cette éminente famille, tout le monde professait pour l'auteur du beau traité dont elle-même suivait avec admiration les principes à Saint-Cyr.

Fénelon répondait à la bienveillance de madame de Maintenon par le plus vif et sincère attachement, lui montrant ces déférences marquées dont elle était l'objet de la part de tout le monde, à commencer par les princes du sang. On voit par les lettres échangées entre la grande dame et le jeune prêtre; par le portrait d'elle-même que madame de Maintenon demanda à sa franchise et que Fénelon fit avec la plus habile droiture, à quel degré s'étaient rapidement élevés leurs sentiments de confiance et d'amitié. Ces sentiments allaient se fortifiant d'année en année, mais se modifièrent tout à coup singulièrement à la suite des relations qui s'établirent entre l'abbé de Fénelon et madame Guyon, introduite à l'hôtel Beauvilliers par la protection de madame de Maintenon.

En effet, ce fut le séjour forcé de la jeune mystique au couvent de la rue Saint-Antoine qui l'amena tout droit dans la meilleure et la plus haute société de Versailles. Édifiées de ses discours et de ses pratiques, les religieuses de Sainte-Marie la mirent en rapport avec madame de Miramion, qui, à son tour, inspira à madame de Maintenon le désir de la connaître. Déjà prévenue en sa faveur par sa spirituelle cousine [madame de La Maisonfort], madame de Maintenon, apprenant les mêmes éloges de la bouche de madame la duchesse de Béthune, née Fouquet, amie particulière de madame Guyon, sollicita plus vivement encore la liberté de celle-ci. Elle avait une première fois intercédé vainement en sa faveur, et elle n'eût peut-être ni demandé une seconde fois ni peut-être obtenu sans d'autres interventions puissantes aussi. En effet, excitée par ses instances et appuyée des sympathies de toutes ces dames, madame de Maintenon sollicita de nouveau la liberté de madame Guyon du roi. L'archevêque ne l'accorda qu'à son corps défendant, comme malgré lui.

Huit mois de captivité eussent pu lui paraître une peine suffisante pour une personne dont les mœurs étaient sans tache et qui ne tenait pas à ses doctrines. Du moins elle se disait prête à les détester du moment où elles seraient déclarées fausses, et ajoutait que pour ses écrits, on n'aurait qu'à les brûler. Elle demeurait d'ailleurs persuadée que, n'étant ni moliniste ni janséniste, elle n'était tombée dans aucune erreur, et que ses persécutions venaient uniquement de son frère, le P. de Lamothe, qui convoitait son bien et haïssait le P. Lacombe, son confrère.

Présentée à madame de Maintenon et à madame de Beauvilliers par la duchesse de Béthune, la célèbre mystique plut à sa puissante protectrice, au point que, après quelques réunions à l'hôtel Beauvilliers, on la pria de faire des conférences à Saint-Cyr. Elle s'acquitta de cette mission, qu'elle considérait comme la plus grande qui pût lui échoir, avec le plus profond recueillement et avec son éloquence habituelle; elle y fut écoutée avec enthousiasme et se confirma de plus en plus dans l'idée qu'elle avait une grande œuvre à accomplir.

Accueillie comme un messager providentiel dans la plus haute société de Versailles, elle y trouva la réalisation de ses rêves les plus doux. On y connaissait celui à qui était vouée son existence. Ailleurs, dit-elle, et tant qu'elle avait vécu dans le monde, cela se comprend, elle avait trouvé qu'on n'aimait pas comme elle, ni le même objet qu'elle. Chez les Visitandines de Sainte-Marie, grand fut son bonheur de voir que *celui qui brûlait son âme* était connu de plusieurs de ces saintes filles, et sa joie fut peut-être plus vive encore quand, ortant de ce milieu religieux, elle le trouva aimé à l'hôtel Beauvilliers, de la brillante société qui s'y réunissait. Ce fut le comble de ses douces surprises d'y trouver pour ami, sinon pour disciple, un des plus grands écrivains du siècle. Elle prit sur Fénelon un ascendant incontestable. Faut-il admettre, pour nous expliquer ses succès à l'hôtel Beauvilliers, ce qu'elle insinue au sujet d'une autre société : « Je crois que ce grand attrait que j'avais au dedans rejaillissait sur mon extérieur? » Faut-il admettre qu'une sorte de transfiguration prophétique, de reflet divin, se remarquât dans sa personne?

Il est certain qu'elle n'aimait pas à s'attribuer à elle ce qu'elle disait de plus élevé chez elle. « Mon esprit naturel, dit-elle, n'était pas capable de ces choses. C'était vous, ô mon Dieu, qui me les donniez. » Mais l'amour-propre se prête trop aisément ces choses-là et met trop volontiers Dieu dans son jeu, pour qu'on le croie sur parole.

N'admettons pas que ce fut un attrait de cette nature qui valut à madame Guyon l'attachement de Fénelon : on n'en a pas besoin pour comprendre qu'une femme aussi distinguée, aussi douée, un peu persécutée et très-calomniée, ait exercé sur la plus noble et la plus tendre des âmes pieuses, le même ascendant qu'elle exerça sur tous les autres personnages de cette éminente société, hommes et femmes. Ce qui se concevra encore mieux, c'est que Fénelon ne l'abandonne pas quand elle sera une seconde fois l'objet d'une enquête et d'une série de rigueurs extraordinaires.

Quant à l'attachement de madame Guyon pour Fénelon, il paraît que dès leur première entrevue, qui eut lieu à la campagne chez madame de Béthune, le parfait gentilhomme, le prêtre accompli fit sur elle une grande impression. Elle avait entendu parler de lui quelques jours après sa sortie de Sainte-Marie. C'était sans doute chez madame de Miramion où elle s'établit d'abord, c'est-à-dire au mois d'octobre 1688. Dès avant leur rencontre chez madame de Béthune, son imagination s'était donc fixée sur lui; mais sa vue et sa parole surpassèrent son attente, et voici dans quel style mystique elle rend compte des débuts d'une relation qui devait dater dans sa vie autant que dans celle de Fénelon.

« Je fus tout à coup occupée de lui avec une extrême force et douceur. Il me sembla que Notre-Seigneur me l'unissait très-intimement et plus que nul autre. » On le voit, ce n'est pas seulement un mouvement humain qui est en jeu, c'est une dispensation divine; mais la liberté humaine y est respectée. Écoutons : « Il me fut demandé par l'esprit qui parle à l'intérieur un consentement pour cette union : je le donnai. Alors il me parut qu'il se fit de lui à moi comme une filiation spirituelle. [C'est elle qui est la mère spirituelle du jeune prêtre; elle n'est pas sa fille.] J'eus occasion de le voir le lendemain... » Mais quelle fut sa déception : «Je sentais intérieurement qu'il ne me goûtait point. » Elle en eut une grande affliction, mais elle le vit encore le lendemain, et « le nuage s'éclaircit un peu. » Ce ne fut pourtant qu'au bout de huit jours qu'elle fut satisfaite et qu'elle se persuada que leurs âmes étaient en rapport.

On le voit, d'une part, madame Guyon vit sur les types de sa dévotion; mais elle aspire aux rapports de Marie de Chantal avec saint François de Sales; d'autre part, Fénelon, qui sait parfaitement la vie des grands mystiques, se montre dès le début ce qu'il fut toujours vis-à-vis d'elle, tout prêt à reconnaître ce qu'il y a de saint, d'humble et de pieux dans ses aspirations, mais résolu aussi à réprimer froidement et d'autorité tout ce qu'il y a d'excentrique dans ses exagérations. Il n'est rien de plus curieux, ce me semble, que l'étude de ces rapports si beaux, si purs et si angéliques entre deux âmes l'une si exaltée, l'autre si calme, si pleine de mesure et de sacerdotale dignité. Mais, pour être appréciés en leur véritable caractère, de tels rapports demandent une certaine connaissance des écrits et des choses mystiques; on ne pourrait que les profaner en les prenant au point de vue des relations ordinaires de la vie.

On s'est demandé, depuis et après les événements que chacun sait aujourd'hui, comment Fénelon a pu se lier à ce point avec cette femme obscure qui devait exercer sur sa pensée une influence si considérable, et changer sa destinée de favori de la fortune et des honneurs en une tout autre, le priver de l'amitié de Bossuet et de celle de madame de Maintenon, le faire exiler de Versailles et condamner à Rome.

La réponse est bien simple. Fénelon, qui s'appliquait à la vie spirituelle, la considérait comme une des âmes les mieux douées et les plus favorisées dans la recherche de la perfection, et elle méritait bien cette opinion, puisqu'elle en jouissait en dépit de ses persécutions. Il ne pouvait pas ignorer tout à fait ce qui s'était passé à Gex, à Thonon, à Verceil, à Grenoble et à l'officialité de Paris; mais l'appui donné à madame Guyon par les plus grandes et plus pieuses dames de la cour, madame de Maintenon à leur tête, répondait à tout : madame Guyon était une victime arrachée à l'injustice. Toutefois, si cela pouvait passer aux yeux d'un homme de cour, cela ne devait pas suffire à un ecclésiastique. Fénelon approuvait-il l'analyse de l'oraison du P. Lacombe, le *Moyen court de faire oraison* de madame Guyon, sans parler des bruits qui s'étaient élevés sur l'étrange intimité de ces deux mystiques amis?

L'objection nous paraît forte, à nous qui avons sous les yeux les confidences écrites de madame Guyon; mais d'abord ces pages tracées pour elle seule et pour Dieu, ces pages qu'elle n'a données à Bossuet que sous le sceau du secret et dont elle n'a jamais consenti la publication, n'étaient pas nées à cette époque; ensuite, si elles eussent rendu Fénelon plus réservé, elles ne l'auraient pas rendu plus sévère. Il l'était assez, il le fut toujours suffisamment; personne n'a jamais su, mieux que lui, faire du langage des mystiques, le cas et l'appréciation qu'il mérite. En général, les femmes distinguées qui présentèrent madame Guyon à l'hôtel Beauvilliers et les hommes éminents qu'elle y rencontra étaient à la tête de la société élégante, pieuse et lettrée, par leur rang ou leur position ; ils l'étaient encore par leurs talents, par l'élévation de leur caractère et par la pureté de leurs doctrines. C'est donc leur jugement à eux, ce n'est pas celui des adversaires de madame de La Mothe-Guyon, qui doit guider le nôtre sur son compte, pour cette époque de sa vie. On doit par conséquent, sans hésiter, lui reconnaître un mérite distingué et des qualités éminentes non pas en matière de piété seulement, mais au point de vue général. Dans ces belles régions un esprit ordinaire ou même un esprit nourri de folles rêveries n'eût trouvé ni des amis, ni des enthousiastes. Il est très-vrai qu'un juge que son rang et sa naissance mettaient encore plus haut que cette société, Louis XIV, à qui madame de Maintenon lut quelques pages de madame Guyon, taxa le tout de *rêveries ;* mais madame de Maintenon elle-même ne partageait pas ce jugement, et elle nous apprend dans une lettre à madame de Saint-Géran, la raison d'une appréciation qu'elle regardait comme fort au-dessous de la sienne propre : « Il (le roi) n'est pas encore assez avancé dans la piété, dit-elle, pour goûter cette perfection. » Madame de Maintenon se croyait plus avancée que lui, plus capable d'apprécier une question de piété, et elle avait raison : elle était réellement supérieure à Louis XIV, et, tant qu'elle en eut la liberté, elle maintint sa protection à madame Guyon.

Cependant entre tous les admirateurs de madame Guyon à l'hôtel de Beauvilliers le seul juge véritable, c'était Fénelon lui-même. Si madame de Maintenon comprenait tout, la nature de son esprit était pourtant sinon antipathique, au moins peu portée au mysticisme, à son style, à ses idéalités, à son enthousiasme, à ses sacrifices, et, disons-le à la louange de madame de Maintenon, à ses excès. Si elle se croyait un peu mystique à cette époque, c'est qu'elle aimait beaucoup Fénelon, qui semblait prendre goût aux leçons de madame Guyon. Elle nous apprend elle-même que ce fut par déférence pour Fénelon qu'elle suivit le docteur mystique. Elle écrit à madame de Saint-Géran: « L'abbé de Fénelon m'avait dit que le *Moyen court* contenait les mystères de la plus sublime dévotion, à quelques petites expressions près qui se trouvent dans les écrits mystiques. » Ainsi, ambitieuse de savoir comme elle l'était, elle se flattait de trouver dans un petit nombre de pages tout ce que les grands mystiques enseignaient de plus profond. Toutefois madame de Maintenon écrit cette lettre de souvenir, et je ne crois pas qu'elle cite bien exactement les termes de Fénelon ; ce n'est pas ainsi qu'il avait l'habitude de s'exprimer alors sur le compte de madame Guyon.

Je crois au contraire qu'après coup et pour le besoin de la cause, on exagère un peu l'éloge et qu'on tempère beaucoup la restriction. Ce qui m'en assure, c'est madame de Maintenon elle-même, qui me semble beaucoup plus dans le vrai quand elle écrit dans une autre lettre : « Mon peu d'expérience en ces matières me révoltait contre M. l'abbé de Fénelon, quand il ne voulait pas que ces écrits (ceux de madame Guyon) fussent montrés [aux dames de Saint-Cyr]. Cependant il avait raison. Tout le monde n'a pas l'esprit droit et solide. On prêche la liberté des enfants de Dieu à des personnes qui ne sont pas encore ses enfants, et qui se servent de cette

liberté pour ne s'assujettir à rien : il faut commencer par s'assujétir..... Ou je me trompe fort, ou vous prenez la piété d'une manière trop spéculative. Vous faites tout consister en mouvements subits, en abandons...»
[Lettres à madame de La Maisonfort.]

Ce qui prouve encore mieux ma thèse, c'est que jamais Fénelon ne parle de ces prétendus mystères de la plus sublime dévotion et qu'il ne parle jamais le langage mystique de madame de La Mothe-Guyon. Sa raison excusait, mais son goût délicat et sûr repoussait, pour son compte, le style épithalamique de cette dame. S'il aima ses principes ou du moins ses aspirations, ce fut en dépit du langage dont elle se servait ; sa propre piété était trop droite pour ne pas faire abstraction de la forme partout où il approuvait le fond.

En ce qui concerne madame Guyon, il a toujours protesté de son indépendance, et s'il n'a jamais varié dans son attachement ou dans ses respects pour sa personne, il a toujours fait preuve d'une liberté entière quant à la doctrine. Il l'a fait à l'égard de tout le monde, l'autorité suprême exceptée. S'il avait connu de madame Guyon autre chose que ses beaux côtés ; s'il avait connu cette âme tout entière comme nous la connaissons grâce à cette biographie déjà citée et qui peint certes une des vies les plus curieuses, jamais il n'eût encouragé les conférences de l'hôtel Beauvilliers.

CHAPITRE VIII

Madame Guyon à Saint-Cyr. — Madame de la Maisonfort.

1689 à 1693

J'ai dit que, dans les relations qu'elle eut le bonheur d'entretenir avec Fénelon, madame Guyon suivait un type, celui des rapports de madame de Chantal avec François de Sales. Madame Guyon n'avait pas l'esprit d'organisation, de fermeté et de régularité de la baronne de Chantal, et elle ne sut ni fonder une œuvre par elle-même, ni se subordonner à un fondateur; mais elle avait les tendances mystiques de son modèle, son esprit de dévouement et d'abnégation; et elle joignait à des aspirations aussi saintes, plus d'instruction, plus de talent et plus d'éloquence naturelle. Trois circonstances essentielles l'ont empêchée d'arriver à des institutions semblables, au même degré de perfection ou à une renommée aussi pure ; la différence des temps, les erreurs de madame Guyon, et l'impossibilité où Fénelon s'est trouvé de la diriger assez directement pour la ramener de ses exagérations.

Je mets cette dernière raison de beaucoup au-dessus des deux autres.

En effet, les relations de Fénelon avec madame Guyon étaient à peine ébauchées, qu'il fut élevé à un poste qui vint absorber ses plus beaux moments, ses plus vives affections et ses plus hautes facultés. Le duc de Beauvilliers, nommé gouverneur du duc de Bourgogne et des princes ses frères, le 16 août 1689, se fit immédiatement adjoindre son illustre ami en qualité de précepteur de ces jeunes princes. Les conférences de madame Guyon dans les familles où elle avait rencontré Fénelon, continuaient à avoir lieu et à satisfaire tout ce monde, à l'enchanter de plus en plus; mais Fénelon s'y trouva rarement. Madame de Maintenon, voyant l'habileté du docteur et les bons effets de ses enseignements, l'attira à Saint-Cyr, le grave objet de ses plus pieuses affections, se flattant que dans cet établissement ses leçons ou ses exhortations pathétiques et ses écrits de piété porteraient les mêmes fruits qu'à l'hôtel Beauvilliers. Elle se félicitait peut-être autant d'avoir donné elle seule cette institutrice aux dames de sa royale école que d'avoir aidé le duc de Beauvilliers à donner aux princes le plus excellent des précepteurs dans la personne de Fénelon; car elle avait secondé ce choix, elle s'en vante avec raison. Jamais précepteur de prince n'avait donc été choisi par des juges plus compétents et sur des titres plus respectables.

Aussi, nul autre n'eût été, on doit le supposer, mieux accueilli à la cour, ni salué de plus de sympathies dans le cercle de madame de Maintenon et dans le monde religieux. Ne disons pas qu'on ne fit jamais de plus grands prodiges, il ne s'en fit pas, mais disons bien que jamais éducation plus brillante n'inspira à aucun élève une plus tendre et plus juste reconnaissance que fut celle du duc de Bourgogne.

La tâche était difficile, vu les enfants, le père, le grand-père, toute la famille royale et tout Versailles, tout le genre de vie de cette cour glorieuse et frivole, pieuse en apparence, mais corrompue au fond, et plus imposante par les dehors d'une fastueuse étiquette que par de réelles grandeurs. Ce qui pouvait le plus effrayer Fénelon, même assisté de l'ascendant du duc de Beauvilliers, c'est que Bossuet lui-même, assisté de toute l'autorité du duc de Montausier, n'avait obtenu dans l'éducation du père, que des résultats insignifiants, s'il ne faut pas les qualifier de nuls.

Le duc de Bourgogne, l'aîné des trois princes confiés à Fénelon, et le futur héritier de la couronne, était, à la vérité, infiniment mieux doué que le dauphin, son père ; mais son caractère impétueux, rebelle à tout empire, et sa vanité personnelle, exaltée par tout ce qui vient d'ordinaire nourrir dès le berceau l'orgueil d'un futur souverain, semblaient créer au génie de son précepteur des obstacles insurmontables. Mais rien ne put effrayer Fénelon, dont le caractère dominant fut toujours une grande confiance en soi, et une plus grande en Dieu ; car il ne faut jamais oublier quand nous suivons la vie de Fénelon qu'il fut dans toutes ses pensées, et dans chaque phase de sa vie un gentilhomme et un prêtre d'un grand cœur. S'étant associé deux de ses compagnons de la mission de Poitou, l'abbé de Langeron et l'abbé Fleury [que recommandait l'heureuse éducation du prince de Conti], un de ses neveux, l'abbé de Beaumont, et quelques personnes secondaires, de son choix aussi, Fénelon s'appliqua lui-même à sa besogne comme un professeur de sixième, composant thèmes et versions, fables et dialogues, histoires et allégories. En toute chose il se mettait à la portée du jeune prince et de ses frères avec une souplesse d'esprit, une tendresse et un dévouement qu'une mère n'aurait pas surpassés, dont le germe était dans son cœur, mais dont il avait pris les allures dans la direction des *nouvelles catholiques*. J'ai dit que sa tâche était rude vu le milieu où il allait l'accomplir. Elle fut douce par les aides qui venaient y concourir; mais il fallut à la fois, pour assurer l'éducation et l'instruction du prince et pour diriger tous les auxiliaires de l'une et de l'autre vers le même but, gouverner ses amis sans mollesse et s'en faire obéir sans air d'autorité.

Il fallut, de plus, répondre à toutes les exigences morales et politiques qu'attachaient à ces fonctions, non pas seulement le roi et le dauphin, mais encore madame de Maintenon, la cour et l'opinion. Ce n'était peut-être pas encore là, pour un homme tel que Fénelon, la partie la plus délicate de ses devoirs. En effet, il fallait de plus satisfaire à toutes les obligations sociales qu'imposait le rang de précepteur de fils de France, si considérable par la perspective de l'épiscopat qu'il ouvrait toujours et par celle du ministère qui se présentait volontiers à la pensée générale.

Tous ces soins absorbèrent naturellement et légitimement un homme qui ne livrait rien au hasard. Il est vrai que cet homme était merveilleusement doué, que tout lui était aisé ; et que, dans sa tenue comme dans sa parole, la grâce même s'unissait toujours à la dignité. Mais, on le sait, plus un homme éminent satisfait d'exigences, plus il en éveille encore ; et, plus on présageait de grandeurs à Fénelon, plus il s'attachait de jalousies de cour à chacun de ses pas. Mettez dans une telle position un homme dont la bourgeoise rudesse jointe à la hauteur du génie écarte la foule ou écrase les vanités, un Bossuet, et tous les obstacles qui ne sont que d'entourage, disparaissent; vis-à-vis d'un homme tel que Fénelon, gentilhomme affable, prêtre plein de douceur, esprit brillant et souple, toutes les prétentions se croyaient légitimes. Mais toutes les inspirations de l'homme de génie s'unirent dans Fénelon à toutes les vertus de l'homme de Dieu, pour l'aider à faire d'un enfant royal très-capable de bien et très-enclin au mal, non pas un sage, ni un héros, ni un grand homme, mais un honnête homme, et n'oublions pas ce point, un chrétien.

N'oublions pas non plus que c'est grâce à l'assistance de madame de Maintenon, qui disposa plus d'une fois Louis XIV à une intervention personnelle, que le grand but de cette éducation fut atteint à un si haut degré. Seulement il ne nous faut rien exagérer; il ne nous faut en croire ni les courtisans de Louis XIV, ni ceux de Fénelon, qui eut les siens dans son élévation. Fénelon lui seul doit être écouté sur les qualités de son élève et sur les défauts dont il ne put le corriger, comme le prince seul doit être entendu sur la reconnaissance qu'il garda toujours à son maître. En effet, leur correspondance, qui demeurera éternellement pour tous les maîtres et tous les élèves, le type des rapports les meilleurs qui puissent s'établir entre les uns et les autres, est seule de l'histoire ; les éloges des courtisans et les calomnies des adversaires ne sont que des fables intéressées.

Le vrai chef-d'œuvre de Fénelon, ce ne fut pas le goût littéraire qu'il parvint à donner au prince, mais qui fut sûr et médiocre, ce fut la transformation morale de son élève, qui surprit toute la cour. Cette transformation pour laquelle Louis XIV, qui la voyait de ses yeux et la demandait plus que personne, plus, hélas! que le père du jeune prince, aurait dû baiser les mains de l'admiré précepteur et l'honorer jusqu'au dernier jour de sa vie, au lieu de le bannir de sa présence, cette heureuse transformation, Fénelon sut l'amener sous l'action de la saisissante variété de son enseignement et la puissance de la foi religieuse.

En effet, ce n'est point par l'art du pédagogue seul, ni par la philosophie en général, ni par aucune de ses branches en particulier, c'est par la religion enseignée en philosophe que Fénelon fit le miracle. Mais Fénelon a-t-il enseigné la religion en philosophe, en prêtre ou en mystique? En prêtre assurément, car, je l'ai déjà dit, il n'oublia jamais qu'il était prêtre, mais en mystique, non ; en philosophe évidemment.

On lui a reproché quelquefois d'avoir fait du duc de Bourgogne moins un chrétien, qu'un dévot déplacé à la cour; qu'un mystique mal à son aise aux conseils et à l'armée.

Ce reproche ne fut pas plus injuste à l'égard de Fénelon que ne fut ingrate la conduite de Louis XIV ; car le dénigrement qui l'inventa était moins aveugle et plus intéressé que l'orgueil d'un monarque qui comprenait peu qu'un homme pensât autrement que tout le monde. Pour en apprécier l'injustice, on n'a qu'à lire ce que le maître écrit sans cesse à l'élève, et qu'il écrit avec une franchise qu'aucun prince ne demanderait et ne tolérerait aujourd'hui, si changée que soit l'opinion sur les distinctions du rang et de la naissance. Qu'on ajoute à cette correspondance les *Directions pour la conscience d'un roi*, et l'on verra que personne n'a jamais mieux dit que Fénelon ce qu'un prince doit pratiquer. A ces deux grands principes, que le prince doit vivre dans le monde, qu'il doit y vivre non pour lui-même, mais pour le monde, il joignait ce troisième, sous la forme la plus piquante, la plus antimonarchique qu'il pût trouver sous sa plume, *que les vertus d'un prince ne sont pas celles d'un religieux*. Fénelon, qui avait pour sa personne tout le goût des écrits mystiques tel qu'il régnait, au temps de sa jeunesse, dans la plupart des familles, et qui s'attachait aux plus délicats raffinements de la haute piété, Fénelon, qui devint enfin un maître, le maître par excellence du mysticisme moderne, ne conseilla jamais à son élève la lecture de ses auteurs favoris.

C'est précisément sur cette question capitale qu'il importe de bien établir sa véritable pensée au moment où il entre en relations avec madame Guyon.

Je dirai d'abord, et bien à l'encontre de l'opinion reçue, que, si Fénelon se livra lui-même à cette étude, ce fut sans s'y laisser mener où il ne voulait pas aller. Son goût pour les écrivains mystiques s'accrut avec le temps, mais jamais il ne s'éprit de leurs exaltations. Il y goûtait ce qui lui convenait, approuvait les idées qu'il trouvait bonnes, les émotions qui élèvent, les contemplations qui épurent, les grâces qui fortifient; mais il ne crut jamais aux intuitions et aux illuminations pour son compte. S'il admettait comme autant de réalités ou de possibilités les extases ou les révélations, toutes les communications les plus extraordinaires et les dons les plus merveilleux des plus grands personnages, ce qu'on ignore, il est certain que jamais il ne s'appropria rien de pareil, pas même à titre d'illusion ou de supposition. Partout et toujours il condamna les conséquences exagérées. Il tolérait, avec toute la supériorité de sa haute raison, ce qu'il attribuait soit aux imperfections du langage, soit aux aberrations de la pensée; il le supportait, mais ne l'encourageait point. Il conseillait même fort peu les lectures mystiques. On l'a cru très-engagé dans les exagérations de sentiments ou d'idées de madame Guyon, qui dans sa pensée traitait elle-même Fénelon de fils et s'attribuait une sorte de maternité spirituelle à son égard. Des amis sincères de l'illustre prélat ont quelquefois déploré la faiblesse qu'il eut, suivant eux, de s'en laisser imposer par cette femme. Mais s'il n'a jamais renié son estime pour la sincérité de ses tendances, il en a désapprouvé l'exagération dès le début de leur liaison, et au milieu du plus vif enthousiasme des dames de Saint-Cyr et de madame de Maintenon pour leur mystique amie, il en eût écarté les écrits de cette maison, si on l'avait écouté. Faire de Fénelon le disciple de madame Guyon, c'est bien méconnaître sa pensée. Personne ne fut jamais plus indépendant d'esprit que Fénelon. Il ne pencha jamais que du côté où il voulut bien, et s'il suivit un instant le goût de tous ses amis pour madame Guyon, c'est qu'à ce moment elle sortait pure et glorieuse d'une rude épreuve, c'est qu'il y avait dans son âme toute la compassion du prêtre et toute la générosité du gentilhomme. Dès le début de leurs relations, il fut avec elle sur le pied de la réserve et de la défiance, il nous le dira, sachant ce qu'il faisait et ce qu'il pensait mieux que personne. Grâce à sa naturelle perspicacité et à sa grande connaissance du monde, à celle des femmes pieuses surtout, il eut cette prudente réserve dès le début, et à une époque où il était impossible qu'il connût madame Guyon telle qu'elle se fit connaître au bout de quelques années quand elle écrivit sa vie intime.

A l'époque où il la vit chez ses nobles amies, et peut-être par les succès mêmes qu'elle obtenait à l'hôtel Beauvilliers, comme elle en avait eu à Sainte-Marie, elle se croyait, d'après sa théorie mystique, passée de l'état de *ressuscité* (réveillé) à l'état *apostolique*, ou à l'état de missionnaire.

A cet état, qu'il faut bien nous expliquer ici, puisqu'il est la clef de la vie extérieure ou active de tout mystique, l'*appelé* ou l'*élu de Dieu* doit s'occuper de l'âme des autres, en raison de la félicité où il est arrivé pour la sienne propre. Pour ce qui regarde madame Guyon, cette félicité était alors si parfaite, qu'elle ne voulait plus en parler, n'ayant point de paroles pour exprimer une chose qui est parfaitement dégagée de tout ce qui peut tomber sous le sentiment, l'expression ou la conception humaine. Toutefois, pour en donner une idée quelconque, mais une idée qui n'a rien de précis, qui est toute de conception, dit-elle, elle ajoute : « qu'elle se trouvait dans une félicité pareille à celle des bienheureux, à la réserve de la vision béatifique ! » C'est-à-dire que, sauf la vue directe des choses célestes, elle avait tous les autres avantages de la vie bienheureuse.

A la vue de tous ceux qui s'attachaient à sa parole, à ses directions, partout où elle paraissait, fût-ce même sous le coup d'une mesure disciplinaire, il était tout simple qu'elle se crût entrée dans cet état apostolique où il faut s'occuper de l'âme des autres.

Or Fénelon étant dans les sociétés qu'elle voyait l'âme la plus éminente, si ce n'est même la plus aimante, il était tout simple encore qu'il fût pour elle l'objet d'une affection singulière et d'une vive sollicitude. Mais avant d'apprendre ses confidences sur la mission qu'elle se donna à son sujet, écoutons d'abord sa théorie sur les peines de son apostolat.

« Lorsqu'il plut à Dieu de vouloir bien m'honorer de sa mission, dit-elle, il me fit comprendre que le véritable Père en Jésus-Christ, le Père apostolique, celui qui veut avoir des fils, doit souffrir comme lui pour les hommes, porter leurs langueurs, payer leurs dettes, se vêtir de leurs faiblesses. »

C'est là une terrible mission; toutefois, ajoute-t-elle :

« Dieu ne fait point ces choses sans demander le consentement à l'âme, et sans l'incliner lui-même à le donner. »

Elle insinue, de plus, mais avec une délicate réserve, que ce consentement lui fut demandé quand Fénelon lui fut donné pour fils.

On comprend qu'elle ne peut pas nous dire tout naïvement qu'il s'agissait pour elle de porter les langueurs et de se vêtir des faiblesses de Fénelon, en un mot d'être son Père apostolique ou son Père en Jésus-Christ en souffrant pour lui.

Telle était pourtant la pure et sainte résolution de madame Guyon, quand elle s'attacha à l'illustre précepteur des fils de France; car déjà Fénelon avait de l'illustration. Cela nous étonne singulièrement; mais pour comprendre un peu madame Guyon, pour ne pas la trouver folle *à priori,* il suffit de bien entrer dans la situation réelle, et de ne pas nous figurer ce fils mystique sous les traits vénérables sous lesquels on est habitué à voir l'archevêque vieilli de Cambrai. Fénelon était alors un jeune prêtre de trente-sept ans, et madame Guyon n'avait à la vérité que trois ans de plus que lui; mais pour elle c'était un novice si peu avancé en mysticité, qu'une personne aussi élevée qu'elle dans les degrés mystiques pouvait parfaitement se qualifier de Père ou de Mère spirituelle vis-à-vis de lui. Ajoutons qu'elle n'avait probablement vu aucun de ses écrits, tandis qu'il avait lu les siens, sans nul doute. Toutefois, pour qui se fait du génie et du caractère de Fénelon, à qui l'on prête souvent bien à tort je ne sais quelle mollesse féminine, et qui, au contraire, ne manqua jamais ni de fierté ni de vigueur, une idée tant soit peu saine, il est certain que, s'il avait entrevu les idées réservées de madame de la Mothe-Guyon à son sujet, telles qu'elle nous les montre elle-même, ou s'il avait pu deviner le rôle très-ambitieux qu'elle s'attribuait à son égard et celui qu'elle lui assignait dans leurs relations, celles-ci eussent cessé à l'instant même. Si le brillant auteur de la *Démonstration de l'existence de Dieu* avait pu connaître la moitié seulement des défaillances de jugement et des superstitions vulgaires que madame Guyon accuse dans les curieux chapitres de sa biographie intime, loin de l'écouter avec la moindre complaisance, eût-elle parlé comme un ange, il se fût retiré de ses conférences avec le plus manifeste empressement. Un prêtre éloquent, habitué depuis dix ans à diriger des femmes dont le gouvernement spirituel n'était pas aisé, ne se fût pas prêté volontiers aux velléités directoriales d'une ancienne compagne du P. Lacombe; car il est impossible qu'il n'eût pas entendu parler des *nouvelles catholiques de Gex,* de leur directeur et des rapports qu'il avait entretenus avec madame Guyon. Mais n'entre-t-il pas toujours une profonde ignorance de certains côtés de nos amis les meilleurs dans les relations les plus honorables, ignorance involontaire presque toujours, mais d'autres fois très-volontaire, et même d'autant plus méritoire qu'il y a plus de noblesse à nous interdire la découverte trop indiscrète de défauts latents? Et quelles amitiés garderions-nous si nous ne savions pas avec la même discrétion fermer les yeux et les ouvrir?

Fénelon possédait ces deux dons à un haut degré, et il fut le premier d'entre les amis de madame Guyon à ouvrir les yeux; il le fit longtemps avant madame de Maintenon, qui sut plus tard se faire un mérite de sa propre clairvoyance, mais qui, tout en rendant justice à celle de Fénelon, qui avait vainement averti la sienne, ne sut pas lui en tenir compte comme il convenait. En effet, même dans l'impossibilité où était Fénelon de connaître toutes les aberrations par lesquelles madame Guyon avait passé ou celles qui la captivaient encore, il appréciait suffisamment celles de ses écrits pour souffrir de les voir à Saint-Cyr entre les mains des dames; si parfaitement choisies, si instruites et si pieuses qu'elles fussent, il croyait ces religieuses trop peu avancées pour pouvoir lire avec fruit les pages de madame Guyon. Car, pour s'en instruire et s'en édifier sans danger, il fallait faire abstraction des exagérations de pensée et des excentricités de langage qui y abondent, démêler dans l'imparfaite enveloppe le fond sain et pur et s'y attacher exclusivement, c'est-à-dire qu'il faut, pour être utilement un disciple, être un peu plus fort que le maître qu'on lit. C'est madame de Maintenon elle-même qui nous apprend, sans le vouloir assurément, combien Fénelon fut sage et combien elle fut imprudente. Voici ce qu'elle écrit à madame de La Maisonfort, quand la querelle entre Fénelon et ses trois amis a éclaté : « Mon peu d'expérience en ces matières me révoltait contre M. l'abbé de Fénelon quand il ne voulait pas que des écrits de madame Guyon fussent montrés. Cependant il avait raison ! » Sans nul doute, il avait raison, et madame de Maintenon devait l'écouter plus tôt et le soutenir davantage plus tard.

S'il est donc à regretter pour Fénelon qu'il n'ait pas connu Mme Guyon tout entière dès l'apparition de cette dame à l'hôtel Beauvilliers et à Saint-Cyr, il est du moins certain qu'il la connut beaucoup mieux et s'en défia plus que Mme de Maintenon.

Il est encore plus regrettable pour Mme de Maintenon qu'elle n'ait pas suivi les conseils de Fénelon. En y déférant, elle ne se mettait pas, après les avoir pris trop légèrement, dans la nécessité de consulter plus tard l'évêque de Chartres et l'évêque de Meaux, sur les moyens d'arrêter le mal que les écrits de Mme Guyon avaient fait à Saint-Cyr; elle n'apportait pas dans sa conduite à l'égard de Mme Guyon une extrême inégalité, et conservait l'amitié de ce sage conseiller qui, au moment où les rôles seront changés, et où Mme de Maintenon sera devenue l'adversaire de Mme Guyon, lui adressera cette lettre qui montre si bien que personne dans tout ce siècle n'apprécia mieux que lui le rôle des femmes enseignant la mysticité. Si je donne cette lettre dès à présent, c'est que je ne connais rien qui soit plus propre à répandre le vrai jour sur le débat qui va éclater.

En effet, l'écrivain du siècle qui nous peint le mieux l'ascendant religieux des femmes et leur gouvernement en matière de piété, c'est précisément Fénelon. Et voici ce qu'il écrit à Mme de Maintenon sur Mme Guyon, qui s'exprimait à ce sujet avec un amour-propre si naïf :

« Les choses avantageuses qu'elle a dites d'elle-même ne doivent pas être prises, ce me semble, dans toute la rigueur de la lettre. Saint Paul dit *qu'il accomplit ce qui manquait à la passion de Jésus-Christ*. On voit bien que ces paroles seraient des blasphèmes, si on les prenait en toute rigueur, comme si le sacrifice de Jésus-Christ eût été imparfait, et qu'il fallût que saint Paul lui donnât le degré de perfection qui lui manque. A Dieu ne plaise que je veuille comparer Mme Guyon à saint Paul; mais saint Paul est encore plus loin du Fils de Dieu que Mme Guyon ne l'est de cet apôtre. La plupart de ces expressions pleines de transport sont insoutenables, si on les prend dans toute la rigueur de la lettre. Il faut entendre la personne, et ne point se scandaliser de ces sortes d'excès, si d'ailleurs la doctrine est innocente, et la personne docile. La bienheureuse Angèle de Foligny, que saint François de Sales admire, sainte Catherine de Sienne et sainte Catherine de Gênes, ont dirigé beaucoup de personnes avec cette subordination de l'Église; et elles ont dit des choses prodigieuses de l'éminence de leur état. Si vous ne saviez pas que ce qu'elles disent vient d'être canonisé, vous en seriez encore plus scandalisée que de madame Guyon. Saint François d'Assise parle de lui-même dans des termes aussi capables de scandaliser. Sainte Thérèse n'a-t-elle pas dirigé, non-seulement ses filles, mais des hommes savants et célèbres, dont le nombre est assez grand? N'a-t-elle pas même parlé assez souvent contre les directeurs qui gênent les âmes? L'Église ne demande-t-elle pas à Dieu d'être nourrie de la céleste doctrine de cette sainte? »

Comment s'imaginer qu'un homme qui appréciait avec une telle liberté d'esprit les plus grands personnages de l'Église, y compris le plus éminent des apôtres, ait jamais eu envie de s'exagérer le mérite, ou de se faire le disciple d'aucune femme de son temps, si supérieure qu'elle fût à toutes les autres dans l'ordre des idées mystiques?

CHAPITRE IX

La position de Fénelon à la cour, à l'Académie et dans la société au moment de ses premiers rapports avec madame Guyon. — Ses rapports avec madame de Maintenon et madame de La Maisonfort, et avec madame Guyon.

1693

Avant de voir madame Guyon devant ses juges, et de voir Fénelon d'abord éclairant ses juges, puis assis au milieu d'eux, et signant sentence avec eux, il nous faut un instant encore ne nous occuper que de lui; il nous faut considérer sa position dans le monde, abstraction faite de ses relations avec madame Guyon, afin de mieux apprécier les sentiments avec lesquels il donna sa signature.

Qu'on ne s'imagine pas d'abord, avec je ne sais quels ennemis de son nom, que, dans les belles années de sa carrière, il se soit singulièrement préoccupé de cette dame et de ses mysticités. Il en eût eu le goût, que le temps lui eût fait défaut pour s'y livrer. En effet, ce qui préoccupait le noble et brillant précepteur de trois jeunes princes, dont l'un au moins était appelé au trône, c'étaient les devoirs d'enseignement, de direction, d'éducation et de gouvernement; c'étaient ensuite les nombreux devoirs de convenance et de société qu'imposait cette position. Ces devoirs étaient considérables pour le chef spirituel de cette famille d'ecclésiastiques, d'officiers et d'employés de second ordre attachés au duc de Bourgogne et à ses frères. A ces obligations de tous les jours il ne pouvait se dérober, si ami qu'il fût de la retraite et si facile qu'il fût à un prêtre logé au château de faire interdire sa porte.

Fénelon, dont les lumières étaient si pures, la parole si persuasive, la bonté si ouverte, et la spiritualité dès lors si avancée, avait en outre des devoirs de direction ou de charge d'âmes à remplir auprès de plusieurs grandes familles, à commencer par un ministre [le marquis de Seignelai] et à finir par plusieurs personnes de sa parenté dont il était le conseiller spirituel. Il était d'ailleurs aussi le conseiller temporel des siens, et quand on parcourt les lettres qu'il adressa de 1687 à 1690, soit à M. de Seignelai et pour lui seul ou pour lui et sa femme, soit au duc de Chevreuse, à la marquise de Laval, à madame de La Maisonfort (1690-1694), qu'il dirigeait à la demande de madame de Maintenon, soit à tant d'autres personnes, on ne comprend pas comment, avec toute sa fécondité d'esprit et sa prodigieuse facilité de travail, il a pu suffire, au milieu des soucis de sa charge, à des directions aussi délicates et à des affaires aussi nombreuses.

Ces soucis n'étaient pas même sa grande affaire, je crois. Pour un esprit tel que le sien, allant au delà de son horizon naturel, plutôt que de rester en deçà, et il était de ces esprits, un devoir majeur dominait tous les autres. Dans son avenir se dessinait, même malgré lui, la grande charge de l'épiscopat, et même malgré lui encore, une place quelconque aux conseils du roi. Le précepteur du père de son élève était évêque et conseiller d'État. Or, si Bossuet qui avait peu de génie politique et dont la naissance était médiocre, se trouvait appelé à ces dignités, à plus forte raison Louis XIV devait-il y appeler un homme né comme Fénelon. La pensée des amis de ce dernier allait même beaucoup plus haut.

Ces perspectives et les goûts impérieux du jeune prêtre lui imposaient, sinon de fortes études, du moins des lectures variées, et avant tout des lectures de tendre piété qui étaient son goût dominant. Grâces aux excellents conseils de M. Tronson et à la rare docilité avec laquelle il les suivait, Fénelon cultivait sérieusement la théologie morale.

« Votre élévation, lui avait écrit le digne supérieur de Saint-Sulpice, vous ouvre la porte aux dignités de la terre ; mais vous devez craindre qu'elle ne vous la ferme aux solides grandeurs du ciel. » Fénelon n'oublia jamais ces admirables paroles. Prêtre sincère, philosophe convaincu et véritable citoyen de ce monde moral dont la cité politique n'est qu'une copie grossière, Fénelon méditait beaucoup sur son perfectionnement moral. Il se retrempait sans cesse, pour le monde extérieur, dans le monde intérieur, sachant bien que l'âme n'avance et ne croît que dans ce qu'elle affectionne et dans ce dont elle s'abreuve. Ainsi, tout en élevant le prince distingué dont l'esprit se jouait presque à l'égal du sien des questions les plus abstraites, au dire de Saint-Simon, il s'élevait lui-même, et s'il aidait dans les voies de la haute piété ses éminents amis, y compris madame de Maintenon, il y avançait lui aussi, et plus que personne. Si l'on demande quels auteurs il préférait à cette époque pour son développement religieux, tout ce qu'on peut affirmer, c'est qu'à saint François de Sales il ajoutait les traités de quelques Pères. Il faisait lire même aux princes les lettres de saint Jérôme et de saint Augustin, des extraits de saint Cyprien et de saint Ambroise.

Ces travaux absorbèrent le temps de Fénelon au point qu'il n'en eut pas pour écrire dans ces années, si ce n'est quelques-unes de ces lettres spirituelles ou de ces petits écrits de piété qui lui coûtaient si peu. La mesure de ce que l'Académie française exigeait alors ou même plus tard d'un personnage tel que lui pour l'admettre dans ses rangs, était modeste, et ce que Fénelon avait publié lui suffit pour être appelé à la place de Pélisson; car il était alors d'usage de choisir les précepteurs de l'héritier du trône, comme on y appelait les archevêques de Paris. Ni le traité de l'*Éducation des filles,* ni celui du *ministère des pasteurs,* ses seuls écrits publiés, n'étaient des travaux littéraires, mais il y avait dans l'un et l'autre de ces volumes quelques pages assez académiques pour le goût du temps. D'ailleurs le discours d'entrée que fit le nouvel académicien et qui offrait des leçons sur le style simple, considéré comme meilleur que le style fleuri, plaça Fénelon comme écrivain bien au-dessus de son prédécesseur, tout en payant son tribut au goût du temps et en acquittant le contingent de louanges dû au roi et au cardinal. Peut-être le jeune récipiendaire dépassa un peu la mesure commune en invitant tous les académiciens à travailler à l'envi, à défaut de Pélisson, à célébrer un si beau règne. Mais ce fut avec un charmant sérieux qu'il sut louer dans celui qu'il remplaçait, un des convertis les plus illustres, de n'avoir cessé depuis sa conversion de parler, d'écrire, d'agir, *de répandre les grâces du prince pour vaincre ses frères errants.*

On sait que Pélisson tenait le registre des *primes* allouées aux néophytes, et ce naïf aveu d'un tel moyen de conversion ne choqua personne à une époque où madame de Sévigné prodigua ses plus vifs éloges à Louis XIV sur la révocation de l'édit de Nantes.

Les *Dialogues* de Fénelon *sur l'éloquence*, ses *Lettres* à La Motte, les *Mémoires* qu'il adresse à l'Académie justifièrent encore mieux le choix des académiciens, et les chefs-d'œuvre de style qu'il ne tarda pas à publier le mirent au premier rang d'entre les écrivains les plus illustres du siècle.

Ce fut au printemps de 1693 que Fénelon entra à l'Académie, et si, dès cette époque, on le soupçonna, du moins personne ne l'accusa encore de pencher pour les idées mystiques; mais dès l'année suivante on commença à l'inquiéter. Cela se voit dans ses lettres à sa belle-sœur madame de Laval. Il lui écrit : « Il est vrai que j'ai vu la dame dont il est question — c'est madame Guyon qu'il entend — chez madame la duchesse de Charost, et en deux ou trois autres endroits, avec de très-honnêtes gens; que j'en ai été alors très-édifié, mais que je ne l'ai jamais introduite dans aucun lieu. Elle a une cousine germaine à Saint-Cyr, qui est fille de mérite, et que madame de Maintenon m'avait prié de voir. Bien loin que j'aie introduit la dame, au contraire, c'est sa cousine de Saint-Cyr qui m'a été une occasion de voir quelquefois la dame. Au reste, je n'ai donné à la dame la connaissance de qui que ce soit, et tout ce qu'on dit est sans aucun fondement. Autant que j'ai été édifié de ce que j'ai vu d'édifiant, autant suis-je prêt à condamner le mal qui sera clairement prouvé; mais il ne faut pas le croire sans preuve. Pour ce qu'elle a écrit, elle s'est soumise; elle s'est même expliquée à moi par des sens innocents. C'est aux supérieurs à examiner et à censurer; je serai le premier à souscrire aux censures, et tout cela ne me fait rien. Après cela, si on parle, que puis-je faire? Je ne sais où elle est; je suis hors de commerce depuis plus d'un an. » *Corresp.*, vol. II, p. 39-40.

Cela est décisif. On a souvent dit le contraire, et on a voulu prouver que Fénelon entretenait un commerce épistolaire avec sa nouvelle amie. On s'est appuyé de documents controuvés. En effet, on a publié une prétendue *Correspondance secrète* de Fénelon avec madame Guyon [*Lettres spirituelles* de madame Guyon; Londres, 1767 et 1768, 5 vol. in-12, réimprimées dans les *Œuvres complètes* de madame Guyon; Cologne, 39 vol., et à Paris, 1790, 40 vol.]. Mais d'abord cette compilation n'est pas authentique; ensuite, le fût-elle, elle ne nous apprendrait rien qui nous intéressât ici, puisqu'elle s'applique à des années antérieures à 1688 et 1689.

L'entrée de madame Guyon à Saint-Cyr et les conférences qu'elle y fit pendant quatre années consécutives furent le point culminant de sa carrière. Sa Roche Tarpéienne ne fut pas trop près de ce Capitole ; mais ce furent ses succès mêmes qui amenèrent et qui précipitèrent le dénoûment.

Fénelon était trop clairvoyant pour tarder à comprendre la jeune mystique et à s'inquiéter de ses excentricités. Nous venons d'entendre que dès 1693 il cessa de la voir et n'osa plus prononcer son nom même avec ceux de son intimité ; il l'appelle simplement *la dame*. Il avait résolu dès 1692 de se décharger peu à peu de la direction de sa parente, madame de La Maisonfort. Or nulle autre dame de Saint-Cyr n'était alors plus aimée de madame de Maintenon. Outre l'affection qu'il lui portait à son tour et l'attachement qu'il sentait pour son œuvre, il avait donc de fortes raisons pour ne pas renoncer à la direction de cette belle âme qui lui était confiée par l'illustre directrice de Saint-Cyr ; et seule une circonspection extrême a pu le porter à la détacher de lui.

En-effet, il lui était aisé de pressentir qu'on le rendrait responsable des opinions qu'elle suivait : c'était lui qui avait reçu les vœux de madame de La Maisonfort à Saint-Cyr. L'évêque du diocèse avait permis en même temps à la jeune religieuse, pour lui complaire, de se confesser à Fénelon toutes les fois qu'elle le voudrait. On était donc en droit de lui demander compte des doctrines qu'elle préférait. Or on la suivait de près, car on tenait en grande estime son esprit, son bon sens ; on la regardait même comme une des pierres angulaires de la maison. Madame de Maintenon, qui avait fait beaucoup de frais pour se l'attacher, destinait une part considérable dans sa succession à la belle chanoinesse de Poussay; mais déjà celle-ci commençait à donner des inquiétudes. Ses opinions suivaient celles de madame Guyon; et quand cette dernière cessa de venir à Saint-Cyr, sa parente demanda de pouvoir aller la voir au moins deux ou trois fois par an. Or plus elle mettait d'entraînement dans l'expression de ce désir, plus il y avait de convenance pour Fénelon de la rendre à ses directeurs ordinaires. Cela était d'une admirable conduite, et ce délicat procédé méritait d'être imité par tous les directeurs de Saint-Cyr : il montrait que Fénelon ne cherchait pas à accroître une influence qui déjà excitait la jalousie, qui peut-être semblait bien considérable dans un ecclésiastique qu'aucun titre particulier n'attachait à la maison, mais que madame de Maintenon paraissait trop écouter.

Quoi qu'il en soit, madame de Maintenon fut tout à coup frappée elle-même de cette apparence, qu'on l'aidait d'ailleurs à remarquer; et avec toute la promptitude et la sûreté de son coup d'œil, elle cessa de pencher du côté où elle risquait de verser. Si Fénelon sentait que, par égard pour sa charge, il ne devait procéder qu'avec la plus grande réserve, le précepteur des princes étant trop facile à compromettre, l'épouse du roi s'aperçut à son tour que déjà elle s'était quelque peu compromise en attirant à Saint-Cyr la célèbre mystique, en donnant Fénelon pour directeur à la plus enthousiaste des disciples de cette femme exaltée et en le prenant trop souvent pour conseiller elle-même. Déjà Louis XIV ayant qualifié de *rêveries* ce qu'on lui avait lu de madame Guyon, madame de Maintenon, loin de réserver cette confidence à Fénelon, qui avait désapprouvé ce qu'on avait fait, en entretint successivement Bourdaloue, Godet Desmarais, Bossuet et l'évêque de Châlons. C'étaient sans doute des ecclésiastiques les uns d'une grande piété, les autres d'une grande autorité de savoir, d'autres encore des conseillers légitimes en leur qualité d'évêques; mais c'étaient des théologiens qui ne connaissaient pas le mysticisme. Ce n'étaient donc pas de vrais juges, et pourtant ils semblaient appelés comme pour juger le vrai juge et empêcher que Fénelon ne fût consulté. Lui seul, en effet, savait bien le mal qu'on avait fait en lui désobéissant, en donnant les écrits de madame Guyon contre son avis, et le remède qu'il fallait employer. Au lieu d'employer ce moyen, l'instruction faite avec douceur, ou de s'entendre avec lui, on eût dit que dès l'origine on ne se préoccupât que de cette seule chose, à savoir s'il ne penchait pas lui-même outre mesure pour les écrits mystiques et s'il n'était pas trop indulgent pour madame Guyon. Aussi du premier moment jusqu'au dernier, ce fut Fénelon lui-même qui se trouva impliqué dans l'enquête, sans qu'il s'en doutât. Les évêques condamnèrent les maximes de madame Guyon avec une énergie croissante, pour n'avoir pas la douleur d'avoir à frapper à la fin un ami. Certes, madame de Maintenon avait le droit de tenir la conduite d'une femme et non pas celle d'un ange : mais il ne se conçoit rien de plus étrange que la sienne; d'abord elle n'écoute pas Fénelon qui blâme la communication des écrits de madame Guyon; puis quand le résultat l'alarme, non-seulement elle ne le consulte pas, mais elle a l'air de consulter sur lui plusieurs théologiens à la fois.

Bourdaloue lui adresse un mémoire excellent, que liront encore avec plaisir les gens de sens et de piété.

L'évêque de Saint-Cyr fut vif. Il se dit alarmé d'une doctrine qui, suivant lui, invitait à ces trois choses :

1° A ne se gêner en rien ;

2° A s'oublier entièrement et à n'avoir jamais de retour sur soi-même ;

3° A user constamment de cette liberté des enfants de Dieu que recommande saint Paul, mais essentiellement pour ne s'assujettir à rien.

Il était difficile de mieux parodier, c'est-à-dire d'avoir l'air plus vrai et d'être moins juste.

Madame de Maintenon, qui conservait encore de l'affection pour madame Guyon, entreprit de lire son *Explication du cantique* afin de la juger par elle-même. Cette lecture, qui dépassait un peu ses connaissances en matière de foi, ne paraît pas l'avoir alarmée ; loin de là, on dirait qu'elle l'a calmée, et qui voudra l'imiter, comprendra parfaitement ce résultat. Elle ne trouva peut-être pas l'écrit aussi beau que l'auteur, qui en parle en ces termes : « Un éclaircissement aussi aisé et aussi bien suivi d'un livre des plus obscurs ne peut être que le fruit d'une assistance particulière du Saint-Esprit ; » mais si l'ouvrage lui parut chimérique, du moins elle le trouva édifiant, et ce ne fut qu'au mois de juin de la même année qu'elle pria madame Guyon, d'une façon très-honnête, de cesser ses visites à Saint-Cyr. « J'ai eu pendant deux mois, écrit-elle à la comtesse de Saint-Géran, une copie de l'*Explication du Cantique des cantiques* (de madame Guyon). Il y a des endroits obscurs, il y en a d'édifiants, il y en a que je n'approuve en aucune manière. L'abbé de Fénelon m'avait dit que le *Moyen court* contenait les mystères de la plus sublime dévotion, à quelques petites exceptions près, qui se trouvent dans les écrits des mystères. J'en lus un morceau au Roi, qui me dit que c'étaient des rêveries. »

Qu'aurait-il dit si elle lui avait lu ces lignes de l'*Explication* : « Ce Cantique ne se lit avec intelligence que par ceux qui lisent ce qui s'y chante bien plus dans le miroir de l'expérience intérieure que dans le livre même qu'ils ont devant les yeux. » Mais madame de Maintenon se gardait bien de lui donner tout le *Cantique*.

« Il n'est pas encore assez avancé dans la piété, dit-elle, pour goûter cette perfection. » Ainsi, à ce moment le mysticisme de madame Guyon était encore la perfection, aux yeux de madame de Maintenon.

« J'ai bien prié madame notre supérieure de ne plus mettre ces livres entre les mains de nos dames. Cette lecture est trop forte pour elles : il leur faut un lait proportionné à leur âge. Cependant madame Guyon les édifie. Je l'ai priée de cesser ses visites ; mais je n'ai pu leur refuser de lire les lettres d'une personne pieuse et de bonnes mœurs. M. de Paris [de Harlai] paraît fort animé contre elle ; mais il avoue que ses erreurs sont plus dangereuses par leurs suites que par le principe, et qu'il y a plus à plaindre qu'à blâmer. »

Tout ce qu'on avait donc à critiquer dans madame Guyon se réduisait donc à ceci, qu'elle était trop avancée pour ces pauvres filles de Saint-Cyr.

Et pourtant l'orage alla grossissant, et bientôt madame Guyon reçut de M. Tronson le conseil de se retirer de la société et de l'hôtel de Beauvilliers, comme de Saint-Cyr. Elle obéit et alors tout parut à ce point calmé, que Tronson écrivit à un ami : « Comme il commençait à s'élever un grand bruit à son occasion, et que quelques personnes de piété, et même de la cour, pouvaient y être intéressées, j'ai cru que le meilleur parti qu'elle pouvait prendre était de se retirer en quelque lieu où l'on ne parlât plus d'elle; ce qu'elle a fait, et par là les bruits ont cessé, et l'orage s'est apaisé. Ainsi personne n'a été embarrassé. Il est vrai qu'elle est extrêmement estimée par les personnes qui ont le plus de piété à la cour. »

Que devait craindre de la part de la cour ou du clergé, ou du public, une personne *extrêmement estimée* de ceux de la cour qui avaient le plus de piété ?

CHAPITRE X

Le mysticisme effraye à Saint-Cyr. — Madame Guyon congédiée par madame de Maintenon. — Madame Guyon dans sa retraite. — Ses rapports avec le duc de Chevreuse, M. Tronson, l'abbé Boileau et Nicole. — Son Apocalypse. — Ses torrents. — Sa vie intime. — Origine de ses rapports avec Bossuet.

1693—1694

Madame de Maintenon profondément atteinte et bouleversée par l'*avis* de l'évêque de Chartres, le plus dur et le plus concluant de tous, prit son parti sur-le-champ. Elle suspendit les conférences et même les entrées de madame Guyon à Saint-Cyr, où cette dame se rendait depuis quatre ans, où madame de Maintenon se louait singulièrement de son influence sur quelques filles dont elle n'avait pas été contente jusque-là, où toutes lui donnaient les marques d'estime et d'amitié que méritait une personne qui n'avait cessé de gagner du terrain, de s'attacher les cœurs, d'inspirer de vives ardeurs pour les voies de la perfection et de la méditation contemplative.

Il est vrai qu'à côté de ces résultats positifs, on en remarquait d'autres, des lenteurs dans les pratiques, des abstentions même, plus de confidences faites à la directrice mystique qu'aux directeurs ordinaires. Or ce fut là ce qui blessa l'évêque de Chartres. Mais si ces filles eurent tort de n'écouter plus leurs supérieurs ni d'autres directeurs que madame Guyon, et si madame de Maintenon eut le droit de le lui dire et raison de le faire avec bonté, il convenait d'en rester là, car madame Guyon nous apprend qu'elle comprit et s'abstint.

Tout semblait dit dès lors, et il était d'autant moins nécessaire de faire du bruit que madame Guyon nonseulement s'abstenait d'aller à Saint-Cyr, mais qu'elle n'y écrivait plus que des lettres ouvertes, mises sous l'adresse de madame de Maintenon elle-même.

Et pourtant, loin d'être finie, ce qu'on appelait l'affaire Guyon ne devint réellement sérieuse qu'à partir de ce moment, grâce au trouble où elle avait jeté madame de Maintenon et aux mesures de précaution un peu emphatiques qu'elle avait prises en mettant tout le monde dans le secret. Mais cette emphase même fit son succès personnel, et la tranquillité de Fénelon seule fut compromise. Il arriva même tout à coup que Fénelon, qui n'avait pas voulu que l'on montrât les écrits de madame Guyon à Saint-Cyr, se trouva impliqué dans cette affaire presque au même degré que le professeur d'amour mystique elle-même.

Remarquez que jusque-là Fénelon n'avait rien publié en faveur du mysticisme. Avait-il parlé? S'il l'avait fait, où était-ce? Aux conférences de Saint-Cyr? Non. Aux conférences de l'hôtel Beauvilliers? Pas davantage. D'ailleurs madame de Maintenon y assistait avec lui, plus souvent que lui, avec plus d'entraînement. Ce n'est donc pas elle qui aurait fait à ses nouveaux conseillers des confidences sur les réunions de cet hôtel ou sur le rôle que Fénelon y aurait joué.

La seule chose qui explique sa conduite, c'est qu'en sa qualité d'ancienne protestante, aimant peu la messe et beaucoup le raisonnement, madame de Maintenon, pour se légitimer elle-même, couvrait un peu trop sous le nom de Fénelon la confiance qu'elle avait trop légèrement donnée à madame Guyon. Jusqu'à un certain point cela était naturel dans sa position, et comme cela était nécessaire, elle le trouva légitime.

Mais dans quelle mesure et de quelle manière l'at-elle fait? A-t-elle trop indiqué les prédilections mystiques de Fénelon, ou n'a-t-elle pas assez connu la réserve que le plus discret des prêtres et le plus secret des confidents apportait dans ses rapports avec madame Guyon? Ce qui étonne et ce qui prouve qu'il y eut dans ce jeu des sentiments ou des passions qui nous demeurent un peu voilés, c'est qu'on n'ait pas voulu savoir ce qu'on savait fort bien, c'est-à-dire que Fénelon était alors à ce point absorbé par l'éducation des princes qu'il ne put avoir que très-peu de rapports avec madame Guyon. A partir de son entrée à la cour (le 17 août 1689), il la vit rarement, et il cessa de la voir dès 1693. Je l'ai dit, et j'ajoute qu'on ne trouve rien de précis sur des entrevues qu'il aurait eues avec la célèbre mystique dans l'intervalle de ces cinq ans; sur l'influence que l'un des deux a pu exercer sur l'autre; sur la question, réellement absurde d'ailleurs, mais qui est souvent posée et tranchée en sens opposé, à savoir lequel des deux a été vraiment le maître et lequel le disciple ?

C'est l'opinion commune que madame Guyon captiva l'esprit de Fénelon et en fit son adepte. Mais voici les faits. Quand madame Guyon eut marié sa fille au fils de Fouquet, au comte de Vaux, dont la famille attirait l'abbé de Fénelon, elle demeura pendant deux ans avec la jeune femme, et dans cet intervalle elle eut avec le futur archevêque de Cambrai « quelques conversations au sujet de la vie intérieure. » C'est elle qui nous l'apprend. Mais elle note avec soin qu'il lui fit *beaucoup* d'objections ; qu'elle lui expliqua ses sentiments avec une grande simplicité, sachant qu'à cause des *affaires* de Molinos on prenait des défiances sur toutes choses, et qu'il finit par les connaître mieux que nulle autre personne.

On voit par là que s'il la questionna, ce fut en homme supérieur, en directeur très-habitué à faire parler des femmes, et qu'il connut à la fin ses sentiments mieux qu'aucun autre.

Voilà quel fut le véritable résultat de leurs communications mutuelles. Si madame Guyon n'eut jamais pour personne la même déférence qu'elle éprouvait pour Fénelon, c'est que nul ne lui était aussi supérieur dans ses études. Cela indique suffisamment les rapports des deux personnages quant à la supériorité des idées ; pour ce qui regarde l'expérience, c'est une autre question à résoudre en sens inverse. Madame Guyon cherchait les idées. Elle mit à cette époque un certain empressement à vouloir profiter des observations que Nicole et son ami l'abbé Boileau, le frère de Despréaux, pouvaient lui faire sur ses écrits. Elle lut avec l'un et l'autre le *Moyen Court* tout entier. Mais, loin de s'instruire par eux dans ces lectures, elle se persuada, au contraire, qu'elle les avait convaincus tous les deux de la solidité de ses idées. Ils lui firent beaucoup de louanges sur les beautés de son style, l'éclat de ses comparaisons et même sur les sincérités de sa dévotion. Ils la pressèrent de faire imprimer son petit livre avec une préface explicative. Mais la preuve qu'ils apportèrent beaucoup plus de courtoisie que de science dans leurs rapports avec la jeune femme, c'est que bientôt l'un écrivit et l'autre parla contre elle. Il fallut que le P. Lami, qui n'était pas mystique, réfutât Nicole, et que le duc de Chevreuse, qui l'était, réfutât Boileau, qui accusait madame Guyon de plagiat. Il lui reprochait d'avoir pris tout ce qu'elle avait d'idées dans les « Mémoires laissés par madame de Vigneron [Rouen, 1679]. » L'éloquent et pieux élève de Port-Royal, qui avait fait la connaissance de madame Guyon après son ami Fénelon, mais qui fut plus avant que lui dans son intimité, Chevreuse, réfuta aisément l'accusation.

Il va sans dire que Nicole ne se rendit pas aux arguments du P. Lami, ni Boileau, le commensal de l'hôtel de Luynes, aux faits du duc de Chevreuse, quoiqu'il n'y eût rien de plus décisif que la comparaison des deux ouvrages livrés au public, les *Mémoires de madame de Vigneron* et le *Moyen de faire oraison* de madame Guyon.

Ce double épisode fut d'un grand poids dans la catastrophe qui vint éclater sur la tête de madame Guyon d'abord, sur celle de Fénelon ensuite. Deux nouveaux théologiens, et fort guerroyants tous les deux, étaient engagés dans ce débat, que madame de Maintenon, qui savait tout et pouvait tout, suffisait parfaitement à trancher avec la seule assistance de Fénelon.

Mais c'était là précisément le conseiller qui ne lui inspirait plus de confiance. Pour quelles raisons? Son plus grand tort était-il de ne pas agréer au roi, qui admirait son génie, sa science et son désintéressement, mais qui ne goûtait ni sa brillante conversation, ni son commerce trop aisé, ni sa politique trop idéale ; qui le disait l'esprit le plus chimérique de France?

Fénelon, dans la haute position qu'il occupait, sur laquelle l'avaient félicité ses amis les plus éminents, Bossuet et M. Tronson à leur tête, avait-il blessé quelques amours-propres, irrité des jalousies, fait naître des inquiétudes et inspiré des défiances?

Son alliance avec l'hôtel Beauvilliers donnait-elle des alarmes à des ambitions plus élevées? ou bien sa doctrine et ses tendances mystiques, ses relations avec madame Guyon, prêtaient-elles à des soupçons?

Passait-il déjà, pour parler le langage qu'il a si douloureusement senti et si énergiquement reproché à Bossuet, pour le Montan de cette nouvelle Priscille?

. C'est ce que madame de Maintenon seule savait parfaitement, et il faut bien admettre que dans tout cela il y avait quelque chose qui ne lui allait pas. Elle connaissait d'ailleurs tout le dévouement, toute la discrétion de Fénelon. Elle savait aussi qu'en dépit de son affection pour madame Guyon et en raison de la vivacité des déférences de la célèbre mystique pour lui, nul n'était plus prompt ni plus autorisé que lui à la reprendre, à épurer ses opinions. Mais était-il encore en état de le faire avec autant d'indépendance que de lumières? Ses affections spirituelles pour madame Guyon n'étaient-elles pas trop vives pour que celles qu'il portait à madame de Maintenon n'en fussent pas un peu altérées? C'était là peut-être ce que craignait madame de Maintenon; l'on commençait à se demander même parmi les sincères amis de Fénelon, tels que M. Tronson et M. Desmarais, si l'on parviendrait encore à le détacher entièrement de madame Guyon. « J'eus hier, écrit le premier au second, une grande conversation avec M. l'abbé de Fénelon, sur le sujet dont vous lui avez parlé à Versailles. Il me paraît être dans de bonnes dispositions, et il m'a laissé même entre les mains un billet signé, par lequel il déclare devant Dieu, comme s'il allait comparaître à son jugement, qu'il souscrira sans équivoque ni restriction, à tout ce que deux personnes, auxquelles il me joint, décideront sur les matières de spiritualité, pour prévenir toutes les erreurs et illusions des quiétistes ou autres semblables. » (Fénelon, *Corresp.*, vol. VII, p. 53.)

Tels étaient donc les sentiments des amis : ils avaient besoin d'un billet pour être rassurés ! Dans le monde, même il circulait déjà toutes sortes de bruits sur les opinions religieuses de Fénelon et ces bruits allaient croissant, au point que bientôt sa belle-sœur, qui avait des fils et qui tenait à ce qu'il gardât tout son crédit à la cour, lui prêcha une extrême prudence : « Il ne faut pas qu'il se compromette pour madame Guyon. » Fénelon, de nouveau, rassura tant qu'il put madame de Laval. « Je ne parlerai que de moi ou pour moi, lui écrivit-il; je ne serai pour *la personne*, ni pour ses ouvrages. »

Mais déjà le péril y est. Il dit qu'il devrait voir M. Tronson, et n'ose y aller. « Dans ma langueur présente, je crains sa vivacité et la mienne. » [Lettre du 20 juillet 1694]. Il veut encore se faire illusion et il écrit à sa belle-sœur : « Je ne défends ni personne ni ouvrage : aussi tout cela ne me fait rien. Je n'ai qu'à laisser agir le *zèle des zélés*. » Ce calme eût été d'ailleurs bien naturel, le roi venait de témoigner à Fénelon son contentement en lui donnant l'abbaye de Saint-Valery qui valait de quinze à vingt mille francs, et ce cadeau lui était fait avec la meilleure grâce du monde : le roi se reprochait de l'avoir si longtemps négligé, et sur cela Fénelon aurait pu croire réellement que le *zèle des zélés* ne l'atteindrait pas. Mais il les connaissait; il les voyait s'occuper trop activement de madame Guyon pour ne pas pressentir le danger qu'il courait par elle et avec elle. En effet le curé de Versailles blâmait déjà publiquement les opinions de cette dame dès le mois de janvier 1693, sans qu'on parvînt encore à troubler la paix de son âme. Elle pria même le duc de Chevreuse qui était alors son ami le plus dévoué, je l'ai dit, de ne pas prendre la peine de la justifier, ni de parler d'elle à personne, si ce n'est à l'abbé de Fénelon « qui seul, disait-elle, me connaît assez et à qui mon cœur est ouvert. » Nous sommes, continue-t-elle, ce que nous sommes devant Dieu. Si je suis criminelle, l'approbation des hommes ne me rendra pas innocente; si je suis innocente, leur condamnation ne me rendra pas criminelle. Au reste, je ne vous remercie point de votre charité à me défendre; cela répugne à mon cœur. Ce que vous faites, vous le faites pour Dieu, et moi je ne prends part à rien. » (*Corresp.* de Fénelon, vol. VII, p. 14).

En recommandant aux dames de Saint-Cyr de se confesser à leurs directeurs comme avant ses visites, madame Guyon se persuadait que sa mission y était accomplie. Madame de Maintenon, en renvoyant celles qui s'y refusaient, en recommandant de plus aux théologiens qu'elle avait consultés le calme et le secret, pouvait croire à son tour que tout était fini à Saint-Cyr; que quelques représentations d'Esther ou d'Athalie émouvaient bien plus toutes ces dames que toutes les *mystiqueries* du monde, pour parler avec madame de La Maisonfort. Et il faut le dire, que si elle eut le tort de faire un peu trop de bruit et de consulter trop de théologiens, elle enraya bientôt. Ce ne fut pas elle qui mit madame Guyon entre les mains de ses redoutables adversaires, ce fut cette dame elle-même qui provoqua cette mesure, et sans nécessité. L'évêque de Chartres semblait satisfait quand elle se fut retirée de Saint-Cyr; quand elle eut elle-même exprimé le désir et pris le parti de vivre dans la retraite. L'évêque de Châlons était encore mieux disposé pour elle, et si elle eût su en demeurer là, tout allait mieux pour son repos; ce qui la perdit et avec elle son plus illustre ami, c'est qu'à cette époque, comme à toutes les autres, elle voulut être de la foi la plus pure; elle voulut être catholique sans tache; elle voulut que Bossuet la trouvât telle. Dès 1693, elle désirait, dans cet ordre d'idées ou d'illusions, se mettre sous les yeux de Bossuet, dans son diocèse, afin que la voyant plus souvent il pût la connaître tout entière, s'il avait quelque doute à son égard. Or, il en avait. Elle ne pouvait pas l'ignorer, son ami le duc de Chevreuse étant aussi celui de Bossuet. C'est par ce grand seigneur, sans doute, qu'elle remit à Bossuet un de ses écrits, avec le même désir, la même confiance et le même succès qu'à l'abbé Nicole et l'abbé Boileau. « Bossuet ayant lu, nous dit-elle, le *Moyen Court*, et le *Cantique des cantiques*, les avait trouvés fort bons. » Elle se flattait en ce moment (et elle s'accuse de cette infidélité à Dieu) qu'il la soutiendrait contre « ceux qui lui en imposaient. » Bossuet étant l'ami du duc, elle croyait à cette époque pouvoir compter sur sa bienveillance, et l'évêque de Meaux débuta effectivement avec elle en ami. Il se rendit chez elle avec le duc. Mais dans sa candeur elle fit imprudence sur imprudence. Elle lui donna non-seulement son manuscrit intitulé, les *Torrents* « où il fit quelques remarques, » nous dit-elle; mais elle lui confia ce qu'elle ne montra jamais à Fénelon lui-même, le récit saintement romanesque ou l'histoire mystique de sa vie, « où il trouvait, nous dit-elle, une onction qu'il ne trouvait pas ailleurs. »

La pauvre crédule !

« Il m'apprit qu'il avait été trois jours en la lisant, sans perdre la présence de Dieu. » C'était s'exprimer avec une flatteuse condescendance dans un langage cher à sa cliente. En lui faisant présenter par le duc de Chevreuse le manuscrit des *Torrents*, elle avait écrit ces lignes : « Je l'expliquerai, et si je me suis trompée dans ce que j'ai écrit, je serai ravie d'être redressée. J'ai un défaut, qui est d'oublier ce que j'ai écrit, de ne le comprendre plus souvent lorsque je le lis ; et il faut une *nouvelle lumière* pour l'expliquer, comme j'en ai eu pour écrire. Lorsqu'elle ne m'est pas donnée, je ne suis qu'une bête. »

Puis vient un mot de femme : « J'ai quelque chose au cœur pour M. de Meaux, qui me dit qu'il m'entendra. »

On voit qu'elle lui rend politesse pour politesse. Elle n'oublie pas non plus son intermédiaire : « Je ne sais pourquoi Dieu me lie à vous, comme il le fait : ce n'est pas mon affaire, c'est la sienne. Je voudrais que M. de Meaux me dît simplement ce qu'il trouverait en moi de mauvais ; car je ne tiens à rien. »

Enfin, un mot pour la belle-sœur du duc :

« Je ne sais si je m'explique bien sur madame de Mortemart. Ce n'est pas que j'aie envie de la voir; mais c'est qu'il ne faut pas se servir de moi pour l'en empêcher, parce que je ne puis en conscience la refuser. » (*Corresp.* de Fénelon, t. VII, p. 26.)

Bientôt après elle ajoute à son imprudent envoi un autre plus imprudent encore, son *Apocalypse;* et elle fait dire à Bossuet ce qu'elle entendait réellement en mettant dans sa *Vie* écrite par elle-même, ce qui regarde la femme de l'Apocalypse. Elle a raison, car cela devait la faire voir dans un jour bien défavorable, nous l'avons dit dans la vie d'un autre voyant apocalyptique, le plus célèbre de tous. [Voir notre *Vie de Swedenborg*, chap. XVI.]

Voilà les débuts de leurs relations devenues bientôt

si amères, si cruelles; et il est fâcheux que Bossuet, qui mit tant de douce patience dans ses relations avec madame de La Maisonfort, avec madame Cornuau et avec tant d'autres, n'en ait pas eu autant pour madame Guyon. L'a-t-elle blessé par sa prétention si excentrique à une lumière spéciale, ou par l'étalage de son érudition mystique, ou bien par les deux? Quoi qu'il en soit, bientôt tout changea entre eux. Bossuet apporta un jour à une de leurs conférences vingt articles de difficultés. Elle le satisfit sur quelques-uns, mais la vivacité avec laquelle il parla ne permit pas à son humble interlocutrice de s'expliquer de même sur les autres. Elle en fut malade, écrivit plusieurs lettres à son juge et en eut une réponse de plus de vingt pages, où il ne semblait arrêté, dit-elle, que par la nouveauté de la matière et par son peu d'usage des voies intérieures. Il lui ordonnait cependant avec autorité de justifier ses livres. Elle n'obéit qu'à son corps défendant; elle ne fut pas en état de tout justifier, et voici les raisons qu'elle donne de son embarras : « J'ai écrit pour obéir, disait-elle, et ai dit les choses *comme elles m'étaient montrées*. Il y a peu d'imagination dans ce que j'écris, car j'écris souvent ce que je n'ai jamais pensé. »

Suivant le vœu de toutes les femmes qui se mêlent de discussions théologiques, elle aurait voulu que M. de Meaux la jugeât non pas avec sa raison, mais avec son cœur.

Or cela n'allait pas à Bossuet le moins du monde; et ce qui ne lui allait pas davantage, c'est qu'au lieu d'argumenter avec lui, elle lui répondait par des textes de saint François de Sales, que M. de Meaux ne connaissait pas alors. Elle lui écrivit par le duc de Chevreuse. Il lui répondit que, pour différer d'avec elle sur quelques points, il ne la croyait pas moins catholique et lui en offrait un certificat. Elle le remercia, ce témoignage même lui suffisant, et elle se cacha dans une retraite connue au seul frère de Fouquet, qui lui portait une sincère et constante amitié.

C'est donc avec Bossuet et son ami le duc de Chevreuse, ce n'est pas avec Fénelon que madame Guyon a échangé le plus de lettres et entretenu de rapports en 1693 et 1694. C'est peut-être là aussi l'époque la plus touchante de la vie de cette illustre persécutée. Dans le pressentiment d'une catastrophe imminente, elle écrit au duc de Beauvilliers ces nobles et fermes paroles : « Mon témoin est au ciel, et mon juge au plus haut des cieux. Je ne prétends point, monsieur, vous assurer, si Dieu vous met en doute. Je vous ai toujours dit que je ne garantissais pas de n'être pas trompée, mais que mon dessein n'était pas de tromper. J'ai toujours parlé avec ingénuité et simplicité; je ne me suis point déguisée. J'ai laissé paraître toutes mes faiblesses; je n'ai point voulu qu'on me crût bonne. »

Puis elle met ce grand trait : « J'ai plus parlé en me taisant qu'en parlant. Je n'ai jamais cherché ni mon avantage ni ma gloire; je n'ai flatté personne; je n'ai rien demandé. C'est à vous-même de juger de ce que j'ai pu faire pour vous tromper, et par quel endroit.

« Du reste, je suis peu exacte dans mes lettres, parce que j'ai appris simplement d'écrire à des personnes qui m'entendent à demi-mot, et que je ne croyais pas écrire pour le public.

« Je ne demanderai pas à Dieu qu'il vous rassure sur moi; car s'il veut que vous soyez tous scandalisés en moi, j'y consens. Ce n'est point à présent le temps des demandes pour moi, mais des sacrifices.

« Peut-être Dieu ne veut-il plus se servir de moi. C'est un instrument usé : qu'il le brûle. » (Fénelon, *Corresp.*, t. VII, p. 27 et 28.)

Que cette résignation va bien à la pauvre femme! Mais elle sera prise au mot. L'instrument va être brûlé. Elle n'est pas encore condamnée, emprisonnée, exilée; elle n'est pas même devant les juges; mais déjà elle est marquée, observée, critiquée. Elle n'a que le pressentiment de ce qui l'attend; qu'elle jouisse de ses derniers moments de liberté. Bientôt elle sera attaquée; et si énergiquement qu'elle se débatte d'abord, tombée bientôt d'un excès de confiance dans le trouble, elle se livre victime dévouée, avide des humiliations, des pénitences et des censures qui feront sa couronne de martyre.

CHAPITRE XI

Madame Guyon devant une commission d'enquête. — Les articles d'Issy. — Madame Guyon plaidant sa cause avec l'assistance du duc de Chevreuse, — Traçant une esquisse un peu libre des conférences. — Son livre des *Justifications*.

1694

Cependant madame Guyon pouvait encore conjurer l'orage, en se mettant entre les mains de M. de Harlay. Ce dernier le lui fit dire. Il savait qu'on ne voulait pas de lui pour commissaire dans l'examen de ses écrits, et quoiqu'il ne connût pas la théologie mystique, jaloux de ceux de qui l'on composerait la commission, il offrit à madame Guyon de la tirer de peine, si elle voulait s'en remettre à lui. Elle pouvait d'autant mieux accepter qu'elle avait été le remercier à sa sortie des Visitandines. Mais ses amis ne le voulurent pas.

Les admirateurs de madame Guyon, à la vue de ce qui se passait, eurent une inspiration généreuse, mais qui lui devint funeste. Ils composèrent en sa faveur un Mémoire au Roi, et prièrent madame de Maintenon de le présenter. Elle s'y refusa. Alors madame Guyon ayant appris dans sa retraite qu'on l'attaquait, non pas dans ses opinions seulement, mais jusque dans ses mœurs, elle fit une de ces démarches qui honorent une âme, mais peuvent perdre une renommée. Elle écrivit à madame de Maintenon qu'elle avait dû garder le silence tant qu'elle ne se savait accusée que de faire oraison et d'enseigner à en faire; mais qu'étant attaquée en son honneur, elle se devait à elle-même, à sa famille et à ses amis, de demander qu'on lui fît son procès. Elle priait, en conséquence, madame de Maintenon d'obtenir du roi la nomination d'une commission d'enquête, composée pour moitié d'ecclésiastiques et pour moitié de membres laïques. En attendant le résultat, elle se rendrait dans telle prison que le roi voudrait lui faire indiquer. Ce fut le duc de Beauvilliers qui se chargea de présenter la lettre.

Madame de Maintenon répondit au duc avec toute sa prudence connue. Elle n'avait pas connaissance de ces bruits; mais la doctrine de madame Guyon pouvant être suspecte, il serait bon de l'examiner, seulement on laisserait tomber le reste.

Cela était marqué au coin du bon sens. Peu importait un peu de bruit à propos des mœurs d'une femme; mais ce qui importait beaucoup, au contraire, c'était d'écarter toute concurrence faite clandestinement et au moyen d'un enseignement féminin, mystique et erroné, à la doctrine de l'Église gouvernée par le saint-siége d'accord avec l'État.

C'était là une autre enquête que celle qu'avait demandée madame Guyon; mais elle ne pouvait d'autant moins la décliner, qu'elle se sentait aussi vulnérable en théologie qu'invulnérable dans sa moralité, et elle fut d'autant plus étourdie de la décision de madame de Maintenon, qu'avec une finesse qui allait jusqu'au soupçon le plus inventif, elle prévoyait mieux où allait aboutir l'enquête, et qu'au fond il s'agissait moins de sa personne que de celle de son éminent ami. « J'avais averti, nous dit-elle, M. l'abbé de Fénelon longtemps auparavant du changement de madame de Maintenon à son égard, et de celui de personnes qui lui témoignaient le plus de confiance, sans qu'il m'eût voulu croire. J'avais connu les artifices qu'on employait pour cela ; et j'avais fait mes efforts pour le précautionner contre des personnes qui avaient toute sa confiance, pour ne s'y pas livrer sans nécessité, et pour lui faire sentir qu'on agissait avec moins de droiture qu'il ne le voulait croire. Il persistait toujours dans la pensée où il était que je me trompais, et j'attendis en paix que Dieu le désabusât par d'autres voies. L'événement a depuis justifié mes conjectures, et l'on a vu ces mêmes personnes le pousser sans ménagement, et jouir sans partage [c'est donc Bossuet ou l'évêque de Chartres qu'elle entend] d'une confiance et d'une faveur qu'il aurait pu conserver s'il avait été moins à Dieu et plus touché de ces sortes d'avantages dont le commun des hommes est si avide. »

Fénelon lui-même, moins clairvoyant ou plus sûr de lui, approuvait le parti qu'on avait pris au sujet de madame Guyon et dont madame de Maintenon n'avait pas négligé de lui parler ; et si ami qu'il fût de madame Guyon, il lui était d'autant plus facile d'approuver l'enquête qu'il croyait sa position plus nette, ayant averti et même blâmé madame de Maintenon d'avoir introduit à Saint-Cyr les écrits de madame Guyon. Mais ce que l'auguste directrice de Saint-Cyr voulait bien dire à ce sujet à madame de Saint-Géran, c'est à tout le monde qu'on aurait dû avoir la franchise de l'avouer. Il avait toujours bien mérité d'elle. Il ne l'avait pas avertie seulement au sujet de madame Guyon ; il l'avait bien suivie dans toutes les occasions. J'ai dit qu'il l'avait obligée très-spécialement, peut-être plus qu'il n'y paraissait, au sujet d'une des plus précieuses conquêtes qu'elle eût faites pour sa maison, j'entends cette spirituelle chanoinesse de Lorraine, madame de La Maisonfort qu'elle aimait tant, et qui ne s'était décidée à prendre le voile que sur les conseils et des mains de Fénelon, et pour servir sous les ordres de madame de Maintenon, dont elle était à la fois l'image et l'idole.

En un mot Fénelon avait toujours été d'une rare prudence à la cour, d'une sincère amitié pour madame de Maintenon, et d'une grande dignité de conduite à l'égard des directeurs et des dames de Saint-Cyr.

Il fut le même une fois l'enquête résolue. Au lieu de se mettre en avant, lui qui seul entendait la matière et était en état d'en juger, le seul capable de conduire un débat sur des questions de mysticité, et surtout le seul qui eût assez d'ascendant sur l'esprit de madame Guyon pour la ramener dans les voies de la simplicité, au lieu de se mettre en avant auprès de madame de Maintenon, il s'abstint même de l'entretenir pour n'avoir pas l'air de la conseiller.

Il fit de même à l'égard de madame Guyon qui lui témoignait des sollicitudes si empressées. Il la laissa se conduire comme elle l'entendait et s'adresser à qui lui inspirait plus de confiance. Elle en avait beaucoup dans M. Tronson, assez dans le P. le Valois. Elle les pria de l'entendre, mais ils ne voulurent pas accepter de conférence, craignant l'un et l'autre de se compromettre sur des questions qu'ils entendaient peu et dont Bossuet serait appelé à s'occuper.

Cela peut nous étonner. Mais à cette époque un docteur suspect était déjà une espèce de chef d'hérésie ; sur la fin du dix-septième siècle, nous n'étions pas encore tout à fait en France, nous étions un peu en Espagne, ne l'ignorons pas, car une lettre très-spirituelle de la pauvre femme nous l'apprend fort bien. Bossuet, qui avait plus de confiance en soi que MM. Tronson, de Valois et d'autres, conféra avec elle le 30 janvier 1694, et il la réduisit, nous dit-elle, à un état d'humilité absolu. Il en donna l'assurance à madame de Maintenon. Ce n'était qu'au sentiment de sa triste situation qu'il l'avait réduite. Voici ce qu'elle écrit le mois suivant à un ami sincère :

« Il faut pour vous réjouir que je vous apprenne, écrit-elle, ce qui se dit dans le monde, moi qui ne suis pas du monde. L'on dit qu'on travaille à force à faire mon procès, que Desgrès (lieutenant de police) a ordre de me chercher. Les uns disent que je suis condamnée au pain et à l'eau et à une prison perpétuelle ; d'autres disent qu'on me tranchera la tête : mais la plus commune opinion est qu'on me fera faire amende honorable devant Notre-Dame, *qu'on me coupera le poignet, qu'ensuite on me tranchera la tête;* puis qu'on *brûlera mon corps et qu'on en jettera la cendre au vent.* »

Et pour qui toutes ces horreurs ?

Pour une femme souffrante, soumise, douce, cherchant à s'immoler par excès d'amour divin. Qu'en pense-t-elle ? Elle s'égaye de l'idée du vol de ses cendres. « Voilà ce qui est le plus de mon goût, et qui m'a régalée un jour entier ; car enfin, si cela arrivait, je serais véritablement un holocauste à mon cher Maître, et il ne resterait plus rien de moi : en sorte que je rendrais, par cet anéantissement si entier, un très-parfait hommage à la souveraineté de mon Dieu. Si cela arrivait, je voudrais que tous mes enfants en fissent la fête ; et qui ne la ferait pas ne ferait rien qui vaille. Si la volonté est réputée pour le fait, chez moi, de l'heure qu'il est, ma cendre vole. Dame ! cela serait bien joli ; mais je ne mérite pas une si grande faveur : c'est pourquoi je ne l'ose espérer. » [Lettre du 4 février 1694, Fénel., *Corresp.* VII, p. 40.]

Si madame Guyon se plaisante un peu elle-même, comme pour se donner du courage, elle craint sérieusement que Mgr de Meaux ne fasse brûler, sinon sa personne, du moins ses écrits. [Lettre du 5 février 1694. V. Fénelon, *Correspondance*, p. 42.]

Elle n'est pourtant pas désespérée encore, si déjà elle est tremblante ; elle s'encourage du moins en s'en faisant accroire : « Ma joie et mon contentement est parfait, dit-elle, d'être le ballon de la Providence, sans feu, sans lieu, errante, sans ressource. » Elle ne se rappelle déjà plus combien elle avait été malheureuse de n'avoir « ni chemise, ni jupe, ni corset. » Le malheur ne devait pas tarder à la rejoindre. Ce qui se passa avant même les conférences des commissaires qui devaient décider de son sort, le lui présageait assez clairement. En effet, M. de Harlay, dont elle ne voulait pas accepter le patronage, se fâcha et prit ses mesures pour prévenir, par un coup d'autorité, l'office des commissaires choisis par madame de Maintenon. Il la fit condamner par son officialité, et dès lors des commissaires, même bienveillants, ne pouvaient guère l'acquitter.

Qui furent réellement ses juges?

Madame de Maintenon nous dit qu'après avoir pris l'avis de Bossuet, de Des Marais, de Tolly, de Bourdaloue, de Tronson, de Tiberge et de Brisacar sur les écrits de madame Guyon, et sur le rapport de ces écrits avec le quiétisme, elle pria les évêques de Meaux et de Châlons, assistés de Fénelon, d'examiner les livres, les manuscrits et la vie de madame Guyon. Mais madame de Maintenon se trompe. Fénelon ne fut pas juge des conférences d'Issy. Ce fut, au contraire, l'abbé Tronson qui en fut et qui convenait beaucoup mieux aux deux évêques. Le rôle de Fenelon dans cette affaire se réduisit à un simple service de volontaire. Madame Guyon le savait bien, et elle nous apprend positivement que c'est elle-même qui, d'accord avec ses amis, a demandé les trois examinateurs que nous venons de nommer.

Elle se mit à leur disposition par une lettre collective qu'elle leur adressa dès le mois d'août 1694.

Les séances de la commission, qu'on appelle conférence d'Issy, par la raison qu'elles se tinrent non pas à Paris, mais à Issy, et en secret, pour en dérober le travail à M. de Paris, furent assez nombreuses pour se continuer pendant huit mois. La tâche était rude; madame Guyon avait beaucoup écrit : examiner tant de livres, tant de manuscrits; recevoir les explications d'une personne très-éloquente, très-éprise de ses idées et très-versée dans les auteurs mystiques; éplucher la vie très-agitée d'une femme jeune et belle, très-exaltée, très-ambitieuse de toutes sortes de dons et de grâces fort extraordinaires, s'attribuant des communications célestes allant du Saint-Esprit à elle et d'elle à ses enfants spirituels, quelle terrible mission !

Accablée sous le faix d'une telle masse de préventions, il fallait un courage bien héroïque à une pauvre jeune femme pour ne pas trembler devant un tribunal composé de trois théologiens ennemis du mysticisme et de l'apostolat féminin. Ce n'était pas encore tout. Avant que les trois commissaires de madame de Maintenon, qui n'était plus une amie, fussent officiellement investis de leurs pouvoirs, madame Guyon était déjà condamnée, et par son juge naturel, puisque M. de Harlay, pour avoir le premier mot, avait censuré très-officiellement ses livres par son officialité. Cela étant, elle aurait pu décliner la mission des commissaires, au nom d'un principe souverain, *non bis in idem*. On ne lui donna pas ce conseil, et elle n'aurait pas voulu le suivre. C'eût été reculer devant une enquête approfondie. Celle de Paris ne l'avait pas été. Les commissaires d'Issy furent plus scrupuleux. Madame Guyon ne fut pourtant pas très-satisfaite de leurs procédés. Elle ne le fut pas même de la composition de la commission. Dès le début et dans la lettre même dont je viens de parler, elle s'était attachée à relever ces trois choses : 1° qu'elle a demandé en même temps l'évêque de Meaux et M. Tronson à cause de leurs lumières, et l'évêque de Châlons, quoiqu'il fût le plus zélé de ceux qui la décrient; 2° qu'elle avait demandé l'adjonction de juges laïques, qu'il eût été juste de lui accorder; 3° qu'elle a trois ennemis considérables, l'évêque de Chartres, dont le zèle a été « trompé; » le curé de Versailles, qui a présentement l'oreille de madame de Maintenon et qui lui reproche, à elle madame Guyon, d'avoir détourné de son confessionnal madame la comtesse G.-C. de Guiche ou de Gramont, et madame la duchesse de Montbazon, *deux dames qu'on a laissées fort tranquilles tant qu'elles mettaient du rouge, et qu'on décrie depuis qu'elles ont quitté le monde;* et l'abbé Boileau, suscité *par une dévote à qui l'accusée a le malheur de déplaire.*

Madame Guyon avait le sentiment de son droit et de sa généreuse imprudence, on le voit; rien ne peut dépasser la droiture ni l'aisance respectueuse de cette lettre. Elle s'y déclare une femme ignorante, n'ayant écrit que pour soumettre ce *qui lui était donné* à son directeur, afin qu'il en fît ce qu'il lui plairait; soumettant de même le tout à ses juges, pour en faire ce qu'il leur plairait.

On ne saurait mieux dire. La confiance de l'auteur dans la bonté de sa cause et dans la justice des examinateurs était telle, qu'elle se jeta d'imprudence en imprudence, au point de leur transmettre tous ses écrits, y compris les *Torrents*, qui étaient inédits, et la *Bible*, c'est-à-dire son volumineux ouvrage publié depuis sous ce titre : *la Sainte Bible avec des Explications et Réflexions qui regardent la vie intérieure.* Paris, 1740, 20 vol. in-8°.

Elle eut le pressentiment des suites d'une telle confiance, et pourtant elle livra encore, sur les instances de Bossuet, une Notice sur sa vie intérieure. Elle la lui avait montrée sous le secret de la confession et la tenait secrète au point de n'en avoir jamais parlé à Fénelon. Aussi elle ne s'en dessaisit qu'à son corps défendant. Elle fit plus encore, sachant ses juges peu familiers avec les auteurs mystiques, elle composa pour eux, dans l'espace de cinquante jours, un énorme mémoire, que nous avons aujourd'hui imprimé en trois volumes sous le titre de *Justifications*. Elle le leur transmit en leur disant avec une intelligence bien propre à les rendre indulgents, que ses livres étant écrits antérieurement aux débats provoqués par ceux de Molinos, elle n'avait pas été en garde en les rédigeant ; qu'elle avait mis ses pensées sans précaution et sans s'imaginer qu'on pût jamais les détourner aux sens condamnés.

On n'est pas mieux inspiré, plus explicite, plus empressé à éclairer ses juges, à se livrer. Madame Guyon ne fut donc pas condamnée sans avoir tout fait pour être entendue. Mais on ne l'entendit pas. Elle échangea avec Bossuet, qui était l'âme de la commission, plusieurs lettres, et lui fit présenter son apologie au moyen de plusieurs conversations qu'il eut avec le duc de Chevreuse, ami des deux. Mais on ne l'admit qu'à une seule conférence, et elle ne put s'y expliquer. De la conférence elle ne nous donne malheureusement qu'une sorte de caricature. Appelée devant les trois commissaires, elle pria le duc de Chevreuse de l'assister de sa présence. La séance fut tout à fait irrégulière. M. Tronson n'y put aller. Bossuet vint tard. Madame Guyon ne trouva d'abord que l'évêque de Châlons, et tout alla bien tant qu'elle se trouva seule avec lui et le duc de Chevreuse; mais, à peine arrivé, M. de Meaux, « qui avait promis à madame de Maintenon une condamnation, » insista peu poliment sur l'éloignement du duc de Chevreuse [nous suivrions aujourd'hui le procédé contraire]. « M. de Noailles n'osant rien dire pour l'engager à rester, » le duc se retira, laissant madame Guyon aux prises avec les seuls ecclésiastiques. L'évêque de Meaux « attaqua » la conférence par une thèse sur la grâce, « qu'il dit une et la même pour tous. » Madame Guyon se défendit un peu, mais se hâta de se soumettre, plus sensible au reproche d'ignorance que lui prodiguait l'évêque de Meaux qu'aux arguments qu'il lui opposait.

Puis passant à la question essentielle, l'amour de Dieu, on entama la discussion plus à fond, et Bossuet, argumentant avec autant de subtilité dialectique que d'autorité dogmatique, dit que d'après son principe l'amour de Dieu, poussé jusqu'au sacrifice d'une bienheureuse éternité, était un consentement à la haine de Dieu. Madame Guyon se récria beaucoup contre cette conséquence de sa théorie, et la gratifia d'accusation. Toutefois, il faut le dire, d'après le compte qu'elle rend elle-même de la séance, elle émit sur *ce sacrifice* des idées inacceptables, des idées que toute âme simple et pure doit rejeter comme fit Bossuet.

Ceux qui connaissent *sa vie* écrite par elle-même seront encore de l'avis de l'évêque de Meaux sur la question suivante.

Un des grands griefs de l'évêque, dit-elle, était « que

je me louais et avais une présomption effroyable. »

Nous avons déjà dit que c'est là le péché mignon des mystiques (*V.* notre *Vie de saint Martin* et notre *Vie de Swedenborg*), et il était impossible qu'un évêque ne relevât pas ce défaut. Mais madame Guyon s'offensa d'autant plus de la censure qu'elle la méritait davantage et qu'elle se mettait plus hardiment au-dessus de Bossuet au double point de vue de ses dons spirituels et de sa science mystique. Le fait est qu'en matière de mysticisme elle avait alors une érudition supérieure à celle de l'homme de génie qui voulait bien argumenter contre elle, mais « qui l'écrasait, » dit-elle.

On peut croire aisément que celle qui se disait si volontiers ignorante, mais se croyait réellement savante dans son genre, fut un peu malmenée par l'évêque de Meaux. On peut admettre aussi sur son récit, qu'elle avait satisfait l'évêque de Châlons avant l'arrivée de son collègue, et qu'il adoucit tant qu'il put, par les paroles les plus bienveillantes, les vivacités qu'elle essuya de la part de son rude adversaire; que M. de Noailles avait rédigé, avant l'arrivée de Bossuet, quelques-unes des bonnes réponses qu'elle lui avait faites, mais que, « dans la chaleur de ses emportements, » l'évêque de Meaux ne voulut ou ne put pas en entendre la lecture.

J'ai déjà dit que ce récit offre les traits de la caricature plutôt que ceux de l'histoire; on peut en admettre toutefois certains faits qui ont tous les caractères de la probabilité.

M. Tronson, que madame Guyon vit avec M. de Chevreuse à sa campagne d'Issy, ne fut pas moins indulgent que M. de Noailles; mais leur maître, Bossuet, ne tint aucun compte de tout ce qui n'était à ses yeux que pure concession, indulgence ou même faiblesse, et les trois commissaires furent bientôt d'accord sur la nécessité d'une condamnation, non pas de la personne, ni des mœurs ou du genre de vie de madame Guyon, mais de sa doctrine. En effet, de sa personne et de ses mœurs on ne s'occupa point.

Je viens de dire qu'on n'entendit l'inculpée qu'à une seule séance et que cette réunion ne fut pas une conférence du tout, que sans doute M. de Noailles, qui était venu le premier, et qui, pour ne pas perdre son temps, avait entamé un interrogatoire, avait pris des notes; mais que ces notes ne furent ni enregistrées ni consultées, que l'un des juges ne s'était pas rendu à la séance, et qu'un autre avait moins écouté que censuré madame Guyon.

Cela fait, on ne s'occupa plus de sa personne, ni de sa vie, ni de ses assemblées ou de son apostolat, on borna le mandat qu'on s'attribuait à la question de doctrine, à ce qui allait le mieux aux habitudes de M. de Meaux.

Dans toute la suite, on ne s'attacha qu'aux écrits de madame Guyon, et on se passa de toutes les explications orales qu'elle offrait de donner. Écrire sur la question des directions doctrinales en forme d'articles ou de canons, ce qui faisait d'une commission désignée par une dame de la cour, un petit concile, rien ne pouvait lui sourire davantage, et telle fut l'origine des articles d'Issy.

CHAPITRE XII

La doctrine des articles d'Issy. — Madame Guyon internée à Meaux. — Le rôle de Fénelon aux conférences et aux articles d'Issy. — Son élévation à l'archevêché de Cambrai. — La séparation de madame Guyon et de Bossuet à Meaux.

1695

Il n'est pas besoin de dire que les trente-quatre articles arrêtés à Issy sont de bonne doctrine, puisque c'est une œuvre de Bossuet; mais il est peut-être besoin d'ajouter qu'ils ne sont pas contraires du tout aux vrais mystiques; s'ils combattent certaines exagérations, cela est vrai, ils maintiennent le mysticisme cher aux âmes dévotes. Nous verrons plus tard Bossuet lui-même se lancer dans la mysticité, mais dès à présent nous pouvons signaler le fait que dans les articles même qu'il rédigea en 1695, la dévotion la plus tendre du monde trouvera son compte. L'article XXV porte ceci : Il y a en cette vie un état habituel, mais non entièrement invariable, où les âmes les plus parfaites font toutes leurs actions délibérées en présence de Dieu et pour l'amour de lui, suivant les paroles de l'Apôtre : *Que toutes vos actions se fassent en charité;* et encore : *Soit que vous mangiez, soit que vous buviez, ou que vous fassiez autre chose, agissez pour la gloire de Dieu.* Ce rapport de toutes nos actions délibérées à notre fin unique est l'oraison perpétuelle recommandée par Jésus-Christ, quand il veut que *notre oraison soit sans défaillance*, et par saint Paul, quand il dit : *Priez sans intermission.*

Certes, voilà un bel état d'oraison. Ce n'en est pas encore le plus beau, écoutez : « Mais on ne doit jamais confondre cette oraison avec la contemplation pure et directe, ou prise, comme parle saint Thomas, dans les actes les plus parfaits. »

« L'oraison qui consiste dans le rapport à Dieu de toutes nos actions délibérées peut être perpétuelle en un sens, c'est-à-dire qu'elle peut durer autant que nos actions délibérées. En ce cas, elle n'est interrompue que par le sommeil et les autres défaillances de la nature qui font cesser tout acte libre et méritoire. »

Cela semble donner au mysticisme toutes les satisfactions possibles. Toutefois les trois docteurs ne veulent pas d'exagération, de contemplation permanente, d'état où tout est amour, où rien ne se distingue, ne se raisonne, ne se délibère, perfection séraphique qui n'est pas donnée à l'homme. Écoutons-les encore :

« Mais la contemplation pure et directe n'a pas même cette espèce de perpétuité, parce qu'elle est souvent interrompue par les actes des vertus distinctes qui sont nécessaires à tous les chrétiens, et qui ne sont point des actes de pure et directe contemplation. »

« Parler ainsi, c'est lever toute équivoque dans une

matière où il est si dangereux d'en faire; c'est empêcher les mystiques mal instruits des dogmes de la foi, de représenter leur état comme s'ils n'étaient plus dans le pèlerinage de cette vie. Enfin, c'est parler comme Cassien, qui dit, dans sa première conférence, *que la pure contemplation n'est jamais absolument perpétuelle en cette vie.* »

Cela était clair; Bossuet, qui voulut l'être, ajoute encore cette leçon, « qu'il ne faut pas s'imaginer qu'on soit dans un état inférieur quand on n'est pas dans la contemplation. »

L'article XXVI porte : « Pendant les intervalles qui interrompent la pure et directe contemplation, une âme très-parfaite peut exercer les vertus distinctes dans tous ses actes délibérés, avec la même paix et la même pureté ou désintéressement d'amour dont elle contemple pendant que l'attrait de la contemplation est actuel.

« Le même exercice d'amour qui se nomme contemplation ou quiétude, quand il demeure dans sa généralité et qu'il n'est appliqué à aucune fonction particulière, devient chaque vertu distincte, suivant qu'il est appliqué aux occasions particulières : car c'est l'objet, comme parle saint Thomas, qui spécifie toutes les vertus. Mais l'amour pur et paisible demeure toujours le même, quant au motif ou à la fin, dans toutes ces différentes spécifications. »

Et pour que personne n'hésite et ne croie cette théorie nouvelle, Bossuet ajoute ces mots curieux : « Parler ainsi, c'est parler comme l'école la plus exacte et la plus précautionnée. » En effet, Bossuet tenait extrêmement à ces deux choses, à passer pour un docteur exact, et à être un guide sûr pour la dévotion mystique.

Voici la preuve de cette seconde ambition :

Art. XXXIV. « La mort spirituelle, dont tant de saints mystiques ont parlé après l'Apôtre (qui dit aux fidèles, *Vous êtes morts*), n'est que l'entière purification ou désintéressement de l'amour ; en sorte que les inquiétudes et les empressements qui viennent d'un motif intéressé n'affaiblissent pas l'opération de la grâce, et que la grâce agit d'une manière entièrement libre. La résurrection spirituelle n'est que l'état habituel du pur amour, auquel on parvient d'ordinaire après les épreuves destinées à le purifier. »

Est-ce là une théorie contraire aux mystiques ? Non, et pour les rassurer, le grand évêque déclare :

« Parler ainsi, c'est parler comme tous les plus saints et les plus précautionnés mystiques. »

S'il a tort de parler ainsi de tous les mystiques, qu'il ne connaissait pour la plupart alors que par les extraits de Fénelon, pour le fond n'a-t-il pas raison ?

Avec les doctrines qu'il proclamait dans ces articles, il y avait donc assez de marge pour les âmes les plus ardentes, assez de jeu pour les imaginations les plus exaltées. Fénelon put signer ces articles sans renoncer à aucune de ses aspirations, et madame Guyon s'y soumettre sans abandonner aucune de ses ambitions épithalamiques ; rester l'épouse de Christ enfant, et s'appliquer elle-même la description apocalyptique de la femme parée du soleil et de douze étoiles.

Toutefois, on jugea nécessaire, quant à elle, de lui faire subir un petit noviciat de pénitence et d'orthodoxie à la fois, et Bossuet décida que, pour se purifier entièrement de toute exagération d'amour de Dieu et d'amour-propre peut-être, elle irait passer six mois à Meaux sous ses yeux. Il faut dire que madame Guyon avait ouvert cette idée elle-même, et c'est ce qu'il y avait à la fois de plus habile et de plus sage à faire de sa part; mais je ne la garantis pas historien digne de foi, quand elle ajoute que l'évêque de Meaux avait, à ce que cette mesure fût prise, plus d'intérêt qu'elle-même; qu'il comptait tirer de grands avantages du succès qui viendrait sans nul doute couronner son entreprise, et qu'il dit lui-même à la supérieure du monastère où entra madame Guyon (la mère Picquart), « que cela lui vaudrait l'archevêché de Paris et le chapeau de cardinal. »

Certes, la conversion d'un personnage qui préoccupait tout Paris était chose notable. Le roi et madame de Maintenon, la cour tout entière et les premiers évêques de France y prenaient le plus vif intérêt. Toute cette affaire était de conséquence, l'on pouvait y rattacher toutes sortes d'idées dans les plus grands esprits; et la supérieure de Meaux a dû parler à madame Guyon, qui avait des amis à la cour, de son illustre évêque, du siége de Paris et d'un chapeau rouge; elle a pu se donner, avec un peu de vanité féminine, des airs de confidente de son supérieur et se persuader de bonne foi qu'elle ne se trompait pas dans les calculs qu'elle lui prêtait; mais il est pour le moins permis et peut-être sage de douter de la réalité des confidences qu'elle prétendit avoir reçues. Bossuet avait de l'orgueil; mais lui supposer une vanité bavarde, c'est offenser son génie.

Quoi qu'il en soit de ce cardinalat espéré et qui eût été si bien placé, madame Guyon, pour prouver son zèle et arriver dans la communauté de Meaux au moment convenu, c'est-à-dire en janvier 1695, brava la plus rude saison, et prit dans les neiges, au milieu desquelles sa voiture avait été retenue quelques heures à Claye, le germe d'une longue maladie. Pour surcroît de malheur et dès le lendemain de son arrivée, Bossuet, qui devait achever là une si belle œuvre, quitta Meaux pour Paris et Versailles, d'où il ne revint qu'au bout de trois mois. Dans de telles circonstances, les dispositions réciproques, même bonnes, s'altèrent un peu. Bossuet, sans choisir le moment propice, apporta dès son arrivée, dans la chambre de la malade, pour les lui faire signer, les fameux articles d'Issy, qui nous paraissent sans doute assez mystiques, mais qui étaient essentiellement dirigés contre ses erreurs et qu'elle était moins en état que jamais d'examiner. Il lui fallut pourtant les signer, car l'énergie de Bossuet voulait une obéissance empressée. Ce ne fut pas tout, lui et l'évêque de Châlons avaient condamné ses écrits chacun dans un acte spécial, et il lui fallut signer encore ces deux condamnations. Mais ce qui passe toute croyance, c'est que Bossuet ait voulu lui faire signer de plus une déclaration portant qu'elle ne croyait pas au Verbe incarné? Elle l'affirme; elle dit qu'elle rejeta cette proposition, qui n'était qu'une épreuve mal imaginée, avec une véritable horreur. Mais attribuer à Bossuet une invention pareille est chose à ce point folle et impossible, qu'on croirait, de la part de madame Guyon, à un mauvais rêve, n'était la protestation qu'elle fit dresser devant notaire sur toute cette affaire, sur laquelle nous renvoyons à ce curieux document. (V. Fénelon, *Corresp.*, t. II, p. 84, et la *Vie de madame Guyon*, par elle-même.) Je pense qu'en dépit de sa protestation officielle, personne ne croira jamais qu'elle ait eu besoin de refuser sa signature à une fausse déclaration demandée par son directeur; mais on comprend qu'elle ait quitté la direction de Bossuet peu de temps après la scène qu'elle décrit.

Dans quels termes et sous quelles conditions se sont-ils séparés réellement? Ici encore on reste un peu dans les nuages. En considérant de quelle façon madame Guyon est sortie de Meaux, c'est-à-dire avec autant de mystère et de précipitation qu'il lui a été possible, on est tenté de croire à une séparation peu amiable. D'autre part, elle ne pouvait quitter sans le consentement de Bossuet, et elle ne quitta Meaux qu'avec un certificat de sa main. Et il est certain qu'au bout de six mois de séjour il lui permit de sortir de la communauté où elle avait vécu et qu'elle avait édifiée; mais si le certificat qu'il lui remit est bienveillant dans quelques-uns de ses termes, il a dû blesser dans d'autres l'amour-propre de madame Guyon, car il porte défense expresse d'enseigner son ancienne doctrine. Or elle ne respirait que pour convertir.

Madame Guyon nous dit qu'en quittant la tutelle de Bossuet, elle alla vivre à Paris dans une retraite absolue; qu'elle y passa six mois. Nous verrons tout à l'heure ce que Bossuet pensa de sa retraite. Terminons le récit de cet épisode en constatant ce fait que, soit aux conférences d'Issy, soit dans les mesures qui les suivirent, ce fut Bossuet seul qui décida de tout. Ses collègues de la commission ne furent que ses assistants.

Mais ce qui est plus intéressant, c'est de déterminer quel fut le rôle de Fénelon dans cette affaire. Fut-il de la commission? Approuva-t-il sa manière de procéder, de juger, de discipliner madame Guyon, son amie?

Madame de Maintenon nous dit qu'elle l'adjoignit aux commissaires. Cela est-il exact?

Le fait est qu'elle le distinguait et honorait singulièrement à cette époque. Elle n'avait plus, il est vrai, comme en 1688, l'idée de le prendre pour son confesseur; mais elle songeait sans cesse à ce que son confesseur le plus respecté lui avait souvent répété, « d'aider à le placer de manière à ce que ses talents fussent utiles à l'Église; » et l'on voit, jusque dans les antipathies qu'elle éprouva plus tard à son sujet, combien avaient été vives ses anciennes sympathies pour lui. « J'ai souvent pensé, dit-elle un jour à la plus chère de ses amies, madame de Glapion, pourquoi je ne pris pas [pour confesseur] M. l'abbé de Fénelon, dont toutes les manières me plaisaient, dont l'esprit et la vertu m'avaient si fort prévenue en sa faveur. Comment, au milieu de tout ce qui devait m'attirer d'un côté, me jetai-je de l'autre? Je ne puis trop remercier la Providence, qui sembla m'avoir voulu préserver des erreurs de M. de Cambrai, en me tenant attachée jusqu'au dernier soupir à la vérité. » L'attachement avait donc été profond, et on le comprend; comment n'aurait-elle pas aimé un prêtre dont son directeur faisait l'éloge que voici : « Je vous renvoie, madame, lui mande Godet des Marais, l'écrit de M. l'abbé de Fénelon; il est à merveille pour vous servir de pratiques ce mois, et vous ne pouvez mieux commencer cette année. Son bon esprit et sa piété lui ont fait écrire des choses admirables pour vous sur le renoncement que Dieu vous met si fort dans le cœur. Quand il vous connaîtrait aussi bien que moi, il n'aurait pas mieux traité certains endroits; et quoique je vous connaisse plus à fond que lui, je n'aurais jamais pu vous écrire si bien et si nettement que lui tant de choses utiles. Jugez par là du secours que vous pourrez en tirer quand il vous connaîtra un peu davantage. Je ne lui ai point dit ce dont nous sommes convenus. Vous ne m'en aviez point chargé. Faites-le vous-même en toute confiance, il n'y a rien à craindre; je vous réponds de lui comme de moi. »

Si nous en croyions le langage du plus placide des historiens de Fénelon, du cardinal de Beausset, l'objet secret que s'était proposé madame de Maintenon dans les conférences d'Issy eût été de s'assurer, par le témoignage de Bossuet et celui de l'évêque de Châlons, des véritables sentiments de Fénelon. Mais c'est là une de ces inventions après coup qui ne soutiennent pas l'examen. L'objet évident et public de la commission d'Issy, c'était la juste demande de madame Guyon, appuyée par les amis les meilleurs de madame de Maintenon elle-même. Cela suffisait de reste, et pour savoir ce que les évêques de Meaux et de Châlons pensaient de Fénelon ou de ses titres à l'épiscopat, madame de Maintenon n'avait qu'à le leur demander très-simplement. En donnant à madame Guyon les juges qu'elle demandait, ce n'était ni un piége que madame de Maintenon tendait à Fénelon, ni une épreuve à laquelle sa bienveillance soumettait le précepteur du duc de Bourgogne. Si Fénelon ne jouissait plus de toute la vivacité première de sa confiance, il s'en faisait estimer encore singulièrement par ses solides et brillantes qualités. D'ailleurs pour ce qui était de l'épiscopat, c'était si bien l'usage d'y élever les précepteurs des princes, qu'il était naturel que madame de Maintenon fît appeler Fénelon à une haute position dans l'Église, abstraction faite du rôle qu'on lui avait assigné aux conférences d'Issy.

Ce rôle, en apparence si minime, en réalité très-considérable, trop considérable pour son repos, madame de Maintenon, qui savait Fénelon très-versé dans les écrits mystiques, pour s'en être entretenu à l'hôtel Beauvilliers et à propos de Saint-Cyr, et qui le savait plus instruit dans ces matières que les deux évêques et M. Tronson, paraît l'avoir adjoint à leur mission comme auditeur bon à consulter, mais sans droit de suffrage, n'ayant encore aucune position dans l'Église. Elle assura plus tard qu'elle le nomma commissaire conjointement avec les deux évêques. Mais elle se trompe. Ce fut bien M. Tronson qui prit la troisième place dès le début, et tout ce que fit Fénelon, ce fut de consulter les écrits mystiques pour les commissaires, tous trois ses amis les meilleurs. Ce fut peut-être lui qui décida Bossuet à consulter les maîtres de la haute mysticité, ne fût-ce que dans les extraits qu'il en faisait pour les lui soumettre. En vain supposerait-on que Fénelon avait décliné lui-même la qualité de juge, pour n'avoir pas à plaider en faveur d'une amie; cette hypothèse ne soutiendrait pas l'examen, puisque c'est au contraire ce qu'il a toujours fait ouvertement, soutenant la pureté de la vie intime de madame Guyon et offrant de signer des deux mains la condamnation des erreurs qu'on signalerait dans ses écrits. C'était donc le cas d'entrer la tête haute dans la commission, s'il y était appelé. Mais au début les commissaires firent abstraction de sa personne, comme ils firent abstraction de la personne et des mœurs de madame Guyon, pour ne s'occuper que de la question de doctrine. C'est bien ce que Fénelon eût fait lui-même. Mais déjà il n'eût plus sympathisé avec eux quand, au lieu de se borner à leur mission et d'examiner les écrits de madame Guyon, ou d'y condamner, si tel était leur avis, les exagérations d'une femme qu'ils taxaient eux-mêmes d'*ignorante*, ils prirent la résolution, un peu téméraire de leur part, puisque le plus savant d'entre eux ne connaissait guère les mystiques, d'exposer sur les points qu'elle avait touchés les véritables sentiments des grands écrivains.

Au nom de son amie et dans l'intérêt de leurs idées communes, Fénelon suivait d'un regard ému le travail de la commission, s'y associa tout autant que Bossuet le voulut, surtout en lui fournissant des écrits du grand disciple et ami de sainte Thérèse, de Jean de la Croix et de François de Sales, des extraits aussi complets qu'on les demandait. Il en présenta d'autres tirés des plus grands et plus savants maîtres de l'antiquité grecque et latine, Clément d'Alexandrie, Grégoire de Nazianze et Cassien.

Pour tout autre c'était là un travail fort scabreux.

Pour lui, non, tout candidat qu'il était à l'épiscopat. En mettant sous les yeux de Bossuet les textes les plus compromettants, il lui faisait remarquer sans cesse qu'il ne fallait pas les prendre à la rigueur de la lettre et qu'en rabattant tout ce qu'on voudrait, il en resterait encore plus qu'il ne fallait pour contenter sinon les plus exaltés, du moins les plus sincères d'entre les mystiques, c'est-à-dire tous ceux qui aiment beaucoup le vrai sous ses formes les plus séduisantes et les plus mystérieuses, mais qui fuient les vaines illusions. Mais la preuve qu'il voulait éviter une condamnation à son amie, c'est qu'il oublia quelquefois son rôle de copiste ou de rapporteur pour celui d'apologiste, au point d'étonner et d'inquiéter Bossuet, qui lui dit nettement qu'ils n'étaient plus d'accord. Fénelon avait exprimé ses sentiments personnels au sujet de ces textes. On le voit par une lettre dont il accompagna un envoi d'extraits et qui est évidemment une réponse, mais qui a dû satisfaire le plus exigeant des docteurs. « Ne soyez point en peine de moi, y dit-il à Bossuet, je suis dans vos mains comme un petit enfant [Bossuet avait plus de vingt ans de plus que lui]. Je puis vous assurer que ma doctrine n'est pas ma doctrine; elle passe par moi sans être à moi, et sans rien y laisser; je ne tiens à rien, et tout cela m'est étranger... J'aime autant croire d'une façon que d'une autre; dès que vous aurez parlé, tout sera effacé chez moi. [Mots charmants que vont suivre de plus charmants encore.]

« Comptez, monseigneur, qu'il ne s'agit que de la chose en elle-même, et nullement de moi; vous avez la charité de me dire que vous souhaitez que nous soyons d'accord; et moi, je dois vous dire davantage : nous sommes par avance d'accord, de quelque manière que vous décidiez. (Que les vrais grands hommes sont humbles!) Ce ne sera point une soumission extérieure, ce sera une sincère conviction. Quand même ce que je crois avoir lu me paraîtrait plus clair que deux et deux font quatre, je le croirais encore moins clair que mon obligation de me défier de mes lumières et de leur préférer celles d'un évêque tel que vous... Je tiens trop à la tradition pour en arracher celui qui en doit être la principale colonne en nos jours. »

Est-ce trop de complaisance? Non, en voici la preuve.

« Quoique mon opinion sur l'amour pur et sans intérêt propre ne soit pas conforme à votre opinion particulière (qu'on remarque la fermeté de cette appréciation), vous ne laissez pas de permettre un sentiment qui est devenu le plus commun dans toutes les écoles, et qui est manifestement celui des auteurs que je cite. »

Cette fermeté tient à la supériorité de science que possède Fénelon dans ces matières. Mais la suite fit voir que Fénelon comptait à tort sur la soumission de Bossuet aux anciens docteurs, qui étaient ses maîtres à lui. Leur accord n'était pas à beaucoup près aussi assuré que le pensait Fénelon, et plus il apportait d'autorités pour la doctrine de l'amour désintéressé, de l'amour de Dieu pour Dieu seul et sans aucune perspective de bonheur présent ou futur, moins Bossuet la goûtait. Il l'admettait à part lui et prise en son principe, mais il la repoussait avec énergie dans ses conséquences, ou, pour mieux dire, à cause des conséquences qui, suivant lui, en découlaient forcément. Toutes les réponses les plus habiles de Fénelon ne le rassuraient ni au sujet de sa doctrine ni au sujet de sa soumission. En sa qualité d'évêque et en celle d'académicien, Bossuet se défiait non pas de la sincérité du jeune prêtre dans ses protestations de soumission, mais de la trop grande facilité de style qu'il y apportait. Et en effet, son confrère de l'Académie y mettait une aisance extrême : « Dites que mon sentiment est une erreur, lui écrivait Fénelon, et j'y renonce. Vous n'avez qu'à me donner ma leçon par écrit — notez ces deux mots, — pourvu que vous m'écriviez précisément ce qui est la doctrine de l'Église et les articles dans lesquels je m'en suis écarté, je me tiendrai invariablement à cette règle. »

La règle! Mais là gisait précisément la grande difficulté, et Bossuet, qui n'aimait à parler qu'en oracle, se garda bien de décider en une matière qu'il savait peu et où il pouvait facilement se trouver, sans le savoir, soit en contradiction avec de saintes autorités, soit même dans l'erreur.

Cependant il n'était guère possible de révoquer en doute les paroles d'un ami aussi dévoué, et Bossuet fut si satisfait des dernières protestations, que le 4 février 1695, à la demande de madame de Maintenon, Fénelon fut nommé archevêque de Cambrai. Un peu refroidie, sans doute, mais encore très-attachée à Fénelon, madame de Maintenon fut heureuse surtout d'obliger, en cette occasion, ses plus illustres amis, les Beauvilliers, les Chevreuse, les Mortemart et tous les Colbert.

Aussitôt nommé, Fénelon, qu'on ne pouvait plus

traiter comme un simple auxiliaire, fut appelé aux conférences d'Issy. Elles n'étaient pas encore closes; toutefois, le siége de Bossuet était fait, et bientôt il envoya au nouvel archevêque, pour les signer, les trente articles qu'il avait rédigés au nom de la commission. Il avait profité des remarques de ses collègues et des extraits de Fénelon, mais n'avait jamais répondu ni parlé sur ces matières à ce dernier, comptant sur la soumission de l'archevêque devenu duc et prince, au nom de la promesse du simple prêtre. Cela ne faisait pas tout à fait le compte de Fénelon, qui, laissant à peine entrevoir sa surprise, fit quelques remarques, demanda qu'on définît mieux l'amour désintéressé avant de le condamner et l'oraison passive avant de l'autoriser. Ayant sur ces deux points obtenu quatre articles explicatifs, il signa le tout, le 10 mars 1695, par déférence sans doute, par conviction peut-être, dans tous les cas avec quelque peine, car ce travail n'était pas à ses yeux tout ce qu'il y avait à dire. Ce qu'il y trouva de mieux entendu, c'est que les commissaires avaient jugé qu'il ne leur convenait pas d'avoir si longtemps travaillé uniquement pour condamner une femme qui s'était trompée. Mais grande fut sa surprise quand il vit les deux actes de condamnation que les évêques de Meaux et de Châlons publièrent sur les écrits et les doctrines de madame Guyon et du P. Lacombe.

En effet, en leur qualité d'Ordinaires, Bossuet et M. de Noailles, de retour dans leurs diocèses, crurent devoir faire à leur tour ce que déjà M. de Harlai avait fait à Paris. Ils frappèrent même avec plus d'insistance et de solennité, que n'avait fait l'archevêque de Paris, les erreurs et les écrits des deux personnages que ceux qui n'avaient pas cessé d'aimer madame Guyon souffraient de voir ainsi rapprochés. Or tout ce qui tenait sérieusement à l'hôtel Beauvilliers, et Fénelon surtout, étaient de ce nombre.

Que le nouvel archevêque de Cambrai ne signât pas ces deux actes d'un caractère un peu local, c'était tout simple, et Bossuet le comprit ainsi que M. de Noailles. En signant les articles d'Issy, après avoir rempli solennellement avec eux le rôle de juge, n'avait-il pas constaté sa parfaite harmonie avec eux? Ne devait-il pas se flatter que rien ne viendrait plus troubler leur accord? Sans doute, car le vrai mysticisme était désormais mis à la portée de tout le monde; madame Guyon saurait nettement ce qui lui était permis d'enseigner, et Fénelon pourrait consacrer tranquillement ses talents admirés au vaste diocèse confié à sa piété, tandis que la Bastille répondrait suffisamment de la sagesse du P. Lacombe. Beaux rêves des sages, vous ne valez guère mieux que les autres!

CHAPITRE XIII

Bossuet préside à la consécration de Fénelon. — Leurs divergences. — Fénelon refuse de condamner madame Guyon. — Leurs écrits bannis de Saint-Cyr. — La résistance de madame de La Maisonfort. — Lettre de madame de Maintenon. — Le sermon de Fénelon aux Carmélites. — Bossuet et Fénelon préparent des écrits sur le mysticisme. — Le premier fait mettre madame Guyon à Vincennes. — La Reynie et le duc de Beauvilliers. — La première conférence de Bossuet pour la purification de Saint-Cyr. — Lettre de Fénelon à madame de Maintenon sur madame Guyon.

1695 — 1696

J'ai dit que Fénelon, devenu archevêque, et appelé comme juge aux conférences d'Issy, fut un peu surpris de n'être pas traité sur un certain pied d'égalité par le principal membre de la commission, qu'il signa bien les articles dressés sans lui, mais laissa peut-être trop entrevoir sa surprise. Il nous faut ajouter maintenant qu'à son tour Bossuet fut surpris des modifications que le nouvel archevêque demanda à son travail avant de le signer. A la vérité, ces surprises naturelles semblèrent se fondre en une harmonie parfaite par Bossuet, qui mit de l'empressement, de l'insistance même à vouloir présider à la cérémonie de la consécration épiscopale de Fénelon. A ce désir, Fénelon répondit par un empressement un peu surpris, mais tout aussi grand ; il se chargea de la négociation qui rendit possible cet acte accompli à Saint-Cyr, c'est-à-dire dans le diocèse de l'évêque de Chartres, par l'évêque de Meaux. Entre deux hommes aussi éminents, deux précepteurs de prince, deux académiciens, deux écrivains religieux, deux orateurs sacrés, deux philosophes de la même école, deux évêques, il y avait tant de points de rapprochement que cet accord semblait avoir un avenir assuré. Et pourtant il se modifia bientôt, devint d'abord de la défiance, ensuite un sérieux éloignement, et enfin un état de vive hostilité. Deux femmes pieuses, madame Guyon et madame de La Maisonfort, et deux beaux ouvrages, l'un de Bossuet, l'autre de Fénelon, furent, sinon les causes intimes, du moins les causes extérieures de cette division, qui tout à coup éclata entre deux hommes doués l'un et l'autre d'un génie trop éminent pour ne pas suivre chacun sa route, et dont la nature était trop diverse pour que leurs routes fussent toujours les mêmes.

La vraie cause de leurs divergences, c'étaient leurs idées sur le cœur même de la science qu'ils cultivaient, sur l'amour de Dieu, la belle question du temps, la question mystique de tous les temps. Les deux ouvrages et les deux saintes, madame Guyon et madame de La Maisonfort, ne furent elles-mêmes que des causes secondaires. Mais ce sont ces causes-là qui font éclater ce qui est au fond de la pensée.

Pendant l'examen des écrits de madame Guyon, Fénelon avait gardé une grande réserve ; mais Bossuet avait entrevu dans son rôle deux choses qui le blessaient sans qu'il s'en rendît compte : la supériorité de ses connaissances mystiques et le dessein de les faire servir à la justification de madame Guyon.

Fénelon eut bientôt à ses yeux un tort plus grave. Il répondit par un refus péremptoire quand on lui demanda de lancer à son tour une condamnation contre cette pauvre femme, dont les écrits étaient déjà condamnés par l'archevêque de Paris, l'évêque de Meaux et par l'évêque de Châlons, condamnés plus récemment encore par l'évêque de Chartres, qui venait de faire d'une de ses compositions encore manuscrites intitulée les *Torrents* des extraits trop fidèles et trop choquants.

Or, condamner cette femme une fois de plus, et dans le diocèse de Cambrai, qui ne la lisait pas, Fénelon ne le jugeait ni utile ni convenable. Toutefois, Bossuet appuyait cette prétention de l'évêque de Chartres, le dernier venu des juges, mais aussi le dernier moteur de l'enquête. Aussi semblait-il mettre la plus haute importance à ce que la sentence fût répétée par l'archevêque de Cambrai. Fénelon trouvait, au contraire qu'on en avait fait assez, trop même.

En effet, de son côté, et pour couper le mal jusque dans sa racine, madame de Maintenon avait fait retirer des mains des dames de Saint-Cyr les écrits de madame Guyon, chargeant de ce soin une des dames les plus distinguées, madame de La Maisonfort, dont l'attachement pour Fénelon lui était connu mieux qu'à nul autre. Or, les écrits de Fénelon lui-même étaient compris, à ce qu'il paraît, dans la proscription.

Quels écrits ?

De simples lettres spirituelles qui circulaient sans doute en copies, en un mot, quelques-unes de ces pages de piété tendre et fervente auxquelles il fait allusion lui-même dans une de ses lettres à madame de La Maisonfort, et dont il aimait à dire qu'elles ne convenaient pas à tout le monde. Dans tous les cas, ces pages convenaient à madame de La Maisonfort au point qu'elle-même ne voulut pas s'en séparer, tout en les enlevant aux autres par obéissance. Il fallut que madame de Maintenon, pour la décider, lui déduisît ses raisons par écrit. Il faut dire que cela fut fait avec empressement et de main de maître. « Quant aux écrits de M. de Cambrai, lui écrivait madame de Maintenon, pourquoi faut-il que vous les gardiez; et croyez-vous soutenir cette singularité? Vous savez que nous les avons montrés malgré lui, et ce que VOTRE imprudence et LA MIENNE ont fait là-dessus. Il nous a dit, il nous a écrit plusieurs fois que ces écrits n'étaient point propres à toute sorte de personnes, et qu'ils pouvaient même être très-dangereux; qu'il les avait faits pour chaque personne particulière à qui il répondait, et sans aucune précaution. Vous êtes souvent convenue qu'ils ont fait du mal, parce qu'on ne les entendait pas, ou qu'on les prenait par parties, sans examiner l'ensemble; ou qu'on les appliquait mal, en les détournant du sens de l'auteur. Je suis assurée qu'il voudrait de tout son cœur qu'ils ne fussent pas chez nous. Pourquoi donc, ma fille, voulez-vous les y retenir? »

Mais si tout cela était vrai, pourquoi avait-on introduit ces pages contre l'avis de Fénelon, et pourquoi les avait-on gardées si longtemps?

Madame de Maintenon, qui sentait la force de l'objection, au lieu de commander, raisonna, et au lieu de se fâcher, daigna caresser, mais en montrant qu'elle savait lire au fond des cœurs. Comme tous les gens d'esprit, madame de La Maisonfort se persuadait qu'elle avait raisons à tout. Madame de Maintenon va droit au but :

« Pourquoi, lui dit-elle, Dieu vous a-t-il donné tant d'esprit et de raison ? Croyez-vous que ce soit pour discourir, pour lire des choses agréables, pour juger des ouvrages de prose et de vers, pour comparer les gens de mérite et les auteurs ?

« Ces desseins ne peuvent être de lui. Il vous les a donnés pour servir à un grand ouvrage établi pour sa gloire. Tournez vos idées de ce côté-là, elles sont aussi solides que les autres sont frivoles... Vous auriez eu plus de plaisir dans le monde, et, selon les apparences, vous vous seriez perdue. Ou Racine, en vous parlant de jansénisme, vous y eût entraînée, ou M. de Cambrai aurait contenté ou même renchéri sur votre délicatesse, et vous seriez quiétiste. Il faut que votre esprit devienne aussi simple que votre cœur. Que voudriez-vous apprendre, ma chère fille ? Je vous réponds, sur beaucoup d'expérience, qu'après avoir beaucoup lu, vous verriez que vous ne sauriez rien. Votre religion doit être tout votre savoir. »

Le grand défaut de l'ancienne chanoinesse de Poussay, c'était une brillante et ambitieuse pensée servie par une rare facilité de parole. Madame de Maintenon alla droit à ce défaut en ajoutant :

« Il faut vous humilier. Vous avez un reste d'orgueil que vous vous déguisez à vous-même sous le goût de l'esprit : vous n'en devez plus avoir, mais vous devez encore moins chercher à le satisfaire avec un confesseur. (Elle tenait aux directions de Fénelon.) *Le plus simple est le meilleur pour vous.* Vous devez vous y soumettre comme un enfant. »

« Comment surmonterez-vous les peines que Dieu vous enverra dans le cours de votre vie, *si un accent normand ou picard vous arrête;* ou si vous vous dégoûtez d'un homme parce qu'il n'est pas aussi sublime que Racine? Ne nous occupons point de ce qu'il faudra tôt ou tard abjurer. Vous n'avez encore guère vécu, et vous avez pourtant à renoncer à la tendresse de votre cœur et de votre esprit... » [Lettre du 6 août 1695.]

Il était impossible que tant de raisons présentées d'une telle main et avec tant de grâces ne fussent pas écoutées : madame de La Maisonfort ne fit plus d'objection ; elle se sevra des pages de Fénelon, et si les confrères de Fénelon y avaient mis autant d'habileté quand ils exigèrent de lui la condamnation de madame Guyon, il n'eût pas résisté à leur demande si facilement. Mais, loin de le traiter avec les ménagements que demandaient son goût délicat et son cœur aimant, on le traita en jeune parvenu.

Bossuet le tracassa jusque sur un sermon prononcé par le nouvel archevêque aux Carmélites, et qu'il jugea d'après quelques phrases qu'on lui en avait mal rapportées. Fénelon condescendit à lui écrire sa défense ; mais il le fit avec toute l'énergie que demandait un tel oubli des convenances. « *Il faudrait être ivre ou fou pour tenir ce langage* (qu'on me reprochait), » dit-il dans sa Lettre du 7 décembre 1695. Il sent que c'est vif, et comme il ne veut pas être imprudent à son tour, il ajoute : « Quand j'aurai l'honneur de vous voir un peu à loisir, je vous dirai quelque chose qui n'est rien moins qu'essentiel, et sur quoi je ne croirais peut-être pas entièrement ce que je m'imagine que vous croyez ; mais je déférerai toujours avec joie à tous vos sentiments, après avoir exposé les miens. »

Tendre encore, Fénelon voudrait renouer ou continuer les rapports de douce confiance et de sincère amitié d'autrefois. Il continue donc avec une sublime imprudence en ces termes :

« Quand vous voudrez, je me rendrai et à Meaux et à Germigny, pour passer quelques jours auprès de vous.

Et pourquoi faire?

« — Pour prendre à votre ouvrage toute la part que vous voudrez bien m'y donner. »

Cet ouvrage allait, en effet, brouiller les deux amis pour le reste de leurs jours. Quel était-il?

J'ai dit qu'il y en eut deux qui les divisèrent, et c'est le moment de les indiquer.

Les articles d'Issy n'avaient réellement satisfait personne. Fénelon avait accepté les trente de Bossuet, Bossuet les quatre de Fénelon, mais plus au nom de leur amitié et de leurs déférences mutuelles qu'au nom de leurs sympathies véritables. Aussi chacun des deux travaillait-il, depuis, à un nouvel et plus clair exposé de la matière, Fénelon à une *Explication des Maximes des Saints*, Bossuet à une *Instruction pastorale sur l'Oraison*. C'est pour cet ouvrage qu'il demandait l'appui et la signature de l'archevêque de Cambrai, qui ne voulait pas faire à son tour de mandement sur madame Guyon. A ce refus, le monde ne devait rien perdre, grâce à l'ouvrage élaboré ou à élaborer par Bossuet. Fénelon, à qui l'on a demandé son concours pour avoir son nom, croit sérieusement qu'il s'agit d'un concours, et il écrit naïvement sur cet ouvrage :

« Je serai ravi, non pas d'en augmenter l'autorité, mais de témoigner publiquement combien je révère votre doctrine. »

Il craint pourtant un peu l'aigle de Meaux, et il ajoute :

« Ce que je vous demande en attendant, au nom de Notre-Seigneur qui vous a donné tant de lumières, c'est de l'écouter intérieurement, *de souffrir que les petits vous parlent*, et de vous défier de tout préjugé. »

Souffrir que les petits vous parlent !

Ce n'était guère l'habitude de Bossuet d'écouter les autres en matière de doctrine, et quand son ouvrage fut prêt, Fénelon n'eut pas plus envie de passer pour un petit que Bossuet d'écouter. Un acte de violence que le second fit commettre par l'intervention de madame de Maintenon, l'incarcération de madame Guyon à Vincennes, avait fait éclater dans l'intervalle tout l'éloignement qu'ils éprouvaient l'un pour l'autre. A l'exemple de tous ses amis de l'hôtel Beauvilliers, des deux ducs qui vivaient encore, des trois duchesses, dont l'une, madame de Mortemart, était veuve, d'autres personnages distingués qu'il y voyait, Fénelon garda tous ses attachements pour madame Guyon;

mais ce fut de la manière la plus délicate et la plus réservée, la suivant et l'affectionnant en son for intérieur, sans avoir avec elle aucune correspondance, aucune sorte de rapports, sans renier aucun de ses sentiments pour elle; ne cachant à Bossuet ni à madame de Maintenon elle-même l'estime qu'il avait pour elle. Et comment a-t-on pu, dans une conduite aussi parfaite, trouver des torts à une âme aussi élevée? ou comment Fénelon n'eût-il pas porté une bienveillance sympathique à la femme sincèrement pieuse, si habile à diriger petits et grands dans la voie du perfectionnement mystique? Et quant à cette charge qu'elle regardait comme sa mission, comment n'eût-il pas fermé les yeux avec l'aisance d'un homme de foi et de génie sur toutes sortes d'imperfections de langage? C'est ce qu'on ne comprendrait pas. Et après avoir si loyalement concouru à la condamnation de ses erreurs, il avait bien le droit de lui venir en aide pour adoucir tant soit peu son sort, ne fût-ce que pour l'empêcher d'être envoyée en discipline de couvent en couvent. Il se flattait du moins, avec ses illustres amis, qu'avant de prendre encore une fois à son égard de nouvelles mesures de rigueur, on aurait pour eux assez d'égards pour les en entretenir. Grande fut donc leur douleur d'apprendre tout à coup qu'on l'avait arrêtée de nouveau et jetée dans une prison d'État. Soit que Bossuet sentît qu'il serait difficile d'obtenir l'assentiment de Fénelon, soit qu'il aimât à s'en passer, il s'était contenté de faire agréer cette mauvaise pensée à madame de Maintenon, qui disposait de la volonté du roi dans les questions de religion, et le 10 décembre 1695 on avait fermé sur elle les portes de Vincennes. Peut-être Fénelon fut encore plus blessé du silence que madame de Maintenon elle-même garda vis-à-vis de lui en cette affaire que du procédé de Bossuet. En effet, madame de Maintenon paraissait attacher encore du prix à son amitié. Elle lui avait exprimé le désir de rester en correspondance avec lui au moment où il partait pour prendre possession de son archevêché. Il l'avait revue depuis son retour et sur l'ancien pied. Toutefois, si madame de Maintenon ne cessa jamais de l'estimer singulièrement, déjà ses affections spirituelles étaient ailleurs ; elles appartenaient à M. de Noailles, qu'elle venait de faire appeler du siége de Châlons à celui de Paris, au moment même où les amis de Bossuet comptaient sur sa nomination à ce poste, et où ceux de Fénelon, toujours ambitieux pour lui, regrettaient sa récente élévation à celui de Cambrai [6 août 1695]. Ils étaient loin de compte les uns comme les autres, les derniers surtout. Déjà Fénelon et ses amis étaient sacrifiés au nouveau venu. « J'ai vu hier, écrivait madame de Maintenon à M. de Noailles, M. de Beauvilliers ; je crois cet homme-là fort droit. »

M. de Beauvilliers n'est plus que « cet homme-là. »

« Je vis aussi M. l'archevêque de Cambrai, qui m'assura fort du désir qu'il a d'être bien avec vous. Nous parlâmes de madame Guyon : *il ne change point là-dessus ;* je crois qu'il souffrirait le martyre plutôt que de convenir qu'il a tort. »

Loin de l'instruire de ce qu'elle allait faire contre sa protégée, madame de Maintenon n'en informa que M. de Noailles. On le comprend d'ailleurs. Elle ne pouvait pas dire à Fénelon qu'elle allait faire une chose mauvaise à ses propres yeux, mais que le roi la voulait. Or là était la vérité; c'était contre son propre sentiment et sur les instances de Bossuet qu'elle avait proposé cette rigueur. Elle le dit : « Le roi m'ordonne, — c'est de ce style officiel qu'elle écrit, — le roi m'ordonne, monseigneur, de vous mander que madame Guyon est arrêtée. »

Quant aux motifs de la mesure, pas un mot, preuve qu'elle les désapprouve, ou ne s'en fait pas une idée précise. Bossuet seul savait ce qu'il faisait. Voici ce qui s'était passé. En quittant Meaux avec son certificat, madame Guyon s'était proposé d'aller aux eaux de Bourbon. Elle avait promis, de plus, de ne pas s'arrêter à Paris, de n'y voir aucune des personnes de la cour qui passaient pour suivre ses directions. C'étaient assurément là de singulières promesses et de plus singulières conditions; mais si elles étaient stipulées franchement de part et d'autre, il fallait s'y conformer. Or Bossuet se plaignit d'avoir été trompé au moment du départ de Meaux et depuis. Madame Guyon s'excusa le mieux qu'elle put, faisant intervenir quelque peu madame de Mortemart et madame de Morstein, qui l'avaient emmenée de Meaux, et sans nul doute ces raisons eussent calmé Bossuet, s'il ne se fût pas senti un peu compromis lui-même. Là était le nœud de la question.

Madame Guyon montrait avec ostentation le certificat qu'il lui avait donné, et le supérieur de Saint-Sulpice ayant témoigné au prélat sa surprise sur la teneur de ce document, Bossuet le redemandait en vain à madame Guyon. N'éprouvant d'elle que des refus, il fit de mal en pire, et supplia madame de Maintenon de faire mettre la récalcitrante à Vincennes. Mais un confesseur devait-il faire arrêter et jeter en prison une personne aussi éminente, qui s'était mise si librement sous sa direction, qui n'était pas de son diocèse, qui en était sortie de son consentement, qui ne voulait plus y rentrer, et n'ayant plus envie d'aller aux eaux, voulait rester tranquillement dans le diocèse de Paris?

M. de Noailles avait-il consenti à la mesure? Évidemment, car madame de Maintenon, la lui mandant, ajoute : « Que voulez-vous qu'on fasse *de cette femme, de ses amis, de ses papiers?* Le roi sera encore ici tout le matin; écrivez-lui directement. »

Mais M. de Noailles, qui avait toujours été bon pour elle, un digne prêtre, un parfait gentilhomme, n'était pas libre de conseiller autre chose que ce que voulait Bossuet. Son prédécesseur M. de Harlay s'était borné à mettre madame Guyon à Sainte-Marie; il consentit, malgré toute la douceur de son caractère, à ce qu'on la mît en prison.

Si douloureuse que fût l'impression que Fénelon éprouva de la nouvelle de cette incarcération ordonnée et exécutée si brusquement, il n'en fit rien paraître, mais il s'en souvint quand on vint à lui encore une fois pour lui demander un acte de rigueur. En effet, on croyait qu'une condamnation de sa part amènerait madame Guyon à faire ce qu'on lui demandait en vain depuis son emprisonnement, c'est-à-dire une rétractation formelle. Bossuet, ou plutôt l'official de Paris, car madame Guyon habitait ce diocèse, donnait pour motifs de l'arrestation et de l'emprisonnement son infidélité aux engagements pris à Meaux, son ardeur à chercher de nouveaux prosélytes et son retour à ses anciennes erreurs. Mais elle répondait simplement qu'elle n'en avait jamais enseigné ; qu'elle avait pu, femme mal instruite, ignorante, se servir de termes impropres, et qu'elle en avait témoigné ses regrets ; mais qu'elle avait toujours été et était toujours encore très-bonne catholique ; que M. de Meaux lui avait délivré un certificat très-favorable ; que depuis ce moment elle n'avait rien publié ni enseigné ; que, loin de là, elle avait vécu dans une telle retraite que la police elle-même avait eu de la peine à la découvrir. Il n'était pas possible d'avoir plus raison. Elle se résigna néanmoins à la captivité plutôt que de signer une rétractation qui révoltait sa catholicité. Or, en vue de ses résistances, on ne voyait qu'un seul moyen de les vaincre, c'était une sentence de la part de Fénelon lui-même, et tout fut mis en œuvre pour amener le nouvel archevêque à satisfaire sur ce point les exigences de Bossuet et de ses aides. Le supérieur de Saint-Sulpice lui-même voulait qu'il condamnât les écrits de madame Guyon. Mais ici Fénelon révéla pour la première fois tout ce qu'il devait déployer tout à l'heure, dans une lutte bien plus grave, de grandeur d'âme et de souplesse de talent. Il écrivit d'abord au supérieur de Saint-Sulpice, sur la question des écrits de madame Guyon, cette franche déclaration :

« Je les suppose encore plus pernicieux qu'on ne le prétend ; ne sont-ils pas assez condamnés par tant d'ordonnances, qui n'ont été contredites de personne, et auxquelles les amis *de la personne et la personne même* se sont soumis paisiblement? Que veut-on de plus? *Je ne suis point obligé de censurer tous les mauvais livres*, et surtout ceux qui sont absolument inconnus dans mon diocèse... *Me convient-il d'aller accabler une pauvre personne que tant d'autres ont déjà foudroyée et dont j'ai été ami.* » [Lettre du 26 février 1696.]

Cela irrita. On le pressa, tout en convenant qu'il avait la raison pour lui, de céder, ne fût-ce que pour sauver sa position et celle de ses amis à la cour. Effectivement, à la demande du roi, il avait gardé le préceptorat du duc de Bourgogne. Or, non-seulement il risquait, par sa résistance, de perdre cette place, mais il compromettait encore celles du duc de Beauvilliers et de ses autres amis. Mais des considérations pareilles n'étaient guère de nature à l'ébranler ; et quand même il se fût prêté à ces molles concessions, ses amis ne l'eussent pas souffert. Le duc de Beauvilliers fut le premier à déclarer, à écrire que Fénelon ne pouvait pas céder. Et voici comment. Il nomma les choses par leur nom :

« Il me paraît clairement qu'il y a *une cabale très-forte et très-animée contre M. l'archevêque de Cambrai.* M. de Chartres est trop homme de bien pour en être; mais il est prévenu et échauffé sous main. Pour madame de Maintenon, elle suit totalement ce qu'on lui inspire, et croit rendre gloire à Dieu en étant toujours prête à passer aux dernières extrémités contre M. de Cambrai. Je le vois donc à la veille peut-être de se voir ôté d'auprès les princes, comme étant capable de leur nuire par sa mauvaise doctrine. Si on l'entreprend, et qu'on y réussisse, je pourrai avoir mon tour; mais, au scandale près, je vous dirai ingénument que j'en serais, ce me semble, bientôt consolé. »

Voici maintenant un fait étrange que le duc nous révèle : ce n'est pas l'Église qui interroge madame Guyon, c'est la police; car il ne s'agit pas de mysticisme, il s'agit d'une intrigue. Bossuet n'est pas évêque seulement, il est conseiller d'État.

« Quoi ! dit le duc, dans un temps où M. de la Reynie vient, *pendant six semaines entières, d'interroger madame Guyon sur nous tous;* quand on la laisse prisonnière et que ses réponses sont cachées avec soin, M. de Cambrai, un an après MM. de Paris et de Meaux, s'aviserait tout d'un coup de faire une censure de livres inconnus dans son diocèse? Ne serait-ce pas donner lieu de croire qu'il est complice de tout ce qu'on impute à cette pauvre femme, et que, par politique et crainte d'être envoyé chez lui, il s'est pressé d'abjurer? » [Lettre du 29 février 1696.]

Cela est grand et beau, car cela vient de l'âme. On eut beau répondre « qu'il ne s'agissait ni de condamner madame Guyon ni de faire une censure de ses livres, mais de témoigner qu'on avait eu raison de les censurer. » [Lettre de M. Tronson, 1er mars 1696.] Cela manquait de vérité, et Fénelon, dans une affaire aussi délicate, était le meilleur juge.

Ne pouvant obtenir cette cinquième censure, car il en avait déjà quatre, l'évêque de Chartres, qui n'était pas rassuré sur sa grande maison de Saint-Cyr, où madame Guyon semblait avoir laissé des traces, provoqua des mesures plus solennelles encore. C'était un brave homme, mais qu'on se désignait par le sobriquet de *cuistre violet,* que madame de Maintenon elle-même accueillait avec un sourire. J'ai déjà dit que, pour purifier définitivement la maison d'où elle avait déjà fait retirer les écrits de madame Guyon et même les lettres de Fénelon, la surintendante royale demanda des conférences spéciales à Bossuet. Non-seulement l'évêque de Meaux s'y prêta avec empressement, mais il voulut que les séances fussent publiques. Il se rendit à cet effet à Saint-Cyr le 5 février 1696, et donna, suivant ses habitudes, les formes les plus précises à des opinions et à des tendances qui de leur nature même sont vagues et demeurent à l'état d'aspirations plutôt qu'elles ne passent à celui de croyances positives. Madame de Maintenon, qui comprit dès lors encore mieux « le danger qu'on avait couru, » demanda une seconde conférence pour achever l'œuvre ébauchée dans la première. Toutefois, comme si elle eût senti que cette mesure ne pouvait que blesser encore davantage celui qui n'avait jamais voulu qu'on montrât aux dames de Saint-Cyr les ouvrages de madame Guyon ni les siens propres, elle écrivit à Fénelon pour l'entretenir des soins qu'elle prenait à ce sujet. Sa véritable pensée se trahit pourtant, malgré elle sans doute, et elle lui exprima la peine qu'elle éprouvait de l'attachement qu'il gardait pour madame Guyon.

La réponse de Fénelon fut prompte, nette et ferme.

« Si j'étais capable, lui dit-il, d'approuver une personne *qui enseigne un nouvel Évangile* (c'est là ce qu'on reprochait à madame Guyon), j'aurais horreur de moi-même; il faudrait me déposer et me brûler, loin de me supporter comme vous faites. Mais je puis fort innocemment me tromper sur une personne *que je crois sainte*... Je dois savoir les vrais sentiments de madame Guyon mieux que tous ceux qui l'ont examinée pour la condamner; car elle m'a parlé avec plus de confiance qu'à eux... *Je n'ai jamais eu aucun goût naturel pour elle ni pour ses écrits.* [Cela veut dire que son goût pour elle est tout spirituel.]

« Elle est peu précautionnée dans ses expressions; elle a même un excès de confiance dans les personnes qui la questionnent. La preuve en est bien claire, *puisque M. de Meaux vous a redit comme des impiétés les choses qu'elle lui avait confiées avec un cœur soumis et en secret de confession.* »

Cette accusation terrible contre un prêtre, Fénelon, loin de la jeter un peu au hasard, la répète. On reprochait à madame Guyon de s'être comparée à la Vierge.

« Je suis bien assuré, dit Fénelon, qu'elle n'est pas assez extravagante et assez impie pour se préférer à la sainte Vierge. *Je parierais ma tête que tout cela ne veut rien dire de précis, et que M. de Meaux est inexcusable* de vous avoir donné comme une doctrine de madame Guyon ce qui n'est qu'un songe ou quelque expression figurée... *qu'elle ne lui avait même confié que sous le secret de la confession.* »

Puis, pour montrer comment on doit lire les mystiques, Fénelon cite toute une série de saints et de saintes qui se sont donné à elles-mêmes, en apparence, les plus grandes louanges, mais sur le sens desquelles il ne faut pas plus se tromper que sur les termes dans lesquels madame Guyon parle d'elle-même. Il indique en même temps comment on aurait dû procéder à l'égard de cette femme sincèrement pieuse, mais qui pouvait s'être trompée. Passant enfin à ce qui le regarde personnellement dans ce qu'il convient de faire, il offre de la ramener dans les voies ordinaires. Et pour qu'on ne puisse soupçonner ni la bonne foi de la jeune veuve ni la sienne propre, il offre de la ramener par des lettres que madame de Maintenon lui transmettra. Cela est-il accepté? Non, car tout cela pourrait n'avoir pour dessein que de tirer une femme distinguée de la prison où Bossuet l'a plongée. Eh bien, Fénelon ajoute « sans que j'aie le moins du monde le dessein de la tirer de prison... Après cela, dit-il avec une dureté bien cruelle pour certaines oreilles, laissez-la mourir en prison. Je suis content qu'elle y meure, que nous ne la voyons jamais et que nous n'entendions jamais parler d'elle... »

Cela est encore trop désintéressé pour n'être pas suspect à la cour, que Fénelon connaît. Elle le soupçonnera, et il a hâte de dire qui il est, un ami, un prêtre, un évêque : « *Pourquoi donc vous resserrez-vous le cœur à notre égard, madame, comme si nous étions d'une autre religion que vous?...* Je ne veux rien de vous que votre bonté pour moi; je ne puis laisser rompre des liens que Dieu a formés pour lui seul. » [Lettre du 6 mars 1696, la plus belle qui nous reste de Fénelon.]

CHAPITRE XIV

Dernière conférence de Bossuet pour l'expurgation de Saint-Cyr. — La cousine de madame Guyon, madame de La Maisonfort, se met sous la direction de l'évêque de Meaux. — Leur correspondance sur le mysticisme. — Madame Guyon signe un formulaire pour sortir de Vincennes et est transférée à Vaugirard. — Son dénûment et ses rapports avec M. de La Chétardie. — Fénelon refuse sa signature à l'ouvrage de Bossuet sur l'état d'oraison. — Ses amis publient hâtivement son *Explication des Maximes des saints*. — Il est relégué à Cambrai.

1696 — 1697

Écrite la veille même de la seconde conférence de Bossuet, la lettre de Fénelon ne parvint peut-être à madame de Maintenon qu'au moment où le triomphe de son adversaire auprès des dames de Saint-Cyr ne laissait plus rien à désirer. Mais, fût-elle même arrivée auparavant, elle n'eût rien arrêté, rien prévenu. Elle n'eût rien calmé : on n'arrête pas des flots à ce point agités, et la deuxième conférence eut le plus grand succès. La belle parente de madame Guyon, l'amie la plus instruite de Fénelon, madame de La Maisonfort, céda elle-même à l'ascendant de Bossuet, lui demanda des entrevues particulières par l'intermédiaire de madame de Maintenon, et continua à s'y faire instruire par voie de correspondance. Elle le fit avec dignité, sans s'accuser jamais d'une erreur, ni la rapporter à madame Guyon ou à Fénelon. Il est peu de correspondances plus instructives et plus belles que les trois lettres qu'elle lui adressa et les vingt-quatre qu'il lui répondit : elles ne devraient pas demeurer aussi inconnues qu'elles le sont encore, même depuis qu'elles ont été publiées avec les piquantes introductions et les notes de madame de La Maisonfort.

Soit dit, en passant, que la conduite des deux parentes, de madame de La Maisonfort et de madame Guyon, vraies sœurs spirituelles, l'une amie de Bossuet et de madame de Maintenon, l'autre de Fénelon et de la famille Colbert, fut d'une délicatesse et d'une habileté au-dessus de tout éloge, et qu'elle caractérise deux belles âmes.

Le supérieur de Saint-Sulpice, qui n'était d'ailleurs nullement suspect à madame Guyon, n'ayant pu amener Fénelon à la censurer, et l'archevêque de Paris, plus embarrassé que charmé de tenir une prisonnière à Vincennes, ayant, par un moyen terme, demandé une simple soumission à madame Guyon, elle offrit, de guerre lasse, de souscrire à tout ce que dicterait M. Tronson. Cette offre faite, Fénelon rédigea un projet qui fut complété par M. Tronson, et qu'elle signa le 28 août 1696. C'était pour sortir de Vincennes qu'elle signait. Elle comptait sans son hôte, rentra en prison et y demeura jusqu'au mois d'octobre. A cette époque, elle fut transférée dans une maison de Vaugirard, et gardée comme à Vincennes. Ce ne fut que grâce à madame de Maintenon qu'elle sortît du donjon ; mais on est heureux de retrouver à l'œuvre cette femme éminente toutes les fois qu'il s'agit de tempérer les ardeurs exagérées de l'État ou de l'Église. « M. de Meaux n'en sera pas content, disait-elle à ce sujet ; mais il est de mon devoir de dégoûter des actes violents le plus qu'il m'est possible. »

L'adoucissement du sort de madame Guyon fut considérable, mais sa captivité demeura dure. Non-seulement elle fut gardée comme à Vincennes, mais on la laissa dans un tel dénûment qu'elle fut obligée d'écrire au curé de Saint-Sulpice sur sa toilette des lettres qui affligent. « Je n'ai point besoin des hardes qui sont chez madame la duchesse [de Béthune, née Fouquet] ; je n'ai affaire que de celles qui sont où l'on m'a tirée. [On avait donc laissé son linge à Vincennes.] *Je n'ai ni chemises, ni mouchoirs, ni jupe, ni corset :* j'ai été obligée d'emprunter une jupe des sœurs, qui m'est trop petite. Ayant les incommodités que j'ai, il m'est impossible de me passer de linge et de hardes ; et je ne puis croire que ce soit l'*intention du roi* [quelle ironie ! quel trait sur le grand règne !] de me faire traiter avec autant de dureté, et pis que jamais. » Ne faut-il pas que les choses en soient venues à un point extrême, pour qu'une femme de qualité écrive une lettre pareille ? Je vois madame Guyon réellement irritée, car elle dit au curé : « Je n'ai point l'honneur de vous connaître, ni les personnes où je suis. *Les tromperies que vous m'avez faites* et la sincérité dont je fais profession m'empêchent de vous cacher mes sentiments. Je ne puis du tout me rassurer sur vous que par un mot de M. Tronson.

« Le vin que je demandais n'est pas à la petite maison ou au pavillon Adam.

« Je ne ferai rien faire au manteau si vous ne venez et ne faites venir les meubles de Vincennes. » Et après ces misères, un mot sublime : « Je prie Dieu qu'il vous fasse sentir que je suis à lui, et que c'est lui en moi que vous maltraitez. »

Mais en voici un autre : « Si vous n'envoyez pas la lettre à M. Tronson, je prie Dieu qu'il ne vous le pardonne pas. »

La sainte est redevenue femme; mais du moins, si elle aime à être vengée, c'est à Dieu seul qu'elle demande vengeance. Elle est exaspérée, poussée à bout; mais comment ne l'eût-elle pas été? Écoutez : une lettre écrite sous le nom du P. D'Aumale, mais désavouée par ce religieux, et une autre de l'abbé Boileau, non désavouée, l'accusaient des torts les plus graves. Dans la seconde on lui reprochait de posséder une collection de livres qu'on prétendait avoir trouvés chez elle : *Griselidis*, *Don Quichotte*, *Peau-d'âne*, *la Belle Hélène*, des opéras, des romans, les comédies de Molière. J'ignore ce qui en était, et j'avoue volontiers que jamais dévote n'a fait ailleurs provision d'ouvrages semblables; mais quand même cette épître ne serait pas une satire digne du frère de Despréaux, ceux qui connaissent l'éducation donnée à la jeunesse de madame Guyon savent, de reste, qu'on lui avait donné le goût de ces sortes de lectures, pour la former à la parole élégante et au style aisé. Et quand même, devenue pieuse, elle ne se serait pas défaite de cette bibliothèque amusante, et qu'elle y eût cherché quelque distraction pendant ses longs mois de prison, où elle a fait de beaux vers, n'aurait-elle pas conservé assez de moments de loisir encore pour lire ses livres de dévotion et de mysticisme, ou quel mal y aurait-il eu à ce qu'elle séchât quelquefois ses larmes? Fénelon, pour avoir aimé dans ses heures de loisir les fables de la mythologie, a-t-il mis moins d'onction dans ses prônes et dans ses lettres spirituelles?

On comprend la douleur avec laquelle il apprit les injustices auxquelles on se livra à l'égard de cette femme malheureuse, à la suite des incompréhensibles rigueurs de Bossuet, et c'est dans ces circonstances que ce dernier, venant d'achever son *Instruction pastorale sur l'état d'oraison*, la communiqua à l'archevêque de Cambrai. Fénelon avait promis, l'année précédente, de la lire avec autant d'attention que de déférence. Mais en jetant les yeux sur cet écrit, il aperçut bien vite que ce n'était qu'une demande nouvelle de cette même condamnation tant de fois refusée des écrits de madame Guyon, et que rien ne s'y trouvait qui fût de nature à le faire changer d'avis.

Il n'hésita donc pas; mais, pour adoucir son refus, il chargea le duc de Chevreuse, qui demeurait ami de Bossuet, de lui faire agréer ses raisons. Il écrivit lui-même à Bossuet, et les exposa longuement à madame de Maintenon, multipliant encore une fois ces protestations de déférence qui s'échappaient si facilement de sa plume, et si doucement de ses lèvres. Il y prodigua aussi ces grandes considérations qui se présentaient d'une façon si imposante dans sa lumineuse intelligence.

La pièce qu'on veut qu'il signe, dit-il à madame de

Maintenon, reproche à une femme pieuse, sinon instruite, les conceptions les plus monstrueuses : « Elle veut détruire, comme une imperfection, toute la foi explicite des attributs et des personnes divines, des mystères de Jésus-Christ et de son humanité. Elle veut dispenser les chrétiens de tout culte sensible, de toute invocation distincte de notre unique médiateur. Elle prétend éteindre dans les fidèles toute vie intérieure et toute oraison réelle, en supprimant tous les actes distincts que Jésus-Christ et les apôtres ont commandés, et en réduisant pour toujours les âmes à une quiétude oisive qui exclut toute pensée de l'entendement, et tout mouvement de la volonté.

« Elle soutient que, quand on a fait d'abord un acte de foi et d'amour, cet acte subsiste perpétuellement pendant toute la vie, sans avoir jamais besoin d'être renouvelé; qu'on est toujours en Dieu sans penser à lui, et qu'il faut bien se garder de réitérer cet acte. Elle ne laisse aux chrétiens qu'une indifférence impie et brutale entre le vice et la vertu, entre la haine éternelle de Dieu et son amour éternel, pour lequel il est de foi que chacun de nous a été créé. Elle défend comme une infidélité toute résistance réelle aux tentations les plus abominables. Elle veut que l'on suppose que, dans un certain état de perfection où elle élève les âmes, on n'a plus de concupiscence, qu'on est impeccable, infaillible, et jouissant de la même paix que les bienheureux; qu'enfin tout ce qu'on fait sans réflexion, avec facilité, et par la pente de son cœur, est fait passivement et par une pure inspiration. Cette inspiration, qu'elle attribue à elle et aux siens, n'est pas l'inspiration commune des justes; elle est prophétique, elle renferme une autorité apostolique au-dessus de toutes lois écrites.

« S'il est vrai que cette femme ait voulu établir ce système, il fallait la brûler au lieu de la congédier. » [C'est-à-dire au lieu de la renvoyer de Meaux avec un certificat si favorable.]

Le fait est qu'il ne s'agissait pas de cette femme seulement; il s'agissait de l'archevêque de Cambrai. Fénelon le dit :

« Ce qui paraîtra du premier coup d'œil au lecteur, c'est qu'on m'a réduit à souscrire à la diffamation de mon amie, dont je n'ai pu ignorer le système monstrueux qui est évident dans ses ouvrages, de mon propre aveu. Voilà ma sentence prononcée et signée par moi-même, à la tête du livre de M. de Meaux, où ce système est étalé dans toutes ses horreurs. »

S'il n'avait été question que d'une femme, on n'y aurait pas regardé de si près; Fénelon prie madame de Maintenon de remarquer ceci :

« On ne cesse de dire tous les jours que les mystiques, même les plus approuvés, ont beaucoup exagéré. On soutient même que saint Clément et plusieurs autres des principaux Pères ont parlé en des termes qui demandent beaucoup de correctifs. Pourquoi veut-on qu'une femme soit la seule qui n'ait pas pu exagérer? Pourquoi faut-il que tout ce qu'elle a dit tende à former un système qui fait frémir? Si elle a pu exagérer innocemment, si j'ai connu à fond l'innocence de ses exagérations, si je sais ce qu'elle a voulu dire mieux que ses livres ne l'ont expliqué, si j'en suis convaincu par des preuves aussi décisives que les termes qu'on reprend dans ses livres sont équivoques, puis-je la diffamer contre ma conscience, et me diffamer avec elle ? » (Lettre du mois de septembre 1696.)

On a de Fénelon bien des pages, et de bien plus magnifiques, mais je n'en connais pas de plus éloquentes. Aussi madame de Maintenon parle de lui à M. de Noailles avec admiration un mois après : « J'ai vu M. de Meaux, toujours bien vif sur l'affaire [il s'agit toujours de madame Guyon, qu'il ne croit pas assez sévèrement traitée à Vaugirard] mais bien plein d'envie de ne pas s'éloigner de vous... Le roi m'a conté ce qui s'est passé entre vous [et lui] par rapport à madame Guyon. Vous avez trouvé en lui quelque répugnance à la laisser sortir [de Vincennes]. Il vous croit trop bon, et je n'ai nulle part à ces impressions-là. Je ne lui avait pas dit un mot de votre dessein, et je veux demeurer ferme dans celui de ne suivre que vos mouvements en pareilles occasions.

« J'ai vu notre ami (Fénelon). Nous avons bien disputé, mais fort doucement. Je voudrais être aussi fidèle à mes devoirs *qu'il l'est à son amie : il ne la perd pas de vue, et rien ne l'entame sur elle.* » Lettres de madame de Maintenon, t. III, p. 64. (Lettre du 7 octobre 1696.)

On ne saurait, ce semble, faire un plus grand éloge d'un homme que de le dire à toute épreuve dans l'amitié, surtout quand l'amitié compromet ; mais cela paraissait un peu chevaleresque à madame de Maintenon, qui se détachait aisément de ceux qui pouvaient la compromettre.

Toutefois Fénelon, si chevaleresque qu'on pût le croire, fut fidèle avec discrétion, et ne perdait pas plus de vue ce qu'il devait à la vérité que ce qu'il devait à sa dignité épiscopale. Autant il était décidé à ne pas signer, autant il l'était aussi à ne pas se laisser calomnier, et ce fut dans ces vues qu'il écrivit son *Explication des maximes des Saints* qui ne devait être dans son dessein qu'un exposé plus lucide et plus complet des articles d'Issy. Rien ne lui semblait mieux fait pour contenter tout le monde, à commencer par madame de Maintenon et à finir par madame Guyon elle-même, qui renoncerait au mauvais sens qu'elle avait donné à des maximes d'ailleurs tirées des auteurs les moins suspects. Comment douter du succès ?

Fénelon venait de soumettre son *Explication* à M. Tronson et à M. de Noailles, ses amis anciens, et qui avaient toute la confiance de madame de Maintenon. Il est vrai qu'il avait pris ce parti à l'insu et à l'exclusion de Bossuet ; mais cette exclusion était forcée, après ce qui s'était passé. Ayant refusé son approbation à l'ouvrage de l'évêque de Meaux, à quel titre aurait-il demandé à son confrère une approbation pour le sien ? Mais capricieux est le sort des livres. A en juger par le début, celui de Fénelon devait plaire.

M. de Noailles, à qui le manuscrit fut envoyé dès le 17 octobre 1696, l'examina avec son meilleur théologien et fit part de ses remarques à l'auteur, qui corrigea tout en sa présence, et qui, disait M. de Noailles, n'avait à ses yeux qu'un défaut, celui d'*être trop docile*. Aussi l'archevêque de Paris jugea-t-il le livre de son ami *correct* et *utile*. Toutefois, il désira que l'auteur le soumit à M. Pirot, docteur en Sorbonne, théologien consommé, et qui avait été chargé par M. de Harlay de l'examen des écrits, de madame Guyon. Fénelon se conforma à ce vœu et modifia si bien tout ce que demandait cet habile critique, qu'à la fin celui-ci déclara ce livre *tout d'or*.

M. Tronson, qui l'examina le dernier, le trouva également *correct* et *utile*.

Mais qu'était-ce que les docteurs de Sorbonne et les examinateurs de Saint-Sulpice ou de l'Archevêché, tant que l'oracle de Meaux n'avait pas parlé? Or, non-seulement on ne l'avait pas consulté, mais on s'était caché de lui avec le plus grand soin. En communiquant le manuscrit à MM. Tronson, de Noailles, des Marais et au curé de Saint-Sulpice, le duc de Chevreuse avait demandé : « Que le secret *entier* et *inviolable* fût gardé sur le livre à l'égard de M. de Meaux jusqu'à ce qu'il fût publié.

On ne comprend guère cette conduite, et un peu moins de mystère sur des maximes aussi connues eût convenu beaucoup plus; mais on craignait que Bossuet, dont on savait les allures, ne fit défendre l'ouvrage par le roi, et même en interdire la rédaction. Mais était-il probable qu'un évêque eût l'idée d'empêcher un archevêque de publier un ouvrage sur les maximes des saints?

On fit au compte de Fénelon, mais non pas en son nom, des fautes plus graves. On voulut absolument que son livre parût avant celui de Bossuet, et peut-être l'auteur lui-même, d'après tout ce qu'on lui en disait de flatteur et ce qu'il en pensait trop haut lui-même, en attendait-il un grand succès. Il en parla, en effet, avec la plus rare confiance dans une lettre à M. Tronson (17 janvier 1697). On céda pourtant à M. de Noailles, qui fit comprendre que, Bossuet ayant annoncé depuis longtemps une *Instruction* sur cette matière, ayant même demandé pour son travail l'approbation des archevêques de Cambrai et de Paris, il était peu convenable, non-seulement de lui refuser ces sympathies, mais de vouloir encore le gagner de vitesse. M. de Noailles savait combien Bossuet irrité était mal commode, et déjà il l'était ; déjà il disait — car il était plus instruit qu'on ne voulait — il disait :

« M. de Cambrai veut écrire sur la spiritualité... Je suis assuré que cet écrit ne peut que causer un grand scandale ;... *je ne puis en conscience le supporter*, et *Dieu m'oblige* à faire voir qu'on veut soutenir des livres dont la doctrine est le renversement de la piété... Je suis assuré qu'il laissera dans le doute ou dans l'obscurité plusieurs articles sur lesquels il me sera aisé de faire voir qu'il fallait s'expliquer indispensablement dans la conjoncture présente ; et si cela est, *comme il sera*, qui peut me dispenser de faire voir à toute l'Église combien cette dissimulation est dangereuse ?... Voilà la vérité à laquelle il faudra que je sacrifie ma vie... »

Pour tenir un langage pareil, il fallait que déjà Bossuet fût arrivé à un haut degré d'excitation, et la conduite de Fénelon seule n'y avait pas tout fait ; celle de madame de Maintenon y entrait pour beaucoup : Bossuet voulait bien qu'elle intervînt, mais il trouvait, et bientôt il montra « que ce n'était pas à elle, que c'était à lui à mener de pareilles affaires. »

Il avait raison. Ce n'étaient pas là affaires de femme. Mais on y avait besoin de madame de Maintenon. Sans elle, le roi n'obéissait pas à Bossuet, et le livre de Fénelon emportait tous les suffrages. D'ailleurs, l'appui de madame de Maintenon n'était jamais à dédaigner; elle ne perdait pas de temps, et menait les affaires aussi rondement que Bossuet lui-même. Dès qu'elle prévit l'orage qui allait éclater une fois les deux ouvrages parus, elle prit les mesures nécessaires pour éloigner le feu de Saint-Cyr, en en retirant jusqu'au dernier élément inflammable. Il en restait un. La plus aimée des dames de sa maison chérie, madame de La Maisonfort, en qui elle voyait comme son image rajeunie et la future continuatrice de son œuvre, avait parfaitement profité des conférences de Bossuet, dès l'année précédente; elle s'était fait instruire encore par sa correspondance avec lui; mais elle n'était pas tout à fait convaincue que Fénelon et madame Guyon lui avaient donné des principes erronés. Madame de Maintenon la renvoya de Saint-Cyr, le 10 mai 1697, malgré toutes ses soumission .

Madame de La Maisonfort se retira sans murmurer, mais non sans gémir. Elle tenait à l'amitié de madame de Maintenon comme à celle de Fénelon, et si elle eût été libre, sans calculs d'avenir, elle n'eût pas hésité un instant entre Cambrai et Meaux. Mais, comprenant bien sa situation, elle prit son parti héroïquement, et, pour sauver quelques restes de faveur, sans considérer les précédents de madame Guyon, se réfugiant aussi à Meaux, elle se mit sous la discipline de Bossuet. Elle espérait sans doute que sa retraite dans une ville si voisine de Versailles ne serait que passagère. Rien de plus curieux que le récit détaillé fait par l'exilée elle-même de sa sortie, ainsi que de celles de madame du Tourp, de Montaigle et de madame de Lenbert, récit adressé à Fénelon lui-même; car, dans cette circonstance, on se passa de son agrément et de toute espèce d'égards pour sa personne. On avait eu recours à lui pour engager madame de La Maisonfort à Saint-Cyr par des vœux formels, on se passa de lui pour l'en expulser, et ce fut encore Bossuet qui se chargea de purifier la maison, de redresser les impressions erronées qui remontaient à son illustre confrère. Il ne se conçoit rien de plus blessant pour un archevêque. Fénelon eut à subir une épreuve plus rude, et la tempête annoncée par Bossuet ne tarda pas à éclater sur sa tête. Ainsi que l'avait souhaité madame de Maintenon, il n'atteignit pas sa maison chérie; mais si jamais il y eut dans le monde moral, dans celui de l'Église de France, un orage providentiellement voulu, ce fut celui-là. S'il ne se conçoit rien de plus triste que la division de deux grands prélats, d'amis intimes devenus adversaires implacables, il ne se conçoit rien de plus grand qu'un débat aussi vif entre deux écrivains aussi magnifiques, ni rien de plus salutaire pour le diocèse de Cambrai que l'exil de Fénelon prononcé dès le début de l'orage; mais au moment où les événements se présentent dans notre vie, nous n'en voyons que la forme, la nature extérieure, et les premiers effets de la publication des *Maximes* furent de la nature la plus accablante pour leur auteur. Le jugement prédit de Bossuet, il le porta à la cour, dans le monde, devant le public.

CHAPITRE XV

Fénelon exilé à Cambrai. — Ses *Maximes* déférées à la cour de Rome. — Ses lettres au nonce, aux évêques de Châlons et de Chartres, au pape, aux cardinaux et à ses agents à Rome. — Sa polémique avec Bossuet. — Les agents de Bossuet à Rome. — L'intérêt de l'Église et celui de l'Europe dans ce débat. — Le rôle de madame de Maintenon et du roi dans le procès.

1697

Dans ce dix-septième siècle, si grave et si religieux d'une part, si frivole et si courtisan de l'autre, il se révèle parfois une telle absence de sens droit que l'on y croit aujourd'hui difficilement. Sur l'exil de Fénelon, par exemple, le jugement semble faire défaut même aux esprits les meilleurs parmi les plus éminents. Pour nous, à notre point de vue, que pouvait-il arriver de plus heureux à l'abbé de Fénelon enchaîné à l'éducation du duc de Bourgogne ? C'était évidemment d'être délivré de ses chaînes dorées par l'élévation à l'épiscopat, la plus haute d'entre les choses élevées de ce monde. Et une fois élevé à l'archevêché de Cambrai, à notre point de vue encore, que devait-il désirer avant tout? C'était, certes, de le gouverner, d'aller lui, l'homme éloquent et pieux, conduire son nombreux troupeau dans les voies de perfection où il marchait lui-même. Eh bien, tout cela est précisément ce que le meilleur monde du siècle déplora comme un grand malheur. Et pour qui? Pour lui et ses amis. Pour ce qui est de son vaste diocèse, on eût dit que personne n'y songeât. Fénelon lui-même, d'accord avec ses amis, eut la faiblesse de s'y trouver exilé. Il n'oublia jamais qu'il était prêtre; mais le jour même où il fut invité par Louis XIV à s'y rendre et à y rester, il écrivit à madame de Maintenon des protestations de soumission au roi, de reconnaissance pour elle; et on y lit avec une indicible surprise, sous la plume d'un homme qui vient d'être fait archevêque et prince de l'empire, ces mots : « Je consens à être écrasé de plus en plus. » Madame de Maintenon ne demandait pas cela. Mais elle désirait conserver son gouvernement, celui des affaires de la religion, la direction du clergé, et Bossuet prétendait conserver le sien, celui des doctrines. Ni l'un ni l'autre de ces empires ne semblaient compatibles avec la position que prenait à la cour, auprès du prince son élève, auprès du public, le nouvel archevêque de Cambrai enseignant la nouvelle mysticité. Madame de Maintenon avait raison de dire : « Si M. de Cambrai n'est pas condamné, c'est un fier protecteur pour le quiétisme. » Elle aurait eu tort d'ajouter : « S'il l'est, c'est une flétrissure dont il aura peine à se relever. » Car s'il y eut flétrissure, ce qu'on doit nier, il s'en releva bien vite, et rien n'y aida plus que son exil. Elle était mieux inspirée en protestant de son désir de voir « cette affaire finir et vite et doucement. » [*Corresp.* VII, p. 542.]

Finir vite et doucement! C'était ce que Fénelon désirait le plus, et il n'épargna rien pour arriver promptement à la fin. C'était le 1ᵉʳ août 1697 qu'il avait écrit à madame de Maintenon. Le 3, il fit remettre au nonce un acte où il disait, en parlant des *Maximes*, tout ce qu'on pouvait lui demander de dire : « Je condamne et je déteste tous les sens impies ou favorables à l'illusion qu'on a voulu sans raison donner à cet ouvrage. Je suis prêt à condamner toute doctrine et tout écrit que le saint-père condamnera. S'il juge nécessaire de condamner mon propre livre, je serai le premier à souscrire à sa condamnation, à en défendre la lecture dans le diocèse de Cambrai, et à y publier par un mandement la censure du saint-père. » (*Corresp.* VII, p. 522.)

Certes, cela ne laissait rien à désirer, et pour être mis au courant des difficultés qu'on pouvait faire à Rome, pour déjouer aussi les intrigues qu'on pouvait y nouer, il y envoya son parent et grand vicaire, l'abbé de Chanterac, accompagné d'un second prêtre.

Il avait raison de se presser. Bossuet courait. Dès le 6, les trois prélats remirent au nonce une *Déclaration de leurs sentiments sur le livre des Maximes...* Ce fut une amère déception pour Fénelon. Il avait compté sur deux d'entre eux, ses plus anciens amis, MM. de Noailles et Godet Desmarais. Dans sa douleur, il fut injuste : « Il n'y a rien d'assuré avec eux, s'écria-t-il, que leur art de tirer avantage de tout et pour ne s'assujettir à aucune parole. Dieu seul, et ceux qui ne sont plus qu'une même chose avec lui par son esprit, ne trompent point. » (*Corresp.* VII, p. 503.)

La *Déclaration* qui lui arracha ce cri et cette belle réflexion était d'ailleurs écrite d'un ton convenable; mais, pour le fond, les trois signataires avaient fait confusion, prenant pour les propres opinions de Fénelon les maximes des saints qu'il cite et qu'il expose. Il aurait pu dire de chacun d'eux ce qu'il dit personnellement de Bossuet dans une lettre à M. Tronson, qu'ils n'entendaient pas la matière : « Les extraits de saint Clément et de Cassien donnèrent ces préventions à M. de Meaux, qui n'avait jusqu'à ce temps-là rien lu de saint François de Sales, ni des autres auteurs de ce genre. Tout lui était nouveau; tout le scandalisait; les passages que je citais, et qui sont excessifs dans saint Clément et dans Cassien, lui paraissaient ma doctrine, quoique j'eusse dit en les citant qu'il fallait en rabattre beaucoup selon les mystiques raisonnables. » (Lettre du 16 août 1697.)

Faut-il, sans nul doute, déplorer cette confusion si étonnante? Mais il est un point de vue sous lequel il faut féliciter Fénelon, l'Église et l'humanité elle-même d'avoir vu ce débat. En effet, il faut féliciter le monde des progrès que cette grande lutte fit faire à la religion et à la tolérance; le féliciter de la science et du génie qu'elle fit déployer devant l'Europe surprise d'admiration, et qui n'a vu, ni depuis, ni avant, deux champions pareils débattre une question de morale religieuse; il faut le féliciter surtout des vertus que la disgrâce de l'un des deux fit éclater dans son royal élève et dans ses nobles amis, qui tous résistèrent à ses supplications de ne pas ajouter à sa douleur en se compromettant pour lui, et qui tous lui demeurèrent fidèles.

Le débat ne fut pas pur ; il ne resta pas même jusqu'au bout ce qu'il était dans l'origine. C'est qu'au lieu d'un, il y en eut deux ; l'un public, celui des brochures publiées en France; et l'autre secret, celui des lettres plus ou moins confidentielles, plus ou moins diplomatiques écrites de Cambrai, de Meaux et de Versailles, à Rome ; l'un où figurèrent les deux prélats ; l'autre où s'agitèrent leurs parents, l'abbé Bossuet assisté de l'abbé Philippeaux, et l'abbé de Chanterac assisté de l'abbé de La Templerie : ajoutez quelques religieux de Rome, quelques cardinaux, les ministres et l'ambassadeur du roi de France, tous plus ou moins échos ou amis de l'un ou de l'autre des deux prélats. L'irritation de ceux-ci, sensible dès le début, entretenue avec soin et attisée avec persévérance par le neveu de Bossuet, dégénéra parfois en violence et entraîna Fénelon lui-même aux plus piquantes vivacités. Il serait impossible et superflu de donner une idée complète de tout ce qu'il y eut d'écrits échangés, et peu convenable de rappeler trop littéralement les reproches ou les insinuations que se lancèrent les combattants, et qui se retrouvent jusque dans leurs pages les plus pathétiques. On en vint jusqu'aux injures. « Après m'avoir donné si souvent des injures pour des raisons, dit Fénelon, qui ne laissa pas un mot de son adversaire sans réponse, n'avez-vous point pris mes raisons pour des injures ? » s'écria Fénelon, dont Bossuet aimait à dire : « Il a plus d'esprit que moi ; il en a à faire peur. »

On sait que l'abbé Philippeaux, l'agent de Bossuet, trouva que la *Relation* de son maître et la *Réponse* de Fénelon n'avaient pas encore mis tout au jour, et qu'il écrivit lui-même sous les yeux de Bossuet une *Relation* où tout fut si bien mis à nu, que la justice en arrêta la publication.

Ce serait aujourd'hui une chose bien intéressante que de suivre les démarches infinies qui furent faites par les quatre abbés, dont deux sollicitaient à Rome la condamnation des *Maximes,* les deux autres la justification, et dont l'un, Bossuet, qui courut à Rome le premier, ne recula devant aucun moyen. En effet, ou il se vante ou il fut d'une rouerie inqualifiable. « *Aussitôt que le grand vicaire* [c'est M. de Chanterac qu'il désigne] *sera arrivé,* écrivit-il à son oncle, *il aura un espion, et nous serons instruits.* » [Lettre du 3 septembre 1697.] Toutefois, si intéressante que pût être cette étude pour quelques-uns, elle ne le serait pas pour tout le monde. Mais quiconque aime tant soit peu à s'occuper des choses de l'esprit, doit lire au moins ces chefs-d'œuvre que Fénelon publia coup sur coup, j'entends en particulier les quatre lettres qu'il écrivit à l'archevêque de Paris, qui avait lancé dans toute l'Europe une *Instruction pastorale* sur le livre des *Maximes.* Fénelon fit imprimer ces lettres en France sans les y publier, ne les destinant qu'à ses examinateurs de Rome. Mais les imprimeurs d'Italie et de Hollande, aux aguets, les multiplièrent au gré de leurs clients. Si je signale particulièrement ces quatre lettres, c'est qu'elles sont touchantes par la vieille affection qui s'y fait jour et les domine.

Les quatre qu'il adressa à Bossuet forcent, au contraire, un peu le ton épiscopal.

« Vous dites, écrit-il à Bossuet : « La nouvelle spiritualité accable l'Église de lettres éblouissantes, d'instructions pastorales, de réponses pleines d'erreurs. »

« De quel droit vous appelez-vous l'Église ? Elle n'a point parlé jusqu'ici, et c'est vous qui voulez parler avant elle... Qui est-ce qui a commencé le scandale ? qui est-ce qui a écrit avec un zèle amer ? Vous vous irritez de ce que je ne me tais pas quand vous intentez contre moi les accusations les plus atroces... Vous ne cessez de me déchirer sans attendre que l'Église décide. » [4° Lettre.]

Ce langage irrité va-t-il bien à l'auteur ? Il pouvait aller à Bossuet, c'était de son âge et de son caractère ; mais Fénelon, qui n'avait pour se le permettre ni les mêmes qualités ni les mêmes défauts, s'en serait abstenu sans rien sacrifier de sa gloire.

Quant à la correspondance officielle de ce magnifique tournoi, qui n'était pas moins *une intrigue de cour qu'une querelle de religion,* dit le chancelier d'Aguesseau, quiconque aime à s'occuper tant soit peu de diplomatie ou à vivre dans la région des affaires ne doit pas en passer une syllabe. Rome, qui vit de négociations et qui s'y connaît, était bien convaincue qu'il y avait en jeu autre chose encore qu'une question d'amour mystique et aurait bien voulu que l'intrigue se dénouât où elle s'était nouée, à Versailles plutôt qu'au Vatican ; mais tel n'était pas l'avis de Bossuet, qui ne demandait rien moins que de faire déclarer *hérétique* le livre de son confrère proclamé *correct* par le cardinal de Noailles, *correct et utile* par le supérieur de Saint-Sulpice, *tout d'or* par le principal théologien de la Sorbonne. « M. de Meaux dit partout que ce que je pense est encore bien plus mauvais que mon livre. Il dit que je suis hérétique, mais hérétique caché, qui dissimule pour cacher son venin ! » s'écrie Fénelon. [Corresp., VIII, p. 21.] Les deux acolytes de Bossuet, que Fénelon avait cru d'abord ses amis et qu'il ménageait encore, l'évêque de Chartres et l'archevêque de Paris, firent comme l'évêque de Meaux. Sans attendre le jugement du pape, ils publièrent du livre des *Maximes* une censure que Fénelon appelle « sanglante. » Toute la pièce est pour lui un « imprimé atroce. » C'est fort ; mais demander une déclaration d'hérésie contre un évêque, c'était demander sa dégradation. Fénelon était d'ailleurs un ami. Pour la première fois, il lui arriva alors de se montrer sévère pour M. de Noailles, « qui ne peut, dit-il, ni creuser, ni suivre, ni embrasser une difficulté. » Remarquez que les trois évêques, en demandant la révocation de Fénelon, allaient contre eux-mêmes et contre leur puissante protectrice, car la confusion retombait sur celle qui l'avait fait nommer et sur celui qui l'avait consacré. Madame de Maintenon ne pouvait en supporter l'idée, ni Louis XIV l'exiger, sans rompre avec Bossuet, qui avait sollicité avec tant d'ardeur l'honneur de faire la cérémonie. Toutefois le monarque, prenant vis-à-vis du souverain pontife une attitude analogue à celle que prenait Bossuet vis-à-vis de Fénelon, exigea impérieusement une sentence qui amenât une rétractation formelle ; c'est-à-dire précisément ce que l'évêque de Meaux avait toujours exigé de l'archevêque de Cambrai, comme il l'avait exigé de madame Guyon. Il ne se concevait rien de plus humiliant pour Fénelon. Aussi dit-il pour l'oreille du pape : « La passion de *quelques confrères pleins de leurs intérêts* en France peut leur donner ce dessein ; mais à Rome on doit se montrer juste, ferme et incorruptible. C'est l'Église mère qui a été dans tous les siècles l'asile de l'innocence opprimée. J'ai recours à elle dans une oppression manifeste : elle se doit à elle-même de me recevoir avec bonté, et de me justifier, pourvu que je sois docile. Si elle se laissait aller aux impressions secrètes de la cour de France et *aux calomnies dont on s'efforcera de me noircir,* elle se dégraderait, elle perdrait son autorité et sa gloire ; personne ne pourrait plus la regarder comme un refuge assuré. Encore une fois, si elle trouve que mon livre ne soit pas correct ou assez précautionné, que peut-elle faire de plus rigoureux? C'est de le noter : *donec corrigatur.* »

C'était là ce que voulaient la raison et l'usage ; mais Louis XIV demanda autre chose. Et il fallut bien que le saint-père passât par où voulait ce prince. Cinq consulteurs sur dix eurent beau déclarer le livre irréprochable, Louis XIV lança de Versailles à Rome un mémoire théologique, de la main de Bossuet, bien entendu, montrant, par des arguments qui passaient de beaucoup l'esprit de celui qui signait, qu'il fallait condamner.

La théologie était la vraie force de Bossuet ; il brilla moins dans la correspondance. On trouve de beaux traits dans ses lettres, mais ils font encore plus honneur à son adversaire qu'à lui-même. Il lui arrive d'en faire l'éloge en croyant le critiquer. « Vous avez voulu raffiner sur la piété, lui dit-il un jour ; vous n'avez trouvé digne de vous que Dieu beau en soi. » Or cela est certes bien dit, mais c'est là précisément ce qui relève le mieux le mérite, la haute et pure doctrine de Fénelon; car toute autre n'est qu'un grossier eudémonisme, c'est-à-dire un amour ou un culte mercenaire. Aussi, connaissant tout l'ascendant de son esprit et mesurant tout le terrain que Fénelon avait gagné par ses brillantes apologies, Bossuet sentit qu'il lui fallait frapper un grand coup.

CHAPITRE XVI

Un pamphlet d'un homme de génie et la réplique d'un autre. — La *Relation du Quiétisme* par Bossuet et la *Réponse* de Fénelon. — Les torts de ce dernier. — Ceux du cardinal de Bouillon. — Une intrigue en Sorbonne. — Un mot du pape sur Bossuet et sur Fénelon. — La condamnation du livre des *Maximes*. — L'abbé Bossuet et l'abbé de Chanterac.

1697 — 1699

Voyant que, malgré tout ce qu'il avait fait jusque-là, le mysticisme de Fénelon triomphait, grâce à son admiré défenseur, Bossuet qui en voulait la condamnation à tout prix et sous un nom odieux, lança cette *Relation du Quiétisme* où il ne se refusait l'emploi d'aucun terme, d'aucun fait, ni d'aucune insinuation qui pouvait mener au but, œuvre qui fut lue avec la même admiration de la cour et de la ville, dit Saint-Simon, mais œuvre qu'on ne lit plus et dont nul ne comprend plus le succès aujourd'hui. Car s'il y a quelque science, elle est bien déparée par l'argumentation scolastique, sans parler de ces accusations si vives contre cette même personne à laquelle on avait donné un si beau certificat en 1695, à laquelle on rendit un si beau témoignage en

1700, j'entends madame Guyon. (VII, p. 153, f. B.) Pour expliquer le succès du livre à *la cour*, il fallut tout le prestige dont jouissaient encore Louis XIV et madame de Maintenon ; quant à *la ville*, ce qui veut dire le public, on était du côté de Fénelon. Si offensé que fût ce dernier, craignant pour ses amis, les ducs de Beauvilliers et de Chevreuse, dont madame de Maintenon désirait le renvoi de la cour, il ne voulut d'abord rien répliquer. Mais les instances de ses amis de Rome furent si vives et leurs raisons si catégoriques, qu'il rompit le silence avec une promptitude, une énergie et un éclat qui firent l'étonnement et l'admiration de tout ce qui lisait en Europe. Cinq semaines lui suffirent pour abattre le magnifique échafaudage de son vaillant adversaire et sa *Réponse à la relation sur le Quiétisme*, est l'écrit qui offre les pages les plus saines et les plus éloquentes de tout ce débat. Elle acheva de mettre l'opinion de son côté. Il eut avec lui toutes les âmes délicates quand il s'écria : « S'il reste à M. de Meaux quelque écrit ou quelque autre preuve à alléguer contre ma personne, je le conjure de n'en point faire un demi-secret pire qu'une publication, » et il toucha les plus récalcitrants quand il ajouta : « Pour moi, je ne puis m'empêcher de prendre ici à témoin celui devant qui nous paraîtrons bientôt ; il sait, lui qui lit dans mon cœur, que je ne tiens à aucune personne, ni à aucun livre... Je gémis sans cesse en sa présence pour lui demander qu'il rende les pasteurs aux troupeaux... et qu'il donne autant de bénédictions à M. de Meaux qu'il m'a donné de croix. »

Fénelon eut pourtant des torts : ce fut d'abord de

jeter en avant trop d'idées, d'inventer trop de combinaisons de conciliation; en un mot, d'écrire trop de lettres. Ce fut ensuite de se faire trop humble et trop docile, et d'avoir, non pas seulement trop de talent, mais encore trop de bonté. Ce fut enfin de garder jusqu'au bout trop de confiance dans son génie et de ne pas redouter suffisamment le très-redoutable trio qu'il combattait : Bossuet, le roi et madame de Maintenon.

Un des deux agents de Bossuet à Rome, et le moins indigne des deux, l'abbé Phelippeaux, fit à son tour et à son point de vue une relation sur la même affaire. Ce fut à une époque où il était fort bien encore avec la famille de Bossuet. Il y maltraita, il y calomnia Fénelon, l'hôtel Beauvilliers et madame de Maintenon elle-même, au point que la justice fit lacérer son ouvrage. Il eût mieux valu laisser à Fénelon l'alternative d'y répondre par les faits ou le mépris. Bossuet répliqua à sa *Réponse* qui charma Rome et le pape comme le public de toute l'Europe, et publia des *Remarques* élaborées avec grand soin pendant plusieurs mois. A son tour Fénelon écrivit en quelques jours une *Réponse* où il jeta au puissant auteur des *Remarques* ses paroles les plus sévères : « Quelle indécence, lui dit-il, que d'entendre dans la maison de Dieu, jusque dans son sanctuaire, ses principaux ministres recourir sans cesse à ces déclamations vagues qui ne prouvent rien. »

Jamais on n'avait dit pareille chose à Bossuet. Ce ne fut pas tout : « Votre âge et mon infirmité, ajouta Fénelon, qui ne s'emportait jamais que quand il le voulait bien, nous feront bientôt comparaître tous deux devant celui que *le crédit ne peut apaiser et que l'éloquence ne peut éblouir.* »

Après cette allusion si blessante à un amour-propre trop connu, Fénelon, mieux inspiré, essaye de faire un appel au cœur de son vieil ami ; mais sans le vouloir, il le dépeint l'homme le plus inconséquent :

« Ce qui fait ma consolation, dit-il, c'est que, pendant tant d'années où vous m'avez vu de si près tous les jours, vous n'avez jamais eu à mon égard rien d'approchant de l'idée que vous voulez aujourd'hui donner de moi aux autres. Je suis *ce cher ami, cet ami de toute la vie, que vous portiez dans vos entrailles.* Même après l'impression de mon livre, *vous honoriez ma piété;* je ne fais que répéter vos paroles dans ce pressant besoin. Vous aviez cru devoir *conserver en de si bonnes mains le dépôt important de l'instruction des princes; vous applaudites* au choix de ma personne pour l'archevêché de Cambrai. Vous m'écriviez encore, après ce temps-là, en ces termes : *Je vous suis uni dans le fond du cœur, avec le respect et l'inclination que Dieu sait. Je crois pourtant ressentir encore je ne sais quoi qui nous sépare un peu et cela m'est insupportable.* »

Et du langage le plus touchant, d'un seul bond le doux Fénelon passe à la plus mordante ironie : « Honorez-vous, Monseigneur, d'une amitié si intime les gens que vous connaissez pour *faux, hypocrites* et *imposteurs?* Leur écrivez-vous de ce style? Si cela est, on ne saurait se fier à vos belles paroles, non plus qu'aux leurs; mais avouez-le : vous m'avez cru très-sincère jusqu'au jour où *vous avez mis votre honneur à me déshonorer,* et où les dogmes vous manquant, il a fallu recourir aux faits pour rendre ma personne odieuse. »

L'ambassadeur de France à Rome, le cardinal de Bouillon, appela cette prompte réplique : « le plus grand effort de l'esprit humain. » Il se trompait; ce travail est trop beau pour être le fruit d'un effort, et s'étant échappé de la pensée de Fénelon avec tant de spontanéité, il ne comporte pas la louange. Bossuet avait trop de lumières pour ne pas sentir lui-même la puissance d'un tel adversaire : « *Qui lui conteste l'esprit?* s'écriat-il, *il en a plus que moi, il en a jusqu'à faire peur.* » Mais Louis XIV avait d'autres moyens de faire peur que l'esprit, même à Rome. Quand Bossuet vit que le partage des examinateurs sur les *Maximes* ferait traîner, c'est-à-dire amortir l'affaire; quand il vit Fénelon luimême plein de cette flatteuse perspective, s'adresser à madame de Maintenon pour lui insinuer qu'on pouvait en rester là, sans que la religion fût compromise, que ce résultat dépendait d'elle; quand Bossuet vit cela, il prit une résolution singulière. Déjà pour agir sur Rome, qui aime les faits, il avait exigé la destitution des amis de Fénelon, restés jusque-là sous-précepteurs des princes; il avait fait menacer les ducs de Beauvilliers et de Chevreuse de la perte de leurs places : c'était peu. Il s'avisa d'un coup plus direct, plus significatif : ce fut de montrer à Rome qu'au besoin on se passerait d'elle, en faisant juger en France ce qu'elle refusait de condamner. Il fit présenter une censure de douze propositions du livre des *Maximes* à soixante docteurs en Sorbonne, et ce document lestement élaboré fut encore plus prestement porté de maison en maison, et enrichi de signatures, accordées comme ces sortes de choses se donnent. Ce qu'il y eut de plaisant, si la palinodie est plaisante en une matière pareille, c'est que cette censure fut écrite par le même docteur Pirot, qui avait déclaré l'écrit de Fénelon un livre *tout d'or*. C'est pour cela que, loin de laisser aux signataires le temps de la lire, on faisait, dit Fénelon, courir les bedeaux de porte en porte pour enlever les adhésions.

A cette étrange censure, où la Sorbonne faisait la leçon à Rome, on joignit une démonstration plus énergique : une lettre d'injonction au pape de la part de Louis XIV pour hâter la condamnation.

Et afin que tout le monde comprît qu'il y avait danger à souffrir un homme aussi coupable que Fénelon auprès d'un jeune prince, le monarque si docile pour madame de Maintenon, biffa de sa main le nom de Fénelon sur le tableau des officiers de sa maison. La privation du titre, de la pension et de l'appartement de précepteur fut l'affaire de ce trait de plume.

Dans les dispositions où se trouvaient les esprits, il ne manquait plus à la glorification de Fénelon que ces trois actes de violence qui montraient si bien à l'univers qu'il n'était question que d'une intrigue de cour brodée sur un canevas religieux; que cette intrigue se jouait réellement à Versailles où elle avait pris naissance, et que le véritable acteur, celui qui faisait agir madame de Maintenon sur Louis XIV, et ce prince sur Innocent XII, était l'évêque de Meaux qui résidait plus à Versailles que dans son diocèse, et qui suivait les inspirations et les passions de ses deux agents.

De ces agents, l'un l'indigne neveu de Bossuet, menait de front des intrigues de plus d'une sorte et eut des aventures à ce point compromettantes que plus d'une fois il alimenta la correspondance de son spirituel adversaire, l'abbé de Chanterac. « L'on dit à présent qu'il a été attaqué deux fois, dit ce dernier dans une de ses missives pour Cambrai; qu'à la première il se racheta pour vingt pistoles, et que pour la seconde il lui en coûta cent cinquante écus. »

Aux aventures, le frivole abbé joignait l'ostentation : « Il a pris, depuis peu, une livrée magnifique, d'un très-beau drap, avec un grand galon d'argent très-riche au manteau, au justaucorps et à la veste. Mais surtout il a deux petits laquais vêtus à l'italienne, avec un pourpoint de velours et une quantité de rubans. On appelle ces deux petits *ses deux pages*, et tout le monde en rit : lui seul en est très-content. » (Lettre du 28 janvier 1698. Correspondance de Fénelon, vol. VIII, p. 362.)

Dans cette guerre de quatre abbés présents à Rome, et de quatre prélats remplissant la France du bruit de leurs brochures, lettres, remarques, réponses, et cætera, le plus en jeu, le plus en vue et le plus en verve, ce fut bien Fénelon lui-même. Il ne fallait pas moins que son talent au service de son génie, pour faire tête à trois confrères assistés du roi et de madame de Maintenon, employant par eux-mêmes toutes sortes d'armes et souffrant que leurs agents en employassent d'inqualifiables. Ainsi l'abbé Bossuet fit valoir à Rome contre Fénelon jusqu'à l'absence de ce prélat aux cérémonies du mariage du duc de Bourgogne, comme si Fénelon n'était pas banni de la cour. Il fit des insinuations plus odieuses. Le cardinal de Spada, frappé de la frivolité de ces intrigues, dit un jour à l'abbé de Chanterac : « que ce n'était qu'une pointille *entre courtisans* qui se font envie les uns aux autres; mais qu'il y avait de la passion et de l'emportement. » (Corresp. de Fénelon, vol. VIII, p. 394.) Pour qu'un cardinal qualifiât de courtisans les deux premiers évêques de France, quelles insinuations n'avait-il pas dû recevoir sur l'un et l'autre? Il est certain que celui des deux dont le nom est arrivé à nous si pur, et qui disait si sincèrement : *Rien pour moi, tout pour la vérité,* fut lui-même traité tour à tour, de *serviteur des jésuites,* d'*ami des jansénistes* et de *fils aîné de Molière.* Ce qui passionna le plus le trop irritable agent de Bossuet, ce fut la vue du peu d'effet que produisaient à Rome les mesures violentes qu'il avait suggérées. Quand il vit les misérables résultats des derniers coups frappés à sa demande, il écrivit à son oncle combien le pape aimait et admirait Fénelon, « qui, disait-il, ne péchait que par un amour excessif de Dieu, tandis que Bossuet péchait par trop peu d'amour pour son prochain. »

Quand Innocent XII eut fait connaître qu'il voulait ménager l'archevêque de Cambrai et formuler des canons de doctrine, au lieu d'une sentence personnelle; quand il eut recommandé aux commissaires une délicate indulgence pour une piété qui ne péchait que par trop de raffinement, l'abbé Bossuet, qui avait des émissaires partout, se hâta d'apprendre ces « mauvaises » nouvelles à son oncle, et celui-ci aussitôt rédigea de son style le plus impérieux un mémoire au pape, que madame de Maintenon fit signer à Louis XIV.

Ces instances royales, qui étaient des menaces mal déguisées, arrachèrent enfin la sentence exigée du pape. Innocent XII qui avait toujours été d'un caractère modéré, était alors brisé par les années et incapable de soutenir indéfiniment une lutte aussi inégale. « Les dispositions du saint-père seraient admirables, écrivait l'abbé de Chanterac à Fénelon, si l'on pouvait s'assurer qu'elles seraient constantes; mais je vois que l'on parle si ouvertement de sa grande vieillesse, et de son peu de mémoire, que l'on ne peut pas faire grand fond sur ce qu'il répond quand on lui parle. Ce n'est pas qu'il ne me paraisse d'une vivacité et d'une présence d'esprit fort opposées à ce qu'on en dit assez communément, et ce que j'ai vu de lui m'en donnerait une idée toute contraire; je croirais plutôt que, comme il a passé une grande partie de sa vie dans les nonciatures, et qu'il s'est plus appliqué aux affaires d'État qu'à une profonde théologie, il craindrait de se déterminer par ses propres lumières sur des questions de religion. » (Corresp. de Fénelon, vol. IX, p. 405.)

Si vives que fussent les instances et si directes les menaces, elles ne purent lui arracher le mot d'*hérétique* qu'on aurait voulu appliquer à la doctrine d'un archevêque; il frappa le livre des *Maximes* de quelques épithètes sévères et en condamna particulièrement certaines propositions. Ce fut pour Fénelon une véritable défaite; il en apprit la nouvelle, si attendue qu'elle fût, avec une douleur sincère, profonde. Mais ayant toute l'Europe pour complice, il sut changer sa défaite en une victoire; la sincérité et la noblesse de son humilité obtinrent pour le moins autant d'éloges qu'en eût obtenus son triomphe, et ce n'est pas sa soumission qu'il faut le plus admirer, celle-là était dans son cœur et elle ne lui coûta rien ainsi qu'il l'avait toujours dit. D'ailleurs tout autre procédé pour lui était impossible; mais ce qu'on admira toujours avec raison, c'est la manière simple, noble et pieuse dont il accomplit le plus grand acte de sa vie. Cette grande manière fut relevée encore par l'espèce de dépit trop peu déguisé qu'éprouva le vainqueur à la vue des procédés de Cambrai tout aussi bien qu'à la vue de ceux de Rome.

En effet, Bossuet blâma ce que l'on admirait le plus dans Fénelon, ses paroles de soumission, son mandement et sa lettre au pape. Louis XIV, madame de Maintenon et leur cour furent peut-être de l'avis de Bossuet et de sa cour; mais telle n'était pas la pensée du pape. Ces belles paroles que l'abbé de Chanterac écrivit à Fénelon : « Nous ne saurions être tous ensemble si affligés, comme il [le pape] le paraissait lui seul, de ce qu'il pouvait y avoir de pénible pour vous dans le jugement qu'il venait de rendre; » ces belles paroles rendaient le sentiment de l'Europe comme celui du pape. « Il en paraissait changé à n'être pas reconnaissable, dit le vicaire général de Cambrai. Il me dit plusieurs fois qu'il vous connaissait pour un grand archevêque, très-pieux, très-saint, très-docte, *piissimo, santissimo, dottissimo :* ce sont ses propres termes, car il parlait italien. » (Corresp. de Fénelon, lettre du 14 mars 1699.)

Bossuet ne pouvait se résigner à ce qu'il en fût ainsi; à ce que Fénelon triomphât réellement dans l'opinion, celle de l'Europe comme celle de Rome, et pour empêcher le belliqueux prélat de reprendre la plume sur le mandement de l'archevêque de Cambrai, qu'il trouva très-défectueux, il fallut plus que des conseils, il fallut des signes évidents d'un changement dans l'opinion.

Il se rendit à l'autorité de cette reine du monde, et dit qu'après tout l'*essentiel y était*, seulement il ajoutait que l'*obéissance y était pompeusement étalée*. Il y eut pourtant quelque chose de plus étrange que ce langage ; ce fut celui du roi, qui remercia de la condamnation le même pontife qui écrivait à Fénelon « pour lui envoyer sa bénédiction avec beaucoup d'affection. » Qu'on aime mieux les cardinaux, un seul excepté, chargeant l'ami dévoué de l'assurer de leur respect et de leur vénération, et Fénelon lui-même écrivant des remercîments à l'abbé de Chanterac ! Si jamais une belle cause n'a été mieux plaidée, jamais un évêque mieux servi, jamais on n'a plus aimé et honoré un ami que Fénelon n'honora et n'aima le sien. « Quoi qu'il arrive, mon cher abbé, lui écrivit-il quand la sentence allait être prononcée, je ressentirai à jamais tous les secours que vous me donnez. Je persiste à vous conjurer d'aller, après la fin de cette affaire, aux bains de Pouzzoles : ce ne sera pas un fort grand retardement. Vous verrez même un pays très-digne d'être vu. Ces bains vous feront un plus grand bien que ceux de France, qui ont moins de force. De là, vous reviendrez sur vos pas. Vous passerez par Bordeaux ; vous verrez tout à loisir mesdames vos sœurs et les Carmélites. Je consens, pour l'amour d'elles, à être le dernier à vous embrasser, et *c'est leur sacrifier beaucoup ;* mais je les honore trop, et je les aime trop aussi pour ne pas préférer à ma consolation leur consolation et la vôtre. Allez donc à Pouzzoles, et ensuite à Bordeaux, avant que songer à Cambrai. » (Corresp. de Fénelon, v. 18, p. 511.)

Quelles paroles d'une belle âme à une belle âme !

CHAPITRE XVII

Le livre des *Maximes* condamné à Rome. — Les doctrines mystiques de Fénelon après le débat de 1699. — Sa profession de foi après le jugement d'après son mémoire au pape. — Ses lettres intimes et la conduite de ses amis. — Les trois duchesses. — Leur séparation apparente d'avec madame Guyon.

1699

Les amis de Fénelon s'étaient flattés de l'espoir qu'il ne serait pas condamné lui-même; que son nom ne figurerait pas dans un acte solennel d'Innocent XII; qu'il n'y aurait qu'un simple bref, et que ce bref imiterait la réserve qu'on avait gardée dans les articles d'Issy, qui ne nommaient pas les condamnés, ni madame Guyon, ni le P. Lacombe. Mais le débat s'était bien passionné depuis cette époque, et Bossuet fut plus exigeant à l'égard d'un archevêque qui l'avait blessé qu'à l'égard d'une femme qui l'avait tout au plus un peu joué. Il est vrai que le pape, par ménagement, ne voulut pas donner à sa décision la forme solennelle d'une bulle, mais son bref désigna de la façon la plus nette François de Salignac, archevêque de Cambrai. Il eût été difficile de prendre un prélat plus corps à corps ; il y avait à cela quelque rigueur, et l'on pouvait y mettre plus de douceur ; car ce que Fénelon avait donné dans son livre, ce n'était pas sa doctrine ou son mysticisme à lui, c'étaient bien les *Maximes des Saints,* telles qu'on les trouvait dans les mystiques les plus accrédités, depuis saint Clément et Cassien jusqu'à Jean de la Croix et François de Sales.

A la vérité, Fénelon avait fait quelque chose de plus : il avait rangé ses extraits article par article, et à la suite des maximes saines et vraies, suivant lui, il avait placé les maximes contraires ou fausses. Cela était au fond si loyal et si simple à la fois qu'on ne pouvait qu'y applaudir. Procéder autrement, c'eût été de sa part une sorte de finesse indigne d'un évêque tel que lui. Il avait donc pris le parti le plus droit, celui qui laissait le moins de doute sur sa pensée ; et la cour de Rome, en frappant non-seulement vingt-trois propositions de son livre, mais son livre même, laissa subsister dans l'esprit une réelle incertitude, non pas sur la doctrine condamnée ou mauvaise, mais sur les théories approuvées et vraiment bonnes des écrivains mystiques. Au premier aspect, on dirait bien qu'il n'y avait qu'à prendre le contre-pied des idées rejetées pour arriver aux idées maintenues ; mais d'abord c'est là un travail que les hommes de science étaient seuls capables de bien faire ; ensuite quel homme de science était sûr de lui là où un homme de génie avait failli ? Le simple lecteur, la lectrice, restait dans l'embarras, et cela se conçoit : nul ne se souciait de s'aventurer sur cet océan de mysticité, où la belle intelligence de Fénelon non-seulement s'était compromise, mais obscurcie à entendre les grands juges. « Presque personne qui n'est pas théologien, dit Saint-Simon, ne put le comprendre, et de ceux-là encore après trois ou quatre lectures... Et les connaisseurs crurent y trouver, sous ce langage barbare, un pur quiétisme, délié, affiné, épuré de toute ordure, séparé du grossier, mais qui sautait aux yeux, et avec des subtilités fort nouvelles et fort difficiles à se laisser entendre, et bien plus à pratiquer. »

Il est certain que pour tout le monde, pour Fénelon lui-même, il eût été plus sûr que Rome lui signalât ceux de ses articles qu'on trouvait dangereux, au lieu de frapper seulement un certain nombre de propositions de son livre et de déclarer suspect le livre tout entier. Il n'y avait eu que quarante-cinq articles, et, il faut le dire, il en était qu'on pouvait frapper sans hésitation, et non pas seulement en raison de l'étrangeté du langage. Par exemple, dans le quarantième et unième de ces articles que Fénelon proclame *vrai*, nous trouvons cette doctrine :

« Les noces spirituelles unissent immédiatement l'épouse à l'époux d'essence à essence, ou de substance à substance, c'est-à-dire de volonté à volonté, par cet amour tout pur que nous avons expliqué tant de fois. Alors Dieu et l'âme ne sont plus qu'un même esprit, comme l'époux et l'épouse, dans le mariage, ne sont plus qu'une même chair. Celui qui adhère à Dieu est fait un même esprit avec lui par une entière conformité de volonté que la grâce opère. L'âme y est dans un rassasiement et une joie du Saint-Esprit, qui n'est qu'un germe de la béatitude céleste. Elle est dans une pureté entière, c'est-à-dire sans aucune souillure de péché (excepté les péchés quotidiens que l'exercice de l'amour peut effacer aussitôt), et par conséquent elle peut, sans passer par le purgatoire, entrer dans le ciel, où il n'entre rien de souillé; car la concupiscence, qui demeure toujours en cette vie, n'est point incompatible avec cette entière pureté, puisqu'elle n'est point un péché ni une souillure de l'âme. Mais cette âme n'a pas l'intégrité originelle, parce qu'elle n'est exempte ni des fautes quotidiennes, ni de la concupiscence, qui sont incompatibles avec cette intégrité. » Il est vrai que ce n'est pas Fénelon, que c'est un de ses auteurs qui parle; mais Fénelon, au moment même où il réfute Spinoza et de la même haleine, ajoute tout ravi ces mots : « Parler ainsi, c'est parler avec le sel de la sagesse qui doit assaisonner toutes nos paroles. »

Eh bien, non-seulement c'est là un style étrange, mais ce n'est pas une doctrine pure; elle ne l'est ni aux yeux de la raison ni aux yeux de l'Évangile. Et pourtant cet article n'est pas même signalé comme fautif, tant la commission romaine a été indulgente. Il est vrai qu'en proscrivant le livre en général, on atteignait ce double but : de ne pas frapper les mystiques accrédités eux-mêmes et d'en critiquer en masse tout ce qui désormais y paraîtrait excessif en fait de langage ou de sentiment. Mais leurs partisans exaltés se rassuraient, au contraire, par le silence que les juges gardaient sur certaines *théories*.

Qu'en arriva-t-il en France?

La plupart des adversaires de Fénelon firent comme Saint-Simon ; comprenant ou non, ils redoublèrent de critiques et de gros mots depuis la condamnation, ainsi que cela se fait toujours.

La plupart des amis de Fénelon firent tout juste le contraire.

Quant au public, quant à tous ceux qui n'étaient ni amis ni ennemis, s'il est quelque chose qui ressorte clairement de tous les mémoires du temps et de toute la correspondance des parents et des amis de Fénelon, c'est que, pour la cour de Versailles comme pour la cour de Rome, ce débat était une affaire d'amour-propre entre deux personnalités trop considérables pour ne pas se heurter en se rencontrant dans les voies l'une de l'autre ; que la victoire de l'une était infailliblement la défaite de l'autre ; que Bossuet ne triompha que par un ensemble d'influences très-personnelles ; mais la victoire fut disputée au point que l'autorité de Louis XIV, l'intervention de madame de Maintenon et celle des trois prélats de Meaux, de Paris et de Chartres suffirent tout juste pour balancer l'ascendant de Fénelon abandonné à lui seul.

Cela mettait les esprits libres fort à leur aise. Pour eux, il n'y avait de jugé qu'une question de personnes. Le bon droit et la vérité étaient du côté de la victime. Ce n'est pas que les esprits libres portassent au fond de la question un intérêt sérieux, ou qu'ils fussent enclins tant soit peu au mysticisme ; mais, par opposition au dogme, ils demandaient en toute discussion, d'abord le droit de la raison, ensuite le triomphe de la pure doctrine, c'est-à-dire de la philosophie. Or Fénelon avait à leurs yeux ce double titre : il usait du droit de discussion en prêtre philosophe, et sa doctrine catholique ou mystique, traduite en style profane, n'était que la philosophie elle-même.

Et ils avaient raison, non pas en ce sens que le mysticisme chrétien ne soit partout autre chose que la philosophie, mais en ce sens que toute morale philosophique qui se pique d'être saine et pure veut l'amour du bien, non pas parce que le bien est la volonté de Dieu ou ce qui est conforme à sa volonté divine, mais veut l'amour du bien par la raison que le bien est ce qu'il est, la seule chose aimable, la seule chose qu'une âme pure puisse rechercher, affectionner, réaliser. Aimer le bien parce que Dieu le veut, parce qu'il le commande, l'impose et le récompense dans cette vie ou dans une autre, c'est l'aimer par ordre et par intérêt. Or cela est bon pour un peuple grossier et des esprits vulgaires, mais non pas pour d'autres; car ce n'est pas aimer le bien véritablement, puisque ce n'est pas l'apprécier dans sa beauté et pour lui-même. Ce n'est donc pas l'aimer moralement; c'est, au contraire, l'aimer en mercenaire, c'est-à-dire pour les avantages qu'il nous vaut, ce qui n'est pas l'aimer du tout.

Et, qu'on le remarque bien, la morale chrétienne est là-dessus parfaitement d'accord avec la morale philosophique. Pour l'une comme pour l'autre, ce n'est pas la récompense, c'est le bien qui est proposé à notre amour. Et pour le chrétien tout autant que pour le philosophe, le bien, c'est Dieu.

Pour le chrétien comme pour le philosophe, Dieu n'est pas seulement le type du bien, il est l'essence du bien. Ce n'est qu'autant qu'il l'est qu'il mérite l'amour absolu.

Il en résulte qu'on ne peut pas aimer l'un sans l'autre; mais il en résulte surtout que viser aux récompenses et obéir par ordre, n'avoir en vue que le bonheur que l'obéissance doit nous assurer, ce n'est pas aimer du tout. Sans doute, la pure théorie ne suffit pas; au contraire, la pratique est la chose essentielle, et on ne peut pas aimer le Bien d'une manière abstraite, si bien qu'on le conçoive abstractivement; sans doute, on ne peut l'aimer parfaitement qu'en Dieu, puisqu'il ne se trouve qu'imparfaitement partout ailleurs; mais aussi Fénelon était resté dans le vrai. Jamais il n'avait soutenu qu'il fallait aimer, non pas Dieu, mais le Bien. Ce qu'il avait soutenu, c'est qu'il fallait aimer Dieu pour lui-même, et non pas en mercenaire.

Sur ces vérités suprêmes, les philosophes étaient donc aussi absolus que les mystiques, soutenant que ceux qui s'y élèvent sont seuls dans le vrai, que toute autre morale, si respectable qu'elle puisse être au point de vue légal ou social, est inadmissible pour la raison pure.

Les théoriciens chrétiens de cet amour pur et tous les mystiques, y compris saint François de Sales, le plus tranché de tous sur ce point, appellent ce degré de vertu *la charité désintéressée*, et ils ont le mérite d'avoir mis en relief, la gloire d'avoir professé bien plus haut que les philosophes, une vérité qui forme la véritable essence de la morale religieuse. Leurs adversaires objectent, ou du moins les adversaires de Fénelon lui objectèrent que l'amour ne saurait exister sans désir; qu'on ne peut aimer sans désirer l'objet, sans aspirer à la possession. Aimant Dieu absolument, on ne saurait donc ne pas souhaiter, désirer et espérer avec vivacité d'être uni avec lui, et cela éternellement ; en d'autres termes, qu'on ne saurait aimer Dieu sans aspirer avec ardeur à la félicité suprême et sans espérer le salut éternel. Penser le contraire, c'est se livrer à une conception chimérique, et prétendre qu'on l'aimerait encore, fût-on assuré de n'être pas appelé à ce salut, ce qui serait l'amour désintéressé par excellence, c'est professer une erreur évidente. Nul homme, disaient-ils, ne peut renoncer à l'espérance ; notre nature elle-même s'y oppose ; nul ne le doit vouloir, la religion le défend ; l'espérance est au contraire une des trois grandes vertus du fidèle. Ils ajoutaient qu'une doctrine aussi subtile était non-seulement une exagération intolérable, mais une coupable erreur.

Fénelon leur répondait avec raison et au nom des plus grands mystiques, qu'on se méprenait sur la véritable nature de cette théorie ; que c'était une idéalité ; que sans doute tout le monde n'y arrivait pas, mais que tel est le propre de toutes les théories éthiques les plus parfaites, que ces théories sont toujours des conceptions idéales ; que jamais elles ne se réalisent d'une manière absolue, même dans ceux qui les conçoivent avec le plus d'enthousiasme, mais qu'elles servent de types nécessaires, de règles seules propres à satisfaire cette faculté d'idéalisation qui est précisément l'image de Dieu dans l'homme.

Un sage historien de la vie de Fénelon, pour faire comprendre la condamnation de sa doctrine par la ressemblance qu'elle offrait avec celle de Molinos, condamnée dix ans auparavant, la résume en ces deux points :

« Il est dans cette vie un état de perfection dans lequel le désir de la récompense et la crainte des peines n'ont plus lieu.

« Il est des âmes tellement embrasées de l'amour de Dieu, et tellement résignées à la volonté de Dieu, que si, dans un état de tentation, elles venaient à croire que Dieu les a condamnées à la peine éternelle, elles feraient à Dieu le sacrifice absolu de leur salut. »

« Tels sont les véritables principes de Fénelon. »

Ce résumé d'un écrivain qui veut tout ménager, tout concilier et tout aplanir, Fénelon ne l'eût jamais accepté. Voici ce qu'il disait dans ses *Maximes des Saints* :

« Toutes les voies intérieures tendent à l'amour pur ou désintéressé. Cet amour pur est le plus haut degré de la perfection chrétienne; il est le terme de toutes les voies que les saints ont connues. Quiconque n'admet rien au delà est dans les bornes de la tradition : quiconque passe cette borne est déjà égaré. Si quelqu'un doute de la vérité et de la perfection de cet amour, j'offre de lui en montrer une tradition universelle et évidente, depuis les apôtres jusqu'à saint François de Sales, sans aucune interruption : et je donnerai là-dessus au public, quand on le désirera, un recueil de tous les passages de tous les Pères, des docteurs de l'école, et des saints mystiques, qui parlent unanimement. On verra, dans ce recueil, que les anciens Pères ont parlé aussi fortement que saint François de Sales, et qu'ils ont fait, pour le désintéressement de l'amour, les mêmes suppositions sur le salut, dont les critiques dédaigneux se moquent tant, quand ils les trouvent dans les saints des derniers siècles. Saint Augustin même, que quelques personnes ont cru opposé à cette doctrine, ne l'enseigne pas moins que les autres.

« Il est vrai qu'il est capital de bien expliquer ce pur amour, et de marquer précisément les bornes au delà desquelles son désintéressement ne peut jamais aller. Son désintéressement ne peut jamais exclure la volonté d'aimer Dieu sans bornes, ni pour le degré, ni pour la durée de l'amour; il ne peut jamais exclure la conformité au bon plaisir de Dieu, qui veut notre salut, et qui veut que nous le voulions avec lui pour sa gloire. »

On reprochait à Fénelon ce qu'on avait tant reproché à madame Guyon, d'enseigner un état de contemplation qui dispense de tous les actes distincts, et mène par conséquent à une sorte d'indifférence pour ce qui passe en nous ou se fait par nous de bien et de mal. « Non, dit-il, cet amour désintéressé, toujours inviolablement attaché à la loi écrite, fait tous les mêmes actes et exerce toutes les mêmes vertus distinctes que l'amour intéressé, avec cette unique différence, qu'il les exerce d'une manière simple, paisible et dégagée de tout motif de propre intérêt. »

N'est-ce pas là une belle théorie, et la vraie théorie ? La philosophie pure a-t-elle jamais enseigné autre chose, et peut-on jamais rien enseigner de plus positif ?

Dès lors on comprend que le groupe des intimes de Fénelon y soit demeuré fidèle.

Et que Fénelon lui-même ne soit jamais devenu infidèle à la belle théorie qui formait sa vraie doctrine.

Pour se convaincre de la constance de ses principes, malgré la condamnation des formes qu'il leur avait données, et qui n'étaient réellement pas heureuses, Saint-Simon là-dessus est d'accord avec le Saint-siége, on n'a qu'à consulter deux documents écrits de sa main, un mémoire secret et un ensemble de lettres particulières.

En effet, après l'assemblée du clergé de 1700, où Bossuet, au dire de Fénelon, « n'a pas craint de se montrer à la fois dénonciateur, témoin, juge et historien dans sa propre cause, » Fénelon rédigea un mémoire qui ne devait être remis au pape qu'après la mort de son auteur, et où l'on retrouve Fénelon après le débat comme il était avant.

Il y dit d'abord bien nettement qu'il ne veut pas laisser subsister une ombre de doute sur la sincérité de sa soumission ; puis, tout aussi nettement, qu'il ne veut pas laisser de doute sur la pureté de sa doctrine bien expliquée, *telle qu'il l'a toujours eue.*

« À Dieu ne plaise qu'on puisse me soupçonner le dessein de renouveler de malheureuses controverses ! Mais ne m'est-il pas permis d'exposer dans un esprit de paix et de soumission à l'Église, mère et maîtresse, mes véritables sentiments, tels que je les ai, tels que je les ai toujours eus ?

« Je crois avoir prouvé jusqu'à l'évidence que je n'ai jamais prétendu défendre aucune des vingt-trois propositions, telles qu'elles sont énoncées *dans le bref.* (Il ne dit pas *dans mon livre.*) J'avais seulement pensé qu'avec les tempéraments que j'avais eu l'intention d'exprimer dans le livre, elles pouvaient n'offrir qu'un sens très-catholique, et entièrement opposé à toute illusion. »

Puis, entrant en matière sur la question tant contestée de l'amour désintéressé, il montre successivement que la nature de l'homme et l'essence de l'amour ne supposent pas toujours ni le désir de posséder ce qui en fait l'objet, ni celui d'être heureux; que la promesse du bonheur éternel n'est pas le motif essentiel de l'amour de Dieu considéré comme une vertu (théologale) surnaturelle; que l'état habituel de l'amour parfait tel qu'il l'a exposé dans ses écrits pendant le débat, enseigné dans les Pères les plus anciens et les mystiques qui ont marché sur leurs traces, n'autorise pas les exagérations condamnées dans Molinos et ses partisans, les quiétistes.

C'est faire, en termes solennels et au nom de la science, avec toute l'autorité de sa haute intelligence et toute la droiture de son âme pure, cette déclaration posthume : *on s'est trompé sur ma pensée, je ne me suis pas trompé, ce que j'enseigne aujourd'hui encore, je l'ai toujours enseigné.*

La vérité sur la pensée entière de Fénelon est là. Les lettres particulières sont d'accord là-dessus avec son mémoire. Celles qu'il écrit après 1699 sont conformes à celles qu'il a écrites auparavant, ses directions spirituelles de toutes les époques, attestent d'une part une singulière constance dans les principes et d'autre part un véritable progrès dans l'art de varier la forme grave et les beautés austères de la même doctrine. Ces lettres se ressemblent toutes et n'en forment qu'une seule pour ainsi dire, enseignant toujours le *recueillement*, la *dé-*

sappropriation ou le *renoncement* à toute vue d'intérêt propre, de récompense, de droit au bonheur éternel, l'*appétissement*, la confiance et l'*abandon*, l'*oraison contemplative*. Et si étranges que paraissent au premier abord quelques-uns de ces termes, dans notre siècle philosophique et profond, tous ont un sens clair et raisonnable dans les lettres de l'éloquent écrivain. Prenons, par exemple, la plus belle et la plus soignée de ces missives, celle *à une carmélite* [Corresp. de Fénelon, vol. V, p. 363]. Lisons ce texte si instructif, et nous ne nous plaindrons plus, au moins, de ne pas comprendre. On y trouvera bien ce que madame de La Maisonfort appelait si plaisamment de la *mystiquerie*, mais on y remarquera toujours le soin que prend Fénelon d'apporter, de jeter dans ces nuages le plus de rayons qu'il pourra. Du moins tous les termes que nous venons de citer il les explique.

« La contemplation, dit Fénelon à mademoiselle de Peray, est un genre d'oraison autorisé par toute l'Église ; elle est marquée dans les Pères et dans les théologiens des derniers siècles : mais il ne faut jamais préférer la contemplation à la méditation. Il faut suivre son besoin et l'attrait de la grâce, par le conseil d'un bon directeur. Ce directeur, s'il est plein de l'esprit de Dieu, ne prévient jamais la grâce en rien, et il ne fait que la suivre patiemment et pas à pas, après l'avoir éprouvée avec beaucoup de précaution. » Soit dit en passant, la direction ainsi comprise et pratiquée, où se trouve-t-elle ?

« L'âme qui contemple de la manière la plus sublime doit être la plus détachée de sa contemplation, et la plus prête à rentrer dans la méditation, si son directeur le juge à propos. Balthasar Alvarez, l'un des directeurs de sainte Thérèse, dit, suivant une règle marquée dans tous les meilleurs traités, que quand la contemplation manque, il faut reprendre la méditation, comme un marinier se sert de rames quand le vent n'enfle plus les voiles.

« Cette règle regarde les âmes qui sont encore dans un état mêlé : mais en quelque état éminent et habituel qu'on puisse être, la contemplation ni acquise ni infuse [par la grâce?] ne dispense jamais des actes distincts des vertus ; au contraire, les vertus doivent être les fruits de la contemplation. Il est vrai seulement qu'en cet état les âmes font les actes des vertus d'une manière plus simple et plus paisible, qui tient quelque chose de la simplicité et de la paix de la contemplation. »

On voit combien Fénelon tenait à cette contemplation, et par attachement à ses lectures, à ses théories mystiques ; car pour ce qui était de s'y livrer lui-même, il n'y avait guère moyen dans une vie si occupée que la sienne, avec de tels besoins d'activité et un tel jeu d'imagination.

« Cette *contemplation pure* et directe, où *nulle image ni sensation* n'est admise volontairement, n'est jamais, en cette vie, continuelle et sans interruption : il y a toujours des intervalles où l'on peut et où l'on doit, suivant la grâce et suivant son besoin, pratiquer les actes distincts de toutes les vertus, comme de la patience, de l'humilité, de la docilité, de la vigilance et de la contrition. »

Beaucoup de gens qui acceptaient la *contemplation* étaient choqués du *silence*. Fénelon explique à son tour cet état de l'âme en travail de sanctification.

« Le silence dont le roi-prophète parle, c'est celui dont saint Augustin parle aussi, quand il dit : Que mon âme fasse taire aussi elle-même à l'égard d'elle-même : *sileat anima mea ipsa sibi;* que dans ce silence universel, elle écoute le Verbe qui parle toujours, mais que le bruit des créatures nous empêche souvent d'entendre. Ce silence n'est pas une inaction et une oisiveté de l'âme; ce n'est qu'une cessation de toute pensée inquiète et empressée, qui serait hors de saison quand Dieu veut se faire écouter. Il s'agit de lui donner une attention simple et paisible, mais très-réelle, très-positive, et très-amoureuse pour la vérité qui parle au dedans. Qui dit attention, dit une opération de l'âme et une opération intellectuelle accompagnée d'affection et de volonté. »

Ce qui avait beaucoup intrigué les juges de madame Guyon dans les conférences d'Issy, c'était l'état appelé passif. Fénelon en prend aussi la défense.

« L'état passif, cet état que Bossuet ne voulut jamais expliquer, dit Fénelon, est un état simple, paisible, désintéressé, où l'âme coopère à la grâce d'une manière d'autant plus libre, plus pure, plus forte et plus efficace, qu'elle est plus exempte des inquiétudes et des empressements de l'intérêt propre. »

Un autre état qu'on incriminait dans les mystiques se nommait la désappropriation. Ils la demandaient à grands cris, et les plus doux y tenaient comme les plus rigoureux, mais sans se faire comprendre un peu nettement. Fénelon vient apporter la clarté.

« La *propriété* que les mystiques condamnent avec

tant de rigueur, et qu'ils appellent souvent *impureté*, n'est qu'une recherche de sa propre consolation et de son propre intérêt dans la jouissance des dons de Dieu, au préjudice de la jalousie du pur amour, qui veut tout pour Dieu, et rien pour la créature. »

On trouvera peut-être qu'ici la clarté elle-même n'est pas trop claire, mais ce qui suit est un rayon.

« Le péché de l'ange fut un péché de *propriété; stetit in se,* comme parle saint Augustin. La propriété bien entendue n'est donc que l'amour-propre ou l'orgueil, qui est l'amour de sa propre excellence en tant que propre, et qui, au lieu de rapporter tout et uniquement à Dieu, rapporte encore un peu les dons de Dieu à soi, pour s'y complaire.

« Cet amour-propre fait, dans l'usage des dons extérieurs, la plupart des défauts sensibles. »

Madame Guyon, si vaine de ses dons extérieurs, offrait ici un commentaire très-clair. Terminons par une remarque bien profonde, bien fine.

« Dans l'usage des dons intérieurs, il faut une recherche très-subtile et presque imperceptible de soi-même dans les plus grandes vertus, et c'est cette dernière purification qui est la plus rare et la plus difficile. »

Tel est tout le mysticisme courant de Fénelon. Seulement le courant, c'est le petit. Tout ce qui regarde le grand, l'état d'extase, de vision, d'inspiration ou d'illumination, ou bien lui est étranger ou bien est pour lui le mysticisme réservé, nous en parlerons ailleurs.

Dans tous les cas, le petit ou le mysticisme courant de Fénelon, n'est pas le mysticisme philosophique qui est souvent très-rationnel, d'autres fois très-excentrique ; le sien au, contraire, est essentiellement chrétien, apostolique.

La date de la lettre à une carmélite n'existe plus, et peu importe ; car je l'ai dit, toutes les lettres spirituelles de Fénelon se ressemblent. Si elles se distinguent, c'est en ceci de caractéristique, que celles qui sont postérieures au débat, si particulières et si intimes qu'elles soient et si sûr que fût l'auteur de la discrétion de ses amis, sont circonspectes dans les termes. Si forte, si chaude et si mystique qu'en soit la pensée, le langage en est plus tempéré. Et, ne le dissimulons, mystique véritable, Fénelon a raison d'être en garde, car si nette que soit son intelligence appliquée à la littérature ou à la politique, elle aime tantôt à plonger en morale et en philosophie religieuse dans ces profondeurs où cesse la méditation, tantôt à s'élancer sur ces hauteurs où la contemplation l'emporte sur le raisonnement, où s'enflamme l'imagination, où le sentiment s'exalte. Ce qui le charme bien plus que la spéculation métaphysique, c'est la divination religieuse. On n'est pas mystique ni impunément, ni à moins de dispositions spéciales. Pour le public, à partir de sa soumission, Fénelon garda le silence, les amis de Fénelon suivirent tous ensemble son exemple comme ses leçons. A leur tête, le duc de Beauvilliers envoya son exemplaire des *Maximes* à son archevêque et cessa toute relation apparente avec madame Guyon. Sans attachement pour ses places, il désirait les garder, et il fit remettre à madame de Maintenon, au sujet de cette dame, une déclaration revisée par M. Tronson et de laquelle ce dernier biffa quelques mots d'une imprudence généreuse. La duchesse de Beauvilliers cessa elle-même de voir madame Guyon, mais elle continua de recevoir ses lettres. Le duc de Chevreuse n'avait pas les mêmes ménagements à garder; le duc de Mortemart était mort; les duchesses de Chevreuse et de Mortemart conservèrent leur bienveillance à leur infortunée amie tout en apportant à leurs relations avec elle une réserve extrême. Madame de La Maisonfort, qui s'était réfugiée sous la tutelle de Bossuet, lui cacha tant qu'elle put l'affection qu'elle gardait pour sa parente et pour Fénelon, ou les lettres qu'elle leur adressait.

Pour les plus obstinés, c'est-à-dire les plus exagérés, ce qu'ils appelaient le martyre de Fénelon, ou celui de madame Guyon, ne fit que les confirmer dans leurs attachements, cela est entendu. On voit par les lettres des parents de Fénelon, de ses frères et de ses neveux, et par celles de leurs amis, que rien ne fut changé dans leurs opinions, mais que ce qui venait de se passer ajoutait encore à leur affection.

CHAPITRE XVIII

Le mysticisme de Bossuet dans ses analogies et ses différences avec celui de Fénelon. — Son *Traité de l'Amour de Dieu*. — Ses lettres à madame de Cornuau-Dumoustier. — Mesdames de Luynes et d'Albert au prieuré de Torcy. — Ses hardiesses de style.

1699—1700

Le grand adversaire du mysticisme de Fénelon se fit mystique à son tour. Dans l'opinion vulgaire, Bossuet, loin d'avoir professé le mysticisme ou même une nuance quelconque de mysticisme, a été l'adversaire constant de toutes. Son génie austère, sa pensée essentiellement logique, son goût pour les théories fermes et précises, l'en ont toujours éloigné, et ce qu'il en a pu entrevoir dans les écrits de madame Guyon ou dans ceux de Fénelon n'a pu qu'achever de l'en éloigner encore davantage.

Mais le mysticisme est dans l'essence même du christianisme; il est dans celle de toute religion. Il y a dans la nature même des rapports de l'âme avec Dieu un degré de mysticisme auquel nul esprit religieux n'échappe, puisque le mystère est dans l'essence même du rapport avec Dieu. Il est un degré de mysticité qu'aucun homme religieux ne conteste, et quand Fénelon nous apprend dans quelques-unes de ses lettres, et particulièrement dans celle où il résume la doctrine mystique pour une religieuse carmélite, que sur les points essentiels l'évêque de Meaux et celui de Paris étaient parfaitement d'accord avec lui, il ne nous étonne pas. Mais il s'en faut de beaucoup que l'harmonie entre eux fût aussi complète que l'archevêque de Cambrai aimait à le dire; ce qui étonne, au contraire, c'est qu'il ait pu le penser un seul instant. Dans tous les cas, Bossuet ne le laisse pas longtemps dans le doute. Dès avant leur grande querelle, il lui en avait fait une petite sur le discours même qu'il avait prononcé pour la réception des vœux de cette religieuse qui prenait le nom de Saint-Cyprien. Bientôt, après avoir pris des écrivains mystiques une connaissance non pas complète, mais suffisante pour avoir un avis sur leurs théories, il se sépara plus ouvertement de Fénelon. Nous l'avons dit, jusque-là il était resté son ami, acceptant de sa main les extraits qu'il lui fournissait, tout en les querellant plus ou moins. A mesure qu'il s'éloignait davantage des sentiments de son jeune collaborateur, il lui fallut bien aller aux sources lui-même, et bientôt il y puisa si largement, suivant ses habitudes, qu'il put, au bout de peu de temps, se croire un maître en état d'enseigner la science de l'amour de Dieu aussi bien que les mystiques les plus prônés.

Ce n'est pourtant pas dans les écrits polémiques échangés avec Fénelon qu'il se laissa aller à cette tentation. Ce ne fut pas non plus dans son *Instruction sur l'état d'oraison*. Là il fallait, au contraire, s'en tenir à la doctrine reçue de tous. C'était son rôle, et il s'y conforma très-nettement. Il fut plus libre dans son fameux *Traité de l'amour de Dieu*, surtout dans *sa correspondance*, si curieuse, si intéressante avec la spirituelle madame de La Maisonfort, qui avait lu quelques mystiques, et qui lui fit faire, par des questions infiniment variées sur le même sujet, un cours complet de la science de l'amour divin. Toutefois, et même dans ce dernier écrit encore, Bossuet est dominé et comme contenu par une véritable préoccupation, la crainte de se laisser entraîner lui-même dans les erreurs que Fénelon et ses mystiques peuvent avoir données à madame de La Maisonfort. Il règne donc dans ses *réponses* aux *demandes* de cette dame, sinon une réserve extrême, du moins une pensée de défiance, et l'oracle y a la voix un peu altérée.

Bossuet l'a au contraire très-pure, très-tendre et très-affectueuse dans ses *Lettres spirituelles*, adressées pendant les années 1688 à 1701, c'est-à-dire les plus hautes années de Bossuet, à une religieuse du prieuré de Torcy, près Jouarre, madame Cornuau-Dumoustiers. A cette dame, que l'abbé Le Dieu appelle une sainte veuve, quand il est de bonne humeur, mais qu'il qualifie de religieuse très-hardie, très-insinuante et très-flatteuse, quand il ne l'est pas, ce qui lui arrive, Bossuet a écrit une série de lettres d'autant plus curieuses, qu'en les écrivant, sa pensée se reporte plus souvent vers deux autres femmes du même prieuré, très-haut placées dans son esprit, mesdames de Luynes et d'Albert. Ce sont les sœurs du duc de Chevreuse, son ami et le plus dévoué des amis de madame Guyon, le plus initié peut-être dans la doctrine réservée de la célèbre mystique.

La première, en sa qualité de supérieure de la sœur Cornuaü, avait un peu charge d'âme à son égard, et elle éprouvait pour le mysticisme évangélique un tel goût que, pour mieux la diriger dans ces voies, sans la laisser tomber dans les idées de Fénelon, Bossuet avait écrit pour elle son traité de la *Vie cachée en Dieu*. Madame d'Albert suivait de près les mêmes aspirations. C'était donc à trois âmes d'élite que Bossuet écrivait dans sa pensée, et à tous ces points de vue, ses pages, d'ailleurs si curieuses par les détails intimes qu'il y mêle, ses pieuses directions, méritent ici une grande attention. Ceux qui ne connaissent que Bossuet l'orateur, l'historien ou le philosophe, seront singulièrement surpris de l'entendre parler un langage quelquefois aussi mystique et aussi étrange que celui de sainte Thérèse ou de saint François de Sales eux-mêmes. Mais je n'ai pas besoin de dire que Bossuet y reste lui-même; que, sous le rapport de la doctrine, il ne livre rien de trop au sentiment, rien du tout à la vision, ni à l'extase; qu'il ne prône ni le vol d'esprit, ni l'illumination d'en haut, ni même la révélation. Il croit à tous ces états, et notamment à l'extase, au ravissement; il en parle en homme qui a vu [1]. Ce qui étonne donc comme venant de sa part, ce n'est pas le langage seul; mais à ne le prendre que sur son style, il serait souvent le plus tendre ou le plus exalté des mystiques. Sa

---

[1] Lettres à madame de La Maisonfort, p. 126.

phrase a des témérités que ne risquerait pas celle de Fénelon. Au début de leurs rapports, madame Cornuau n'est pas encore religieuse, mais elle songe à le devenir; elle n'est pas femme d'imagination non plus; elle est très-simplement pieuse, mais elle est en face d'une résolution définitive et elle est fort agitée. Bossuet lui dit : « Marchez en foi, en *abandon* et en confiance. » Il lui parle *abandon*, comme si elle était instruite par madame Guyon elle-même, et il ajoute : « Dieu pourvoira à ce qui vous sera nécessaire. Ne raisonnez point sur ce qu'il veut de vous. Il veut, ma fille, que vous vous donniez *en proie à son amour, et que cet amour vous dévore.* » [Lettres spirituelles, p. 39.]

« Que son amour vous dévore! » Fénelon, dans le vaste recueil de ses Lettres spirituelles, n'offre rien de pareil. Bossuet, d'autant plus hardi qu'il craint moins de devenir suspect, mêle dans ses images le sacré et le profane avec une aisance merveilleuse. On dirait qu'il a profité, comme un adepte de madame Guyon, de la lecture qu'il a faite par complaisance de son *Explication du cantique de Salomon*. « Quand la douce plaie de l'amour commence une fois de se faire sentir à un cœur, dit-il, il se retourne sans cesse et comme naturellement du côté d'où lui vient le coup, et à son tour il veut blesser l'époux qui, dans le saint cantique, dit : *Vous avez blessé mon cœur, ma sœur, mon épouse; encore un coup, vous avez blessé mon cœur par un seul cheveu qui flotte sur votre col.* [Lettres spirituelles, p. 100-104.] Il ne faut rien pour blesser l'époux; il ne faut que laisser aller au doux vent de son inspiration le moindre cheveu, le moindre de ses désirs. Car tout est dans le moindre et dans le seul, tout se réduit à la dernière simplicité : soyez douce, simple et sans retour, et allez toujours en avant vers le chaste époux ; suivez-le, soit qu'il vienne, soit qu'il fuie ; car il ne fuit que pour être suivi. » On n'a jamais fait du « *fugit ad salices* » et du « *cupit videri* » de Virgile un usage plus direct et plus mystique. Fénelon n'eût pas tant osé. Il n'eût pas écrit, je crois, ce que Bossuet écrit à madame de La Maisonfort : « Aimez les petites observances comme les grandes, c'est-à-dire les cheveux et jusqu'aux souliers de l'époux, et les franges comme les habits. » [P. 115.]

Ce langage épithalamique et matrimonial si cher aux mystiques de tous les âges, et toujours étrange pour nous, est prodigué par Bossuet avec une sorte de complaisance : « L'âme défaillante reçoit de l'époux un plus grand soutien que celui qu'elle demande : grande réserve avec tout autre qu'avec l'époux. » [Lettres spirituelles, p. 107.]

« Le fond des dispositions que vous m'exposez, ma fille, dans votre lettre du 5, est très-bon. L'épouse disait : « Aussitôt que mon époux a fait entendre sa voix... je suis tombée en défaillance. » L'original porte : « Mon âme s'en est allée, s'est échappée. Dieu vous fait sentir quelque chose de cette disposition. L'épouse s'expliquait encore à peu près de la même manière, lorsqu'elle disait : « Soutenez-moi par des fleurs et par des essences de fruits confortatifs, parce que je languis d'amour. » L'âme défaillante demande un soutien ; mais elle en reçoit un bien plus grand qu'elle demande. Car l'époux approche lui-même au verset suivant, la soutenant et l'embrassant en même temps, lui faisant sentir par là toute la douceur de sa grâce et la force de son amour. »

Pour ce qui est de la hardisse des tours que reproduit Bossuet, ne dirait-on pas d'une gageure, quand on le voit ajouter : « Les caresses intérieures que l'âme fait alors à l'époux céleste lui sont d'autant plus agréables, qu'elles sont plus libres et plus pleines de confiance. Mais il faut s'en tenir là, et l'épanchement où l'on se sent porté envers les personnes qu'on sait, ou qu'on croit lui être unies, a quelque chose de délicat et même de dangereux. Ne voyez-vous pas que la chaste et fidèle épouse, en rencontrant ses compagnes, et celles qui sont disposées à chercher l'époux avec elle, sans leur faire aucune caresse, leur donne seulement la commission d'annoncer à son bien-aimé ses transports et l'excès de son amour. Cela veut dire qu'on peut quelquefois épancher son cœur, en confessant combien on est prise et éprise du céleste époux ; mais qu'il ne faut pas aller plus loin ; et quand l'époux sollicite sa fidèle épouse à chanter pour ses amis, elle lui dit : « Fuyez, mon bien-aimé ; ce n'est point à vos amis que je veux plaire ; je ne me soucie pas même de les voir ni de leur parler ; fuyez, fuyez en un lieu où je sois seule avec vous. »

Mais qu'est-ce à dire? Est-ce réellement un mystique consommé qui s'exprime ainsi? Non. En face de cette vigueur de langage, on reconnaît le novice, le néophyte en mysticisme. Et je l'ai dit, jusque-là Bossuet connaissait peu et n'aimait point le fond des doctrines mystiques. En 1692, au moment où l'on écoutait encore madame Guyon à Saint-Cyr, madame Cornuau, qui n'entra au prieuré de Torcy qu'en 1697, mais qui aspirait aux magiques félicités de la vie spirituelle, voulait avoir des idées précises sur l'*amour désintéressé*, l'*amour pur*, que la célèbre mystique professait dans les cercles les plus élevés. C'était la question du jour, l'affaire à la mode pour toutes les dévotes, qui vivaient un peu des bruits et des échos de Saint-Cyr. Elle s'adressa à Bossuet, qui s'impatientait un peu de ce qui se passait à Saint-Cyr et qui aimait le rôle de régulateur de la doctrine catholique. L'évêque fut bien aise de trouver une occasion de la formuler sur cette matière, et c'était peut-être le cas de le faire avec soin, car madame Cornuau avait bien posé la question. Voici les réponses tout évasives qu'elle obtint :

« Quand vous me pressez, ma fille, de vous répondre sur vos questions de l'amour de Dieu, vous ne songez pas ce qu'il faudrait pour y satisfaire, et que d'ailleurs cela n'est pas nécessaire. Car c'est là le cas où arrive ce que dit saint Jean : « L'onction ou l'Esprit-Saint vous enseigne tout. » L'amour s'apprend par l'amour ; et à l'égard de ce pur amour, ce qu'il en faut savoir, c'est qu'il emporte un dépouillement universel. Cela va bien loin, et porte des impressions bien crucifiantes.

« C'est pourquoi je ne croirais pas qu'il fallût ni le désirer, ni le demander à Dieu, et *encore moins se mettre en peine de ce que c'est*. Car le propre de cet amour est de se cacher soi-même à soi-même. Quand on le sent, pour l'ordinaire on ne l'a pas ; quand on l'a, on ne sait pas ce que c'est ; je veux dire qu'on le sait bien moins lorsqu'on l'a que lorsqu'on ne l'a pas.

Car quand on ne l'a pas, on en raisonne comme les autres ; mais quand on l'a, on se tait, on ne sait qu'en dire, et on ne peut en parler, si ce n'est dans certains élans que Dieu envoie, quand on y pense le moins. »

On le voit, ce n'est là ni une solution, ni un enseignement clair et positif que le directeur donne à sa pénitente, c'est au contraire une vraie fin de non-recevoir comme il s'en donne partout. Est-ce qu'il en sait ou trop ou trop peu ? La matière est familière à son esprit, étrangère à son cœur. En apparence non, en réalité oui ; car dès qu'il essaye de définir, lui le maître, lui pour qui rien n'est ni trop profond, ni trop élevé, ni trop subtil, il se perd dans le vague. Voici ce qu'il dit : « J'ai des raisons, ma fille, de croire qu'il n'est pas à propos de le demander ; mais de s'offrir à Dieu avec un entier dépouillement pour faire sa volonté en général. » (Lettres spirituelles, p. 113.)

Mais la fille dévote revient à la charge. Elle veut avoir son époux, et connaître l'amour, l'amour pur, désintéressé, absolu qu'elle lui doit. Mais plus elle insiste pour avoir des réponses précises, plus les réponses deviennent énigmatiques, au point de ne plus guère offrir que les jeux de mots d'un homme d'un grand esprit.

J'ai dit que la sainte veuve demandait des directions positives sur l'amour très-riche qu'elle éprouvait pour son époux céleste. Elle les demandait très-positives et dans un style très-imagé, un peu trop matériel peut-être. Bossuet lui écrit :

« Vous me demandez le moyen de faire écouler tout son amour en Jésus-Christ. »

Mais que lui répond-il? Que c'est à n'en pas finir.

« Quoi que je vous dise pour cela, vous me pourrez demander encore le moyen de pratiquer ce moyen.

« Sachez donc, ma fille, qu'il y a des choses où le moyen de les faire est de les faire sans moyen. Car les faire, c'est les vouloir, et le moyen de les vouloir fortement, c'est de commencer tout d'abord à les faire fortement en foi, c'est-à-dire dans la confiance que Dieu fait en nous le vouloir et le parfaire. » (Lettres spirituelles, p. 204.)

Voici maintenant les jeux de mots :

« Ceux qui s'empressent, ceux qui se tourmentent, comme si en se tourmentant ils faisaient venir l'époux, attendent, mais ce n'est pas en attendant; parce qu'ils s'attristent et s'empressent. Attendre en attendant, c'est attendre en simplicité, sans rien faire pour violenter l'époux céleste. Ce qu'il faut faire uniquement, c'est se séparer, se mettre à part, se laisser tirer à l'écart, et là attendre en attendant ce que l'époux voudra faire. Si en attendant il caresse l'âme et la pousse à le caresser, il faut livrer son cœur, et lui dire tout ce qu'inspire un amour libre qui ne peut souffrir de contrainte. » (Lettres spirituelles, p. 203.)

Ce qui est sublime, c'est la manière dont Bossuet, pressé trop vivement, se joue de son esprit : « Je n'en dirai pas davantage, je n'en veux pas savoir davantage, je n'en sais pas davantage. »

Mais est-ce là Bossuet? Évidemment l'homme de génie s'accommode à la faiblesse de la femme. Il le lui dit : « On ne peut assez parler de l'époux céleste. S'il m'arrive quelquefois d'en parler sous un autre nom que sous celui de l'époux, c'est contre mon intention que j'omets un nom si doux *à mon cœur qui aime en épouse.* »

Bossuet, qui s'est vu obligé, par les conférences d'Issy et le débat des *Maximes,* de s'occuper du mysticisme beaucoup plus que ce n'était son goût, parcourt avec sa pénitente tous les états mystiques les plus célébrés, et il le fait d'une manière bien piquante; seulement, partout on s'aperçoit que c'est un homme d'un beau génie qui traite la question, mais que ce n'est jamais un vrai mystique. Prenons un de ces états, et celui de tous que Fénelon fait si bien connaître (Lettre à la sœur de Saint-Cyprien), l'*état du silence;* écoutons Bossuet sur cet état, et il nous donnera de l'esprit, mais il ne nous donnera pas autre chose.

« L'utilité du silence dans lequel vous entrez est de s'y perdre. Demander comment on s'y peut tromper, c'est chercher en quelque façon à être trompée. Il n'y a qu'à risquer tout entre les mains de Dieu pour être assuré de ne courir aucun risque. N'allons jamais à des curiosités. C'est une sorte d'illusion que de craindre l'illusion outre mesure. » (P. 214.)

On n'est pas moins docteur que cela. Et pourtant l'assurance du langage est extrême. « Je prends sur moi tout le péché que vous pourriez faire en m'obéissant. Je réponds pour vous corps pour corps et âme pour âme. » Fort bien, mais qu'est-ce que ceci : « *Gardez les dehors, Dieu aura soin du dedans.* » Mieux vaut la suite : « Croyez et obéissez. » (P. 232.) Du moins cela est clair. Mais voici encore qui ne l'est pas :

« Je vous permets *les plus violents transports de*

l'amour (p. 254), *vous dussent-ils mener à la mort, et toutes les fureurs de la jalousie,* vous dussent-elles être une espèce d'enfer. » Cela, personne ne le comprend. En revanche, je suis choqué d'images pareilles à celles-ci : « *Enviez saintement et humblement toutes les familiarités de l'époux aux âmes à qui il se donne,* non pas pour les en priver, mais pour y participer avec elles; donnez toute votre substance pour acquérir l'amour de l'époux; *qu'il soit lui-même toute votre substance;* écoutez-le lorsqu'il traitera le sacré mariage avec vous; soyez-lui une porte par où il entre, et une muraille pour le renfermer. Il est la vigne, soyez la branche, et dites-lui : « Je ne puis rien sans vous. » Ces dernières paroles sont inénarrables. »

« Je voudrais, au lieu d'être si fort effrayé de vos infidélités (p. 358), que vous disiez au cher époux : « Il est vrai, je suis une ingrate; » mais vous avez dit : « Ame infidèle et déloyale, reviens pourtant et je te recevrai dans ma couche et entre mes bras. » A quelque heure, à quelque moment qu'on revienne de bonne foi, il est prêt. »

Qu'aurait dit Bossuet s'il avait surpris des images, des hardiesses, des assimilations matrimoniales de cette force dans les *Torrents* de madame Guyon ou dans les *Maximes* de Fénelon ?

Mais jamais Fénelon, qui a, grâce à sa pensée si pure, la parole si libre et si méridionale, n'eût tenu ce langage à l'une de ses pénitentes. Bossuet dépasse donc Fénelon en témérités de langage; mais aux instructions si amples et si complètes que donne Fénelon à ses correspondantes, Bossuet n'offre nul pendant. Il est quelquefois plus explicite avec madame de La Maisonfort; mais souvent, à elle aussi, il répond très-laconiquement : « Cela est vrai. Je ne blâme pas cela. » — « Oui. » S'il procède de la sorte, c'est de parti pris, et il a mille fois raison ; car son temps est dû à son diocèse et non pas à deux femmes curieuses. Si nous en faisons la remarque ici, c'est que d'ordinaire il aime à donner des directions plus complètes. Mais cette correspondance en fournit la preuve. On sait, par exemple, qu'un état de perfection appelé l'*état d'indifférence* joue un grand rôle chez tous les mystiques. L'aimante madame Cornuau, qui semble confondre cette sainte indifférence avec une autre, qui ne l'est pas du tout, lui apprend qu'elle redoute des indifférences pour l'époux céleste. Bossuet la redresse bien, mais sans l'instruire, se bornant à lancer une épithète contre les raffinés. « Qu'on me dise si la sainte épouse a jamais été indifférente à être ou à n'être pas avec son époux. Tous ceux qui parlent de cette indifférence sont des raffineurs qui n'entendent pas la force des termes dont ils se servent. » (P. 244.)

On voit ainsi passer devant soi, dans cette collection de lettres si religieusement conservées par la sœur Cornuau, toutes les idées mystiques, toutes les saintes aspirations du jour. Quoique Bossuet ne les aimât pas, appelé à les exposer ou à les combattre, il les aborde toutes dans ses lettres. Il fait souvent allusion à la grande lutte qu'il soutenait dans ces années émues; il demande des prières pour lui. Ce qui fait plus de plaisir encore et ce qui peint encore mieux le grand évêque, c'est qu'il souffre de la part de madame Cornuau des témoignages d'admiration pour Fénelon qu'il approuve sincèrement. Et pourtant son mysticisme est dans les mots plus que dans les idées. C'est même pour cela qu'il en force les termes d'une manière qui serait intolérable chez tout autre que lui. Le symbolisme de son style est d'une audace de grand prêtre et d'une magnificence de prophète ; mais sa main puissante sème les terreurs de l'ancienne alliance plutôt que les consolations de la nouvelle. Voici ce qu'il écrit à madame Cornuau quand il finit par accorder ce qu'il lui avait longtemps refusé avec raison, c'est-à-dire l'honneur de prononcer ses vœux :

« Oui, je persiste à vous dire de vous engager, car Dieu le veut ainsi, ma fille. Consommez donc votre sacrifice. J'ai mis le couteau entre les mains du P. T***, afin qu'il achève de vous égorger : expirez sous sa main ; et sous ce tranchant, ne songez plus si on vous estime, si on vous méprise, si on pense à vous, ce qu'on en pense, si on n'y pense point du tout. Mon bien-aimé est à moi et moi en lui. Notre-Seigneur soit avec vous. » (P. 352.)

Et qu'on ne cherche pas ici une faute de goût, une négligence de style. Cela est voulu.

« La communion journalière, écrit-il une autre fois, doit être votre soutien. Dérobez, absorbez, engloutissez, que puis-je vous dire autre chose ? Saoulez-vous de ce pain divin, pour assouvir votre faim pressante. » (P. 253.)

Ce qui étonne bien plus que de voir Bossuet devenir un mystique de ce goût-là, c'est de voir son assistant, Godet des Marais faire comme lui, et madame de Maintenon qui fait condamner le mysticisme à Rome, y tomber elle-même à Versailles.

D'abord l'évêque écrit à madame de Maintenon : « Si l'on veut être à Dieu comme il le demande, il faut en venir jusque-là qu'il soit le seul maître, et que toute la tendresse naturelle fasse place à un amour dominant qui coupe et qui immole tout ce qui est Dieu. » Dans une autre lettre, il dit : « Après tout, que nous importe ici-bas de travailler ou de cesser le travail, pourvu que la divine volonté s'accomplisse en nous, avec l'agrément de la nôtre.

« L'âme qui par vertu se fait violence, tombe dans la défaillance.

« Il faut se voir défaillir avec une sainte complaisance pour les ordres de celui qui est le maître de la santé et de la vie; et l'on avance plus en peu de jours par cette route d'acquiescement et de soumission, qu'on ne ferait en bien du temps par les meilleures actions qu'on peut faire de son choix. »

Madame de Maintenon s'écrie à son tour : « O mon âme! le Seigneur te suffira lui seul dans l'éternité; qu'il te suffise dans le temps... Ne souffrez pas, mon Dieu, que j'aie ici-bas d'autre plaisir que de vous posséder et d'autre regret que de vous perdre : l'important n'est pas de beaucoup agir, mais de beaucoup aimer.

« On aime beaucoup quand on cesse de s'aimer soi-même, et l'on cesse de s'aimer soi-même lorsque, se sentant affaiblir et comme détruire, on consent de bon cœur à sa propre *destruction* pour l'amour de Dieu.

« Nous étions autrefois trop vifs; il est bon d'être à présent plus amortis et comme mourants. » On le voit, ce n'est plus l'*appétissement* de Fénelon, c'est l'*anéantissement* de mada... Guyon.

Je crois bien que si l'on y regardait de près, on trouverait les mêmes penchants, les mêmes complicités peut-être dans les pages du troisième adversaire épiscopal de Fénelon, j'entends le cardinal de Noailles ; mais qu'on le remarque bien, ce ne sont pas ces éminents personnages qui ont un peu trempé les lèvres dans la coupe de la mysticité, c'est leur siècle qui a été mystique, qui a subi le courant électrique venu de sainte Thérèse à saint François de Sales, des carmélites d'Espagne à celles de France, de la baronne de Chantal aux Visitandines, des Visitandines à toutes les saintes filles, à toutes les saintes femmes, à toutes celles et à tous ceux qui, sans vouloir participer aux ivresses de la haute spiritualité, en ont voulu prendre au moins ce qui n'était pas trop excessif ni en théorie ni en pratique.

CHAPITRE XIX

Les idées réservées de Fénelon. — Les idées réservées de madame Guyon.

Le mysticisme de Bossuet ne ressemble donc à celui de Fénelon que pour les termes; et s'il y a des analogies frappantes pour la forme, il est certain que pour le fond, les idées et les sentiments, les deux docteurs diffèrent profondément. Or c'est le fond, ce n'est pas la forme qui fait leurs doctrines; et telle en est la différence, que c'est presque celle d'une religion à une autre. La nature d'esprit de l'un et de l'autre des deux prélats éclate sans cesse dans leur système. Si le grand objet de leur méditation et de leur amour est le même, c'est que leur but est le même aussi, c'est-à-dire l'union la plus intime qu'il est possible d'avoir avec Dieu, ce qu'on appelle dans toutes les religions l'union avec lui; mais de cette union, des voies qui y mènent, des degrés qu'il faut franchir et des moyens qu'il faut employer pour arriver à cette fin suprême, chacun d'eux se fait d'autres idées et sa théorie propre. Cette théorie, c'est le génie de chacun d'eux, j'allais dire que c'est la personne de chacun d'eux qui l'a créé à sa guise et à sa façon. De là vient que ce qui intéresse le plus dans leur long et profond débat, ce sont moins les lumières qu'ils versent sur la question que le jour qu'ils répandent sur leur nature, leur talent, leurs goûts, leur génie. Leur querelle est une véritable éruption de leur sincérité, c'en est même la gloire. Il y a autre chose d'engagé que leur personne, mais c'est celle-ci qui domine tout, qui éclate en tout : dans Bossuet, la logique et l'autorité, la Bible et l'Église ou plutôt l'ancienne alliance et la tradition des siècles, en un mot l'homme du Sinaï et du Vatican. Fénelon c'est l'évangile raconté par saint Jean, la libre allure de la pensée menée par l'imagination, la foi prise dans l'Évangile et dans l'âme humaine autant que dans les canons : en un mot l'homme nourri du spectacle du Thabor et de celui de Golgotha. Dans Bossuet le théologien absorbe le philosophe, le prêtre éclipse l'homme. Dans Fénelon le philosophe éclaire le théologien, quelqu'envie qu'ait ce dernier de se dire indépendant. Aux grandes causes et aux grandes crises la Providence donne volontiers des chefs divers.

Ces antithèses, qui se secondent en se provoquant à leur développement réciproque, se complètent et communiquent ainsi aux esprits les plus divers, les dons de foi, de lumières, de grâces que son amour destine aux peuples : ce sont Moïse et Aaron, Platon et Aristote, saint Jean et saint Paul, Bacon et Descartes, Locke et Leibnitz. Ce sont mille autres dont les noms ont moins d'éclat, mais qui servent les mêmes desseins, de quelque façon que les faits se produisent. Bossuet et Fénelon écrivant sur le mysticisme ne pouvaient se rencontrer que dans les termes, et là leur rencontre est sans portée.

Bossuet n'est réellement mystique que dans sa foi aux dogmes que chacun professe. Son génie est à l'aise dans *ses Élévations sur les Mystères,* où il est roi, comme saint Jean, comme saint Augustin; mais ce n'est plus son génie, ce n'est que son esprit, ce n'est que sa science ou sa piété qui écrit les lettres aux religieuses de Torcy et qui répond aux objections ou aux demandes de madame de La Maisonfort. Quant au mysticisme de Fénelon, qui est très-modéré et qui n'atteint pas à celui de Boerhave ou de Pordage, il n'est pas seulement le fruit de son esprit, ou le langage que choisit sa pensée, il est sa pensée elle-même, et ce n'est pas seulement dans l'*Explication des Maximes* ou dans ses *Lettres spirituelles* qu'on le trouve, il est plus ou moins dans tous ses traités de religion, et il y est souvent exposé avec une ampleur, une abondance, un laisser aller qui prouvent que l'auteur est bien aise de parler sur ces matières. Souvent il ne laisse rien à désirer au point de vue de la parfaite exposition de ce qu'il veut dire. Mais Fénelon dit-il tout? Son mysticisme nous est-il connu tout entier? Ou bien n'avons-nous que ce qu'il a voulu donner à ses correspondants? Voilà la grande question.

Je réponds très-négativement à la première partie, et très-affirmativement à la seconde.

Le mysticisme de Fénelon n'est pas tout entier dans ses écrits; il n'y a mis, au contraire, que ce qu'il a trouvé bon de dire à ses lecteurs. En effet, il n'ignorait pas que toutes ses lettres (celles de l'hôtel de Beauvilliers et du duc de Bourgogne exceptées) se communiquaient; il ignorait encore moins que depuis ses relations avec madame Guyon et depuis son discours aux Carmélites tout ce qu'il disait ou écrivait était épié. Pour avoir toute sa pensée, il faut donc la prendre ailleurs encore que dans ses écrits. Pour ses contemporains, pour ses amis surtout, elle était dans sa personne, dans sa parole, dans ses entretiens. Cette piété, qui touchait à la sainteté, se manifestait dans le geste et dans le regard, se réfléchissait dans les traits et dans sa figure plus éloquente encore que sa parole, si douce et si empreinte d'onction apostolique. De là les attraits si uniques de son commerce et de sa conversation, attraits que ne saurait nous reproduire son style. De là l'amour, la vénération, la tendresse et le dévouement qu'il inspirait. De là les amitiés si éminentes, si universelles, si constantes dont il fut l'objet. De là les déférences qu'il obtenait comme par voie de compensation de ses grandes douleurs, de ses profondes humiliations, de sa condamnation à Rome, de ses disgrâces à Versailles, du long martyre qu'il eut à souffrir de la part des « zélés. » De là cet universel sentiment d'admiration que partagea même le pape qui l'avait condamné et qui lui conférait la dignité de cardinal, n'était l'opposition formelle de l'ambassadeur de France.

Dans ces belles anticipations d'apothéose que la vie des peuples offre quelquefois, à l'honneur de l'humanité encore plus qu'à la gloire de ceux qui en sont l'objet, et qui éclatèrent en faveur de l'archevêque de Cambrai dès son exil, dans cette espèce de culte qui s'établit presque sous ses yeux et qui était de nature à consoler de bien grandes douleurs, son mysticisme entrait-il pour quelque chose?

Je ne sais, mais il y entrait ce sentiment qu'on ne connaissait pas Fénelon tout entier, qu'on ne lui avait pas permis de se faire connaître librement, de se donner complétement.

Ne nous imaginons pas, en effet, que nous connaissions ni tout Fénelon, ni tout son mysticisme. De celui-ci nous n'en savons pas plus que de celui de madame Guyon. Arrêtés l'un et l'autre dans leur marche, ou bien ils sont restés en route, ou bien ces deux personnages ont gardé par-devers eux toutes celles de leurs idées qu'ils n'auraient pu manifester sans trop d'inconvénients. Quiconque connaît le mysticisme et le cœur humain sera de mon avis.

Ce n'est pas que je veuille les confondre, ou imaginer que Fénelon soit allé aussi loin que son amie.

En effet, madame Guyon est allée très-loin. J'ai dit tout à l'heure qu'on l'a arrêtée dans sa marche. Cela est évident. On l'a mise à la Bastille pour la faire taire. A la vérité elle a mis dans *sa vie*, écrite par elle-même, les principes de sa doctrine ou les choses principales de son expérimentation dans les voies de la perfection intérieure. Mais ce récit est une apologie. L'auteur s'y tient toujours sur la défensive, sur la réserve. Elle fait entendre à tout instant qu'elle ne peut pas parler. Nous ne savons donc d'elle que ce qu'elle a pu dire.

Quant à Fénelon, nous savons encore moins ses idées réservées. Madame Guyon, par exemple, parle de divers états de l'âme et de divers degrés de perfection que Fénelon ne nomme pas même. Les niait-il? Les ignorait-il ? Dans ce cas, il n'aurait pas lu saint François, ni sainte Thérèse, ni Jean de la Croix, qu'il connaissait si bien.

Mais Fénelon était évêque, archevêque très en vue, le prélat de France le plus observé, le plus tracassé.

D'ailleurs Fénelon n'a pas écrit sa vie. Il ne l'eût fait qu'après sa condamnation, il ne pouvait plus, sans se mettre en contradiction avec lui-même, rien dire qui différât trop, fût-ce même à titre de développement, de la doctrine proclamée à l'encontre de la sienne et déclarée désormais la sienne par lui-même.

Si peu qu'on réfléchisse, on est frappé du silence de Fénelon sur les choses les plus essentielles du mysticisme. Madame Guyon, si peu libre, donne sa théorie et une théorie assez compliquée sur les divers états de la haute mysticité (Voyez son chap. 10). Elle s'explique très-amplement sur l'état apostolique où elle se trouvait, quand elle fit la connaissance de Fénelon. Elle disserte fort largement sur l'état de vision et les visions, sur l'extase, sur le ravissement, sur le vol d'esprit, sur les dons et les grâces extraordinaires, sur la prophétie, sur l'inspiration. Elle donne sur la dictée divine des indications qu'on chercherait en vain dans Swedenborg qui se glorifiait d'en jouir, dans saint Martin et même dans Jacques Boehme qui n'ignoraient pas la matière. Quant aux rapports entre les âmes mystiques, elle en parle en plusieurs endroits. Elle traite de la *maternité* et de la *filialité* d'une manière très-précise. Elle cite des faits et expose une théorie de communication des grâces qu'établissent ces rapports. Elle ne se borne pas à des indications générales ; elle en donne au contraire de très-spéciales, très-individuelles. Et de toutes ces choses rien n'est jeté dans ces pages au hasard; au contraire elle les invoque à l'appui de sa doctrine et en appelle, pour les faits qui sont de nature à les confirmer, au témoignage des hommes les plus honorables. Si elle se plaît, dans l'occasion et pour le besoin de sa cause, à se qualifier de femme ignorante, elle est bien loin d'écrire sans plan ni méthode, sans aucune vue d'ensemble. Elle a évidemment des prétentions contraires, et si l'on avait bien voulu la laisser s'expliquer, elle nous aurait appris bien des choses que nous ignorerons toujours. Mais loin de lui en donner la faculté, on la réduisit à un état de crainte tel, que bientôt elle cessa toute espèce d'indication sur ses études. Pour mieux nous faire comprendre, prenons un fait, un de ces dons extraordinaires et très-sensibles qu'elle admettait, les plénitudes ou les surabondances des grâces qui l'envahissaient elle-même personnellement, la remplissaient intérieurement et spirituellement, mais avec des effets organiques sensibles au point de déborder d'elle pour se communiquer à d'autres. Comment? C'est ce qu'elle n'entreprend pas de nous expliquer, mais quant au fait, elle nous l'apprend dans plusieurs endroits de sa *Biographie*, dans quelques textes de son *Commentaire de la sainte Écriture* et dans ses *Lettres*. Dans ces dernières, par exemple, elle écrit au duc de Chevreuse :

« Pour la communication aux autres, vous savez ce que vous en avez éprouvé vous-même, et il y a tant d'autres personnes qui l'ont éprouvé comme vous, que vous pouvez le dire à M. de Meaux, et M. Beauvilliers aussi ; car cela est nécessaire pour la gloire de Dieu. » Corresp. de Fénelon, t. VII, p. 44.

Certes voilà un fait bien ambitieux ; bien important, s'il est possible ; bien décisif, s'il est historique. Or, comment ne le serait-il pas, puisqu'il paraît constaté par le duc lui-même, par un ami de Bossuet et de Malebranche, comme de Fénelon. Eh bien ! madame Guyon n'en parle bientôt plus. Toutes ses idées sur ce sujet demeurent réservées, et elle n'en eût peut-être plus parlé, quand même sa parole et sa plume eussent été aussi libres qu'elles étaient enchaînées. La raison en est simple. Si considérable que fût ce don, si merveilleux même pour nous qui le reléguons dans le surnaturel, que nous reléguons lui-même à l'extrémité de l'univers avec le dieu d'Épicure, pour madame Guyon c'était bien peu de chose auprès des autres priviléges dont elle jouissait. En effet il sera bon que nous apprenions d'elle-même, et par ses propres paroles, qu'il sera permis toutefois d'abréger un peu, qui elle était et ce qu'elle faisait, ce qu'elle se croyait appelée d'en haut à faire réellement dans le monde. Le mysticisme français du temps est là.

Et d'abord, madame Guyon jouissait bien de la présence continuelle de Dieu. Dieu la gardait, la défendait *continuellement*, contre toute sorte d'ennuis. Il prévenait ses moindres fautes ou les corrigeait lorsque la vivacité les lui avait fait commettre (*Vie*, 1, 125).

Telle était l'intimité entre elle et le bien-aimé de son âme, que son cœur, en lui parlant, n'avait pas besoin de paroles; son langage était entendu de lui, comme elle entendait elle-même le silence profond du Verbe toujours éloquent qui parlait dans le fond de son âme [1, 126].

Il en était de sa plume comme de ses lèvres : Dieu lui faisait écrire des lettres auxquelles elle n'avait guère de part que par le mouvement de la main, et quand elle écrivit son *Commentaire sur l'Écriture sainte*, ce fut avec une vitesse incroyable, car la main ne pouvait presque suivre ce que l'Esprit dictait [11, 228]. Cette dictée, elle a soin de l'expliquer; elle ne se borne pas, comme Swedenborg à l'alléguer.

Elle écrivait, dit-elle, par *l'esprit intérieur* et *non par son esprit;* aussi sa manière d'écrire à elle fut-elle dès lors toute changée; si bien que ceux qui la voyaient, disaient qu'elle avait un esprit prodigieux. « Elle savait bien qu'elle n'avait que peu d'esprit, mais qu'il lui était arrivé quelque chose de semblable à l'état où se trouvaient les apôtres après avoir reçu le Saint-Esprit. [11, 23.]

« Elle avait reçu, sans le comprendre, le don de discernement des esprits, de donner à chacun ce qui lui était propre. Revêtue tout à coup d'un état apostolique, elle distinguait l'état des âmes de ceux qui lui parlaient avec une telle facilité qu'ils en étaient surpris. (V. *Sa vie*, écrite par elle-même, t. II, p. 187.)

« Religieux, prêtres, hommes du monde, filles, femmes, tous venaient les uns après les autres. Et Dieu me donnait de quoi les contenter tous d'une manière admirable, sans que j'y pensasse; rien ne m'était caché de leur état intérieur et de ce qui se passait en eux. » (*Ibid.*, 188.)

Et pour qu'on ne se trompe pas sur la portée de ces

paroles, elle ajoute : « Notre Seigneur me donna le pouvoir d'un Dieu sur les âmes [133]. »

A ses yeux cela était tout simple ; car ce n'était pas pour sa personne, pour son intérêt à elle, c'était pour l'exercice de son apostolat, de son ministère spirituel qu'elle recevait ces dons [charismes] apostoliques. Plus d'une fois elle sentit sa qualité de *mère spirituelle*, car Dieu lui donnait un *je ne sais quoi* pour la perfection des âmes [11, 117.]; mais elle y gagnait sans cesse elle-même ; car plus elle allait en avant, plus son esprit se donnait, se livrait et se perdait en son souverain qui l'attirait à soi [11, 36.]. On la dirait arrivée au Nirwana, à l'absorption en Dieu des bouddhistes les plus avancés dans les voies mystiques. Elle nous le dit ou nous l'insinue. La possession que Dieu avait de son âme devenait chaque jour plus forte, car Dieu voulait la faire passer en lui par une transformation entière [11, 120.]. Ce qui restait à faire pour cela, il le fit : « Il purifia dans ce sens un reste de nature bien subtil, bien délicat, de sorte que mon âme se trouva dans une extrême pureté [*Ibid.*]. »

Cette pureté n'est pas une figure, c'est une réalité ; madame Guyon la définit encore, car elle veut être comprise. En cette pureté, son esprit était si net qu'il n'y entrait ni distraction ni pensée autres que celles qu'il plaisait au Seigneur d'y mettre. [11, 179.] Il en résulta un état à ce point absolu, uniforme dans sa perfection que « de son état d'oraison elle ne peut rien dire à cause de son extrême pureté. Il passe toute expression : tout est Dieu, et l'âme n'aperçoit plus que Dieu [ib.] »

Mais qu'on le remarque bien, nous voilà en plein dans ce panthéisme où le mysticisme se porte toujours et se perd souvent. Madame Guyon ne s'en douta pas ; elle n'aperçut en elle qu'une chose, mais qui en valut bien d'autres.

« Une innocence inconcevable, non connue ni comprise, était sa vie [11, 37.] »

Dans tout cela on se trouve avec un esprit sensé qui sait qu'il dit des choses étranges, de nature à blesser l'intelligence et à provoquer l'objection ; aussi se donne-t-il la peine d'expliquer ce qu'il dit et de le faire accepter à la raison *autant que possible*. Ce qui prouve que si l'on pouvait fouiller dans les idées réservées de madame Guyon, on y trouverait bien autre chose. On en trouve d'inacceptables à tous les points de vue, même dans les pages qu'elle n'a pas gardées pour elle, ce qui ne se comprend pas de la part d'une raison aussi éveillée que la sienne et d'une personne aussi querellée qu'elle le fut. Je laisse de côté les excentricités qui ne sont que cela : les dents cassées par le démon en fureur, le flux et le reflux des communications divines. Je passe sous silence les révélations sur le langage des anges et sur les rapports hiérarchiques des diverses classes du monde spirituel. Quelque intérêt que ces confidences pussent offrir de nos jours, je les écarte. En y faisant allusion, je ne veux que bien établir ce fait, c'est que nous ne connaissons pas madame Guyon ; c'est que madame Guyon ne nous a pas dit son dernier mot. S'il en fallait une preuve de plus, on la trouverait dans le silence qu'elle a gardé pendant les trente dernières années de sa vie. C'est dès 1688 qu'elle s'est trouvée en possession des états, des dons et des priviléges qu'elle décrit. Or elle a vécu jusqu'en 1719, et elle a bien pu, sur les instances de ses enfants, garder le silence comme elle a fait à partir de son emprisonnement à la Bastille, mais elle ne s'est assurément pas dépouillée ni spontanément ni tout à coup de ses prérogatives, par la seule raison qu'on les lui contestait, ou qu'on lui en interdisait l'usage. Il est à croire, au contraire, que la persécution a porté chez elle aussi ses fruits accoutumés. Et certes, si au lieu de la mettre en prison d'abord et de lui fermer la bouche ensuite, on l'avait laissée faire et écrire, on aurait eu une forme de mysticisme fort originale et fort piquante. Certes aussi il fallait prendre ce parti, ne fût-ce que pour instruire complétement son procès et pour voir où s'arrêteraient de tels phénomènes ? Et qu'en avait-on à craindre en réalité ? N'étaient-ils pas circonscrits dans le cercle le plus honnête, le plus respectable du monde, l'hôtel Beauvilliers et quelques autres retraites fort décentes aussi.

Madame Guyon restant libre, allant jusqu'au bout, professant sa doctrine et se révélant tout entière, que devenait, que faisait Fénelon ? Jusqu'où la suivait-il ? Où l'arrêtait-il et où s'arrêtait-il lui-même ? C'est pour la sereine solution de ces curieuses questions qu'il faut déplorer surtout les violences intervenues dans deux carrières aussi remarquables, aussi instructives.

Fénélon a connu le récit de la vie de madame Guyon, confiée sous le sceau du secret à Bossuet ; il a donc eu à juger de tout ce que nous venons d'en dire et ce que nous venons d'en taire ; quelle opinion a-t-il conçue par-devers lui de cette existence singulière, se croyant *transformée*, se disant *élevée au niveau de Dieu* et portée jusqu'à la *perte en Dieu*, c'est-à-dire l'identification avec Dieu ?

Question plus curieuse encore : jusqu'à quel degré a-t-il porté lui-même son union avec Dieu ?

Fénélon, qui est la réserve personnifiée, ne sera jamais connu tout entier. Il se surveille comme précepteur du prince, comme prêtre, comme homme du monde, comme évêque, comme évêque frappé de la foudre. Jamais il n'aborde avec qui que ce soit, dans ses lettres les plus intimes, ces questions délicates qui constituent le vrai mysticisme, le grand mysticisme.

Niait-il ces états et ces dons ? Non. Celui qui affectionnait si profondément sainte Thérèse et Jean de la Croix ; celui qui avait tant de sympathie pour ce qui faisait la gloire de l'ordre des Carmélites réformé et illustré par les deux grandes mystiques, ne pouvait nier ni les uns ni les autres. Pouvait-il les ignorer ? Bizarre question au sujet d'un homme qui a de si profondes sympathies pour ceux d'entre les mystiques qui ont joui des dons les plus enviés, les uns de *visions*, les autres d'*extases*, ceux-ci de *prophéties*, ceux-là de *révélations*. Fénélon admettant ce qu'on appelle les *expériences sensibles*, tous ces dons d'illumination et toutes ces grâces d'enhaut pour lesquelles le Seigneur se plaît à se glorifier dans ses serviteurs ou ses servantes du quatorzième, du quinzième et du seizième siècle, comment aurait-il pu les rejeter dans ceux du dix-septième ? Les rejetait-il dans madame Guyon qu'il appelait une *sainte femme* jusque dans ses lettres à madame de Maintenon.

S'il les appréciait avec quelque sympathie, ne désirat-il jamais savoir par lui-même ce qui en était ? N'ignorant rien de tout ce qui formait le fond de ce mysticisme mi-espagnol, mi-italien, mi-germanique, mi-scandinave, qu avait la gloire de tant de saints personnages, qu'en rejetait-il et qu'en admettait-il ?

S'il rejetait tout ou n'en recherchait rien pour lui-même, il était le plus insensé des hommes. Mais à quel degré jouissait-il lui-même de ces grâces d'en haut, de ces dons et de ces consolations intimes qu'il enseigne si bien et dont toutes ses lettres parlent comme du pain quotidien des âmes données à Dieu ? Voilà ce qu'il ne put ou ne voulut jamais dire à personne, ce qu'il dit si peu à ses amis les plus sincères dans leur correspondance la plus intime, qu'on voit clair comme le jour que pour lui c'est un parti pris de garder le silence sur ces choses, de les *réserver*. Il en résulte cette conséquence, que nous ne connaissons pas plus le vrai Fénelon que nous ne connaissons la vraie madame Guyon : ce que nous connaissons, c'est ce qu'ils ont pu ou voulu nous donner.

La correspondance de Fénelon, en dépit d'un style abondant et familier, est d'une discrétion désolante. Il recommande sainte Thérèse, mais que veut-il qu'on en lise, qu'on en imite ou qu'on en croie ? C'est ce qu'il ne dit nulle part ; et l'on peut être sûr que pour son silence il a des raisons dignes de lui. Mais veut-on la preuve que sous cet enseignement officiel, il s'en dévoile un autre, quelque soin que prenne l'auteur de le voiler ; qu'on y regarde de près. Sa *lettre à une Carmélite*, est un peu longue, mais qu'on prenne la plus courte de toutes et l'on y trouvera encore la même chose; il n'y manquera rien de ce que veut dire Fénelon, mais il y manquera souvent l'essentiel, ce qu'il ne peut pas dire. Qu'on prenne par exemple la lettre 169°, et qu'on y lise un peu *entre les lignes*.

« Je vous désire une simplicité totale *d'abandon* [le mot technique, v. Justifications de madame Guyon], sans laquelle on n'est abandonné qu'à condition de mesurer soi-même son abandon [ne pas mesurer l'abandon, n'est-ce pas aller loin? N'est-ce pas se quitter pour tout laisser faire à Dieu? Où cela s'arrête-t-il?]; et de ne l'être jamais dans aucune des choses de la vie présente qui touchent le plus notre amour-propre [Inintelligible à force de réserve.].

« Ce n'est pas l'abandon réel et total à Dieu seul, mais la fausseté de l'abandon et la réserve secrète, qui fait l'illusion. [Si vous gardez la mesure, la science de ce que vous faites en vous laissant aller à la confiance en Dieu, en vous livrant à sa conduite, c'est alors que vous tomberez dans l'illusion!]

« Soyez petit [mot technique] et simple au milieu du monde le plus critique, comme dans votre cabinet. [Est-ce à un ministre qu'on parle? A un personnage dans tous les cas.]

« Ne faites rien, ni par sagesse raisonnée, ni par goût naturel, mais simplement par souplesse à l'esprit de mort et de vie ; de mort à vous, de vie à Dieu. [Mais rien ne demande plus de résolution, par conséquent de réflexion et de raison que cette conduite. Une telle souplesse n'est pas naturelle, pas simple du tout.]

« Point d'enthousiasme, point de certitude recherchée au-dedans de vous, point de ragoût de prédictions, comme si le présent, tout amer qu'il est, ne suffisait pas à ceux qui n'ont plus d'autre trésor que la seule volonté de Dieu, et comme si on voulait dédommager l'amour-propre de la tristesse du présent par les prospérités de l'avenir. [A qui cela s'adresse-t-il? Au duc de Beauvilliers ou au duc de Chevreuse? A un initié dans tous les cas ; à un ami porté à l'enthousiasme, au ragoût des prédictions, à la certitude recherchée d'un avenir qui doit consoler des mécomptes du présent.]

« On mérite d'être trompé quand on cherche cette vaine consolation. [On dirait que Fénelon se fait la leçon à lui-même au sujet des conférences de Chaulnes et des calculs d'avenir qu'il y rattache.]

« Recevons tout par petitesse ; ne cherchons rien par curiosité ; ne tenons à rien par un intérêt déguisé. Laissons faire Dieu, et ne songeons qu'à mourir sans réserve au moment présent, comme si c'était l'éternité tout entière. Ne faites point de tours de sagesse. [Ces mots sont d'une élasticité qui défie toute interprétation ; Fénelon seul pourrait nous les expliquer.]

A la première lecture de cette lettre, on n'y voit ni du mysticisme, ni des idées réservées ; on n'y voit que l'ascétisme de monastère à l'adresse de quelque dévote éprise de son époux céleste ; mais avec la clef voulue on y reconnaît la haute politique de la mysticité, à l'adresse de quelque éminent personnage, rendue en termes très-ingénieux, très-raffinés et très-élevés. Ce qu'on y voit avec le plus de surprise, c'est que dans le groupe des intimes régnait précisément ce qui régnait aussi dans la pensée de madame Guyon : Fénelon y combat l'enthousiasme, le ragoût des prédictions, la certitude recherchée au dedans, en un mot tout ce qui distingue non pas ce petit mysticisme que Fénelon aime à professer, mais le grand, celui de sa pensée réservée.

Mais je ferai remarquer que Fénelon ne connaît pas cette mysticité plus haute, plus spéculative, celle de saint Jean, qui a donné lieu à la théosophie de Malebranche, si élevé quand il parle au nom du Verbe, si bizarre quand il expose sa théorie sur les cinq lois générales de l'univers, et dont l'une est de confier aux anges le gouvernement de la Judée si faible! A cette haute mysticité-là, qui est de la pure théosophie, Fénelon ne fait pas même allusion dans ses correspondances. De saint Jean il prend, non pas la théorie du Logos, mais la loi d'amour, ainsi qu'il nous l'apprend lui-même lorsqu'après avoir nommé ses mystiques de prédilection, il ajoute : « J'aime bien aussi le disciple bien-aimé, qui est le docteur de l'amour. »

Parfois, il est vrai, on entrevoit une sorte de lueur spéculative dans ses lettres; il y apparaît des questions élevées, qu'on a l'air de vouloir aborder sérieusement; mais en général dans les lettres de Fénelon, ces questions y sont éludées plutôt qu'elles ne sont traitées.

Tel était l'état d'intimidation où il se trouvait circonscrit, qu'il est sous ce rapport bien au-dessous de saint François de Sales ou de ses types, de sainte Thérèse par exemple ou de telle autre Carmélite, ne fût-ce que la mère Anne Garcias qui parle très-théoriquement des discours qu'elle tient au nom de son divin maître, des apparitions ou des visions dont elle jouit, de tout ce qui fait la vie intérieure et extérieure du vrai mystique.

Mais ce silence est-ce bien de la réserve de la part de Fénelon, ou est-ce absence d'ouverture naturelle? Je ne tranche pas la question, mais il est certain que sa position lui imposait une réserve extrême. Madame Guyon avec moins de génie avait plus de largeur dans ses vues. On sait que pour les mystiques, il n'y a plus de distinction entre les diverses communions chrétiennes. C'est entre eux une véritable fraternité de famille; témoin la correspondance de saint Martin et du baron de Liebisdorf et cent autres. Madame Guyon, dans les dernières années de sa vie, si dévote et si bonne catholique d'ailleurs et si liée avec l'évêque de Blois, vit dans la plus grande intimité, et entretient la correspondance la plus fraternelle avec des personnes d'autres communions. Son principal confident et son futur éditeur, c'est le ministre Poiret qui adresse le chevalier de Ramsay à Fénelon. Au contraire, si mystique et si philosophe que soit ce dernier, jamais il ne s'élève à ce point de vue. Il reste exclusif. Il recommande aux princes de ne pas inquiéter leurs peuples au sujet de la religion, mais il convertit au catholicisme tous ceux qui recherchent des rapports avec lui, et le chevalier de Ramsay est à peine installé sous son toit, que l'ancien missionnaire du Poitou, l'ancien directeur des nouvelles catholiques, commence avec lui son œuvre de prédilection.

Est-ce à cette absence de largeur ou à celle d'une expansivité véritable en dépit de la fluidité de sa parole, qu'il faut attribuer l'extrême réserve où il se contient sur toutes les questions essentielles, délicates et difficiles du mysticisme? Ou bien les évite-t-il par la raison qu'il les juge insolubles? On l'ignore. Mais ce qui est hors de doute, c'est que ce n'était pas ainsi que parlait le mysticisme espagnol, ni celui de saint François de Sales ; ce n'est pas non plus dans ces limites étroites que se renfermait celui du dix-septième siècle là où il était libre de se produire. Mais on ne peut pas blâmer Fénelon de n'avoir pas pris parmi nous des libertés espagnoles, puisqu'il eut le sort de Molinos malgré toute sa réserve, et personne ne peut s'étonner de l'attitude qu'il garde vis-à-vis du mysticisme anglais, germanique ou scandinave, puisque, aujourd'hui même, nous ne souffrons pas qu'on en parle parmi nous, je ne dis pas avec sympathie, mais je dis avec cette impartialité philosophique qui n'est que la justice pure. Nous ressemblons, toutes les nations ressemblent aux sauvages, dont la musique n'a que deux notes, l'une appelée enthousiasme, l'autre fanatisme.

CHAPITRE XX

Le mysticisme français en face de celui des pays du Nord. — L'abstention de nos philosophes et l'intervention de Leibnitz au débat. — Son erreur fondamentale et son dévouement à la science. — Le grand-duc de Florence.

1650—1700

Le mysticisme de madame Guyon est, comme celui de Fénelon, dont il diffère si profondément, le même que celui de madame de Chantal et de Saint François de Salles. D'origine espagnole plutôt que française, il se rattache à sainte Thérèse, à saint Jean de la Croix et à Molinos; en un mot il tient au Midi plus qu'au Nord. Il n'est pas étranger, il s'en faut, au courant plus limpide de saint Bernard, de Hugues de Saint Victor, de Gerson et de Thomas à Kempis, mais au contact avec la péninsule ibérienne, il s'est enflammé au feu des ardeurs ultrapyrénéennes et amolli aux attraits de la rêverie orientale, arabe, andalouse. Il est français et il se détache bien autant que le demandait le génie national, de cet ascétisme mi-essénien, mi-souffite qui s'était infiltré dans l'Espagne chrétienne mais il en porte l'empreinte, et il se distingue profondément du mysticisme de la race saxonne qui aime essentiellement la spéculation théosophique et adore les poétiques prophéties, les rêves millénaires de l'Apocalypse. Madame Guyon, qui fut en rapport avec le Hollandais Poiret, eut quelque penchant pour ce brillant domaine, jamais son illustre ami n'en montra aucun.

Ce n'est pas que Fénelon ignorât absolument les principes ou les écrits des mystiques anglais. Je crois au contraire qu'il en avait quelque connaissance.

On sait qu'il puisa à une source anglaise le plus oratoire de ses écrits philosophiques, et qu'en composant son traité anglais de l'existence de Dieu, il imita Clarke autant que Cicéron. Mais ce fut volontairement qu'il s'abstint de tout contact avec le mysticisme septentrional et ses goûts l'en éloignaient autant que son génie et sa position officielle dans l'Église. Le mysticisme du Nord se nourrissait précisément de ces mêmes éléments, de ces visions, de ces extases et de ces révélations qu'il admettait sans nul doute, dans la vie de ses maîtres, mais dont il faisait ostensiblement abstraction dans ses écrits, au sujet desquelles il ne voulait jamais s'expliquer et dont madame Guyon elle-même, tout en s'attribuant des dons encore plus élevés, affectait de faire la critique avec la plus entière indépendance.

Le génie mystique de la race saxonne se montra au contraire d'accord avec celui de la catholique Espagne, témoin les écrits du savant docteur Pordage et ceux de son élève enthousiaste qui unissaient aux enseignements les plus ascétiques, les visions les plus positives, les révélations les plus précises et les prophéties les plus magnifiques. J'en appelle aussi aux illuminations et aux visions contemporaines de l'Allemagne, de la Hollande et de la Scandinavie, où les théosophes issus de Jacques Boehme préparaient à un fils de la Suède avec les grandes entrées du ciel, celles de toutes les régions habitées par des créatures intelligentes. On sait que l'ambition de Swedenborg ne s'est pas contentée de moins, et que l'interprète élu des textes de la révélation juive et chrétienne, vint user de son vaste privilége avec une merveilleuse aisance.

L'esprit français, qui n'est pas porté naturellement vers ces spéculations ultramétaphysiques, n'y prit aucune part au temps de Fénelon.

Avec la même liberté, la France sans nul doute aurait suivi la même pente, dans la mesure de ses inclinations naturelles. Mais nous avions à rompre deux barrières, les lois de l'État et celles de l'Église.

Ce n'est pas que les prélats de l'Église anglicane, les consistoires de Suède et les princes d'Allemagne aient accordé trop de tolérance à ces tentatives de franchir la limite du dogme proclamé par les confessions de foi de ces pays; sous ce rapport, la situation y était à peu près la nôtre; il doit paraître bien probable que notre génie aussi se fût laissé aller dès lors à ce courant, s'il avait joui de toute sa liberté.

En effet, dès le commencement du dernier siècle, nous trouvons chez nous de grandes inclinations pour les doctrines extrêmes de l'Angleterre; vers le milieu du siècle nous apparaissent les Pâris et les Mongeron, et à la fin des inclinations encore plus singulières se montrent chez nous pour les mystères qui nous viennent d'Allemagne. Dans tout le cours du siècle, en y regardant de près, nous verrons au sein de notre sensualisme et de notre scepticisme, des pontifes de sciences occultes, des thaumaturges et des imposteurs de toutes sortes, en un mot des inventeurs de toute espèce de choses se succéder sans interruption jusqu'au comte de Saint-Germain, et au comte Cagliostro. Ce ne fut là, d'ailleurs, que le contre-coup naturel de l'esprit d'examen, de négation et d'incrédulité que respiraient les lettres anglaises qui nous enseignaient la même liberté et la même critique que nous avaient enseignées, dès le seizième siècle, les libres penseurs d'Italie. Et telle semble être la loi éternelle de la pensée humaine, qu'à un mouvement excessif en un sens vienne répondre un mouvement excessif en l'autre ; mais du moins, il n'y avait là ni un Louis XIV pressant Innocent XI de frapper, ni une madame de Maintenon excitant le monarque à presser le pontife. S'il y eut plainte à Dresde contre Jacques Boehme, le panthéiste mystique, et plainte à Stockholm contre Swedenborg, le naturaliste visionnaire, si les princes interviennent là aussi dans les débats, ce fut en modérateurs et pour calmer le zèle des théologiens, plutôt qu'en excitateurs pour enflammer les colères de l'Église comme fit le cabinet de Versailles.

Ce qui parmi nous étonne plus encore que l'intervention de la cour dans une question de mysticité, c'est l'abstention absolue de la philosophie, soit de la part de nos écoles, soit de la part de nos écrivains. Quelle autorité y fût mieux intervenue parmi nous, que celle de Malebranche, de Nicole ou d'Arnaud ? Mais en général la philosophie garda le silence, ce qui, chez nous, surprend aujourd'hui, où la science par excellence, la philosophie ne craint ni ne dédaigne d'intervenir dans aucune discussion qu'intéresse la morale. A cette époque il n'en était pas ainsi. La morale appartenait à la religion, la religion à l'Église, l'Église au théologien. Cela était reçu, on s'y tint chez nous. Débat de philosophie auquel pas un de nos philosophes n'osa toucher malgré les belles indications de Spinoza sur l'amour de Dieu ! Le P. Lami et Malebranche, qui étaient prêtres, y touchèrent mais si légèrement, qu'ils n'y apportèrent ni les lumières ni l'autorité de juges légitimes. Si la philosophie intervint sur la question, ce fut par la bouche d'un étranger, de ce grave Allemand qui s'avisa tout à coup de démontrer en français, aux Français et aux Anglais, qu'en philosophie leurs penseurs les plus éminents se trompaient sur les théories les plus fondamentales, et qui trouva bon de leur écrire qu'il avait à en remontrer aussi à leurs théologiens sur la question de l'amour de Dieu. J'ai nommé Leibnitz.

Le philosophe allemand se présenta à ce débat sans façon, en juge, en maître, comme il se présentait à tous ceux qui s'élevèrent de son temps. Et celui qui correspondait avec tout le monde, n'était-il pas naturellement le grand juge du camp des penseurs ? Celui qui se croyait obligé, en conscience, de rectifier Locke comme Descartes, de réconcilier Rome avec Wittemberg, et de mettre d'accord Bossuet avec Molanus, pouvait-il voir se succéder sans fruit et sans fin les

Lettres, les *Mandements*, les *Remarques* et les *Réponses* des deux plus grands écrivains de France, sans s'en émouvoir et sans essayer de faire tourner au profit de la science une polémique où il se dépensait tant de génie? Sans doute il était difficile à un étranger d'intervenir entre deux prélats français; mais jamais un homme de génie qui écrit en français n'est étranger parmi nous, et il eût été encore plus difficile à Leibnitz de garder le silence sur une telle question que de la discuter. Il la discuta, mais avec toute la confiance qu'il apportait aux problèmes les plus délicats, persuadé que s'il parvenait à se faire écouter d'un homme un peu considérable, dans le sens de ses idées les plus saines, la paix serait faite. Or, il était précisément en correspondance avec le bibliothécaire d'un des plus puissants et des plus rudes adversaires de Fénelon, du grand-duc de Toscane. Il lui écrivit sans hésiter. Quel est le philosophe qui n'a pas défini l'amour, et quel est l'amour qui ne se croit pas parfait? Les mystiques le voulaient désintéressé, Leibnitz le définit ainsi : « Aimer, c'est être tellement disposé, qu'on trouve son plaisir dans la félicité d'un autre. » Redressant tout le monde avec autorité parce qu'il y mettait la gravité et la science voulues, Leibnitz aimait croire que cette définition répondait à tout. Il regrettait que personne ne s'en fut avisé, et dit un peu brusquement que Fénelon et P. Lami, qui avaient soutenu le pur amour, que Bossuet et Malebranche qui l'avaient rejeté, s'étaient trompés tous les quatre par la raison qu'aucun d'eux n'avait eu la bonne fortune de tomber sur la préface d'un ouvrage, le *Code diplomatique*, qu'il avait publié plusieurs années avant l'origine de leur débat. Ils l'auraient évité dans le cas contraire. A entendre le philosophe optimiste, la courte définition qu'il y avait donnée aurait coupé court et au besoin couperait court encore à tout mal entendu si elle était connue à Rome ; elle rendrait la paix aux esprits troublés et aux premiers prélats de France, comme à Louis XIV et à madame de Maintenon, et aux pauvres filles de Saint-Cyr.

Leibnitz ne se borna pas à la signaler à Florence d'où elle devait rayonner sur Rome et Versailles, mais s'empressa de la transmettre à l'Angleterre, dans la personne de l'évêque Burnet. C'était le moment, car il y avait là un débat analogue à celui qui troublait la France. « En effet, dit-il ; on agite en Angleterre une question de l'amour de Dieu, qui est aussi agitée en France entre l'archevêque de Cambrai, précepteur du duc de Bourgogne, et l'évêque de Meaux, ancien précepteur du Dauphin. [Remarquez l'ingénieuse malice d'un rapprochement, qui fait d'une question de haute mysticité une querelle de précepteurs rivaux.] Il y a longtemps que j'ai examiné cette matière, car elle est de grande importance, et j'ai pensé que pour décider de telles questions, il faut avoir de bonnes définitions. »

On le voit, c'est bien sérieusement que le grand homme a foi dans son génie ; mais d'abord puisqu'il savait si bien qu'entre Fénelon et Bossuet il y avait plus qu'une question de doctrine, comment se flattait-il de les réconcilier par une définition, les définitions même les meilleures n'ayant jamais mis fin à aucune dispute? Puis, comment un esprit aussi lucide ne voyait-il pas que, loin d'être des meilleures, la sienne n'était pas même bonne? Aimer n'est pas du tout trouver sa félicité dans celle d'autrui, c'est se sentir épris des qualités morales et des talents intellectuels, de la grâce et de la beauté d'un autre ; aimer, c'est s'affectionner à un être ou à une personne, abstraction faite de sa félicité. Quand nous sommes bien inspirés, nous aimons les autres pour ce qu'ils sont, en réalité ou bien à nos yeux ; mais ce que l'amour commun cherche avant tout, c'est sa félicité; le bonheur de ceux que nous aimons peut entrer pour quelque chose dans nos affections, mais ce n'est jamais là ce qui fait notre passion, et jamais notre amour n'aspire avant tout à leur félicité. En général, si le bonheur y entrait comme élément essentiel dans l'amour, on ne pourrait aimer que les personnes, les choses n'étant pas susceptibles de bonheur. Leibnitz allait donc dans sa définition contre la vérité avec une confiance très-étonnante de la part d'un penseur qui corrigeait tout le monde. Et plus il insista, plus il donna dans le faux. Or, il tenait absolument à concilier les deux systèmes ou les deux adversaires qui les débattaient parmi nous. Pour prouver à Bossuet ce que Bossuet n'admettait pas, c'est-à-dire qu'on pouvait aimer Dieu très-purement, sans aucune vue de récompense, sans rien espérer de lui, fût-ce même le salut éternel, il disait qu'un *tableau de Raphaël inspire de l'amour, parce que sa beauté nous donne du plaisir, et quoiqu'il ne nous procure d'ailleurs aucune utilité.* Mais quelle analogie y a-t-il entre l'amour de Dieu, sentiment tout éthique, et l'amour d'un tableau, sentiment tout esthétique? De la part d'un tel philosophe une telle confusion n'est-elle pas étrange? Puisque, suivant vous, aimer est vouloir le bonheur de celui qu'on aime, jamais le sentiment qu'on a pour un tableau n'est de l'amour.

CHAPITRE XXI

Leibnitz approfondit l'amour mystique. — Ses lettres à Nicaise. — Boileau et mademoiselle de Scudéry sur l'amour divin. — Le débat de Sherlok et de Norris. — Miss Mary Astell et le docteur Norris. — Mademoiselle Bourignon de Portes et Poiret. — Lettre d'un antiquaire hollandais sur l'amour pur.

1699—1700

Fénelon, qui appréciait le rang et connaissait l'influence du grand-duc de Toscane à Rome, eût attaché beaucoup de prix à l'honneur de voir ce prince dans ses sentiments, et l'intervention de Leibnitz en sa faveur n'était pas à dédaigner. Mais c'est auprès des cours de France et de Rome, et avec des arguments plus solides qu'il aurait fallu plaider sa cause. Le philosophe allemand, plein de bienveillance pour l'archevêque de Cambrai, fit ce qu'il put; il s'adressa à plusieurs reprises à son correspondant Nicaise [1], soit avant, soit après le jugement, essayant de faire quelque diversion utile en sa faveur. Mais ce fut sans succès.

[1] V. Cousin, *Fragments de Philosophie moderne*, p. 157-148.

Quand la sentence fut rendue, il écrivit : « Je suis bien aise que le Roi ait fait cesser la dispute qui s'était élevée entre deux prélats. Il s'est élevé en Angleterre une dispute assez semblable sur l'amour de Dieu, à savoir s'il doit être désintéressé, entre M. Sherlok et M. Norris, le dernier voulant que ce ne soit pas un amour de désir, mais de bienveillance. On ajoute qu'une seule damoiselle anglaise de vingt ans a admirablement bien écrit là-dessus dans des lettres adressées à M. Norris. »

« Il est raisonnable que les dames jugent des matières d'amour ; car il en faut former une notion qui convienne encore à l'amour des créatures raisonnables ; et selon la définition que j'ai donnée dans la préface du *Codex juris gentium*, on a de l'amour quand on est disposé à trouver du plaisir dans la félicité d'autrui. Cela suffit pour faire cesser la dispute. »

Cela n'aurait pas plus suffi en Allemagne que cela ne suffit en Angleterre et en France. En Angleterre, Norris, grand partisan de Malebranche et auteur de la *Théorie du monde intelligible*, ouvrage plein de réminiscences platoniciennes et néoplatoniciennes, eut besoin de composer plusieurs écrits, non pour convaincre son adversaire, il n'eut pas ce rare bonheur, mais pour en balancer l'autorité. En effet, quoique Sherlok ne fût pas un Bossuet, il força Norris d'exposer et de défendre sa théorie à plusieurs reprises, d'abord dans un écrit intitulé : *Tableau de l'amour sans voile*, qui est fort mystique (1682), puis dans un second, intitulé : *L'Idée du bonheur*, et enfin dans un troisième, intitulé : *De la théorie et des lois de l'amour*. Ce dernier parut au moment même où la question du pur amour s'agitait le plus chaudement en France, au moment où son plus tendre interprète, madame Guyon, sortant du couvent de Sainte-Marie, dogmatisa à l'hôtel Beauvilliers, et y fit la connaissance de Fénelon (1688). Mais plus heureux que ce dernier, qu'il précéda un peu dans la tombe, Norris ne fut pas réduit à défendre seul sa belle cause. Pendant que la France fermait la bouche à madame Guyon, l'Angleterre permettait la libre profession du parfait amour à tous. Ce fut une jeune personne, Marie Astell, qui embrassa avec le plus d'éclat la théorie de Norris, qui la traita, après lui, avec le plus d'élévation. Elle entra en correspondance avec lui pour discuter ses idées d'une manière très-sympathique, et leurs lettres, publiées pendant la tenue des conférences d'Issy, furent lues, en Angleterre, les unes et les autres, avec le même enthousiasme, pendant qu'en France on croyait l'Église elle-même en danger. C'est assez dire que la discussion anglaise n'eut aucune influence sur le débat français, qui se passait dans une atmosphère épiscopale plutôt que laïque, entre des précepteurs de princes, pour parler avec Leibnitz, et des évêques plutôt qu'entre des philosophes. Quoi qu'il eût dit, Leibnitz sentait lui-même que sa fameuse définition ne suffisait pas plus en France qu'en Angleterre pour faire cesser la dispute. Aussi revient-il à la charge, mais sans être plus heureux. C'est qu'il ne veut pas abandonner sa définition : aimer, c'est vouloir la félicité de ceux qu'on aime. Il dit fort bien : « Lorsqu'on aime sincèrement une personne, on n'y cherche pas son propre profit, ni un plaisir détaché de celui de la personne aimée ; mais on cherche son plaisir dans le contentement et dans la félicité de cette personne. Et si cette félicité ne plaisait pas en elle-même, mais seulement à cause d'un avantage qui en résulte pour nous, ce ne serait plus un amour pur et sincère. [Fragments, p. 172.] Il faut donc qu'on trouve immédiatement du plaisir dans cette félicité, et qu'on trouve de la douleur dans le malheur de la personne aimée ; car tout ce qui fait du plaisir immédiatement par lui-même est aussi désiré pour lui-même, comme faisant (au moins en partie) le but de nos vues, et comme une chose qui entre dans notre propre félicité et nous donne la satisfaction. »

Cela est vrai, mais ne s'applique pas à l'amour de Dieu : aimer Dieu, ce n'est pas désirer qu'il soit heureux ; et pourtant Leibnitz ajoute :

« Cela sert à concilier deux vérités qui paraissent incompatibles [l'amour intéressé et l'amour désintéressé], car *nous faisons tout pour notre bien, et il est impossible que nous ayons d'autres sentiments, quoi que nous puissions dire.* »

Voilà qui est bien intéressé, mais cela n'est pas bien beau, et Leibnitz ne s'en contente pas.

« Nous n'aimons point encore tout à fait purement, dit-il, quand nous ne cherchons pas le bien de l'objet aimé pour lui-même et parce qu'il nous plaît lui-même, mais [seulement] à cause d'un avantage qui nous en provient. »

Cela est parfait, mais alors ce qui suit, et qui est parfait aussi, se trouve pourtant en contradiction avec ce qui vient d'être dit; en effet, c'est précisément à cause des avantages incomparables que nous procure l'amour divin que Leibnitz veut qu'on s'y livre.

« L'amour divin, dit-il, est infiniment au-dessus des amours des créatures; car les autres objets dignes d'être aimés font en effet partie de notre contentement ou de notre bonheur en tant que leur perfection nous touche et nous plaît, au lieu que la félicité de Dieu ne fait pas une *partie* de notre bonheur, mais *le tout*. [Fragments, p. 173.] Il en est la source et non pas l'accessoire; et les plaisirs des objets aimables mondains pouvant nuire par des conséquences, le seul plaisir qu'on prend dans la jouissance des perfections divines est sûrement et absolument bon, sans qu'il y puisse avoir du danger ou de l'excès. »

« Je crois que le dessein de Mgr l'archevêque de Cambrai a été d'élever les âmes au véritable amour de Dieu et à cette tranquillité qui en accompagne la jouissance, en détournant en même temps les illusions d'une fausse quiétude. »

Nul n'a été assez juste en France pour s'exprimer ainsi sur Fénelon.

« Je crois qu'il n'y a guère de matière qui mérite mieux d'être prêchée que le véritable amour de Dieu. » [Fragments, p. 174 et 175.]

Nicaise ayant fait le sourd sur la jeune Anglaise qui marche sur les brisées de madame Guyon, Leibnitz lui répète le fait :

« J'ai appris que depuis peu une jeune demoiselle anglaise, nommée mademoiselle Ash, a échangé des belles lettres avec un théologien habile, nommé

M. Norris, au sujet de *l'amour de Dieu désintéressé, dont on parle tant maintenant en France.* »

Et comme le grave érudit est français après tout, le philosophe allemand ajoute :

« Rien n'est plus de la juridiction des dames que les notions de l'amour ; et comme l'amour divin et l'amour humain ont une notion commune, les dames pourront fort bien approfondir cette pensée de la théologie. »

On le voit, Leibnitz tient à être un vrai docteur de mysticité, il revient à fond sur la question plus d'une fois encore. Aussi est-on surpris que la pieuse littérature de son pays ait tenu si peu de compte de sa théorie et qu'il ne figure pas dans l'histoire de la famille mystique, que les écrits de Fénelon et plus encore ceux de madame Guyon ont donnée à l'Allemagne. J'entends M. de Marsay, mademoiselle de Callenberg, le comte de Fleischbein, la sainte nichée du château de Hayn, etc. Tous ces écrivains ont l'air de ne pas connaître celui de leurs compatriotes qui a le mieux compris et le plus honoré leur maître.

Bientôt le philosophe vint reprendre sa question.

« L'erreur sur l'amour est peut-être un malentendu (p. 182) qui... vient peut-être de ce qu'on ne s'est pas attaché à bien former les définitions des termes. Aimer véritablement et d'une manière désintéressée, n'est autre chose qu'être porté à trouver du plaisir dans les perfections ou dans la félicité de l'objet, et par conséquent à trouver de la douleur dans ce qui peut être contraire à ces perfections. »

Cela est juste. Il n'y a pas de douleur comparable à

celle qui nous saisit à la découverte d'une imperfection sérieuse, d'un défaut radical dans un être aimé, et rien ne nous afflige plus profondément qu'un malheur qui l'afflige. Mais cela ne s'applique pas généralement, cela ne s'applique pas à Dieu du tout, à l'être qui est le bonheur et la perfection tout à la fois, et l'appliquer aux objets inanimés eux-mêmes, comme essaye de faire l'ingénieux penseur, c'est abuser de son esprit. Et rien ne jette plus ouvertement dans le faux que ce genre d'abus si commun à certaines époques. Voici à quoi Leibnitz finit par aboutir :

« Cet amour a proprement pour objet des substances [?] susceptibles de félicité; mais on trouve quelque image à l'égard des objets qui ont des perfections sans le sentiment, comme serait par exemple un beau tableau. Celui qui trouve du plaisir à le contempler et qui trouverait de la douleur à le voir gâté, quand il appartiendrait même à un autre, l'aimerait pour ainsi dire d'un amour désintéressé ; ce que ne ferait pas celui qui aurait seulement en vue de gagner en le vendant, ou de s'attirer des applaudissements en le faisant voir, sans se soucier au reste qu'on le gâte ou non quand il ne sera pas à lui. Cela fait voir qu'on ne saurait ôter le plaisir et la pratique à l'amour sans le détruire, et que M. Despréaux a eu également raison dans ses beaux vers, dont vous m'avez fait part, de recommander l'importance de l'amour divin et d'empêcher qu'on se forme un amour chimérique et sans effet. »

Y a-t-il dans ce beau siècle un autre philosophe qui se soit appliqué avec tant de constance à l'élucidation de l'amour pur? Et ce n'est pas encore tout. En vrai métaphysicien qui embrasse l'universalité des choses, la politique comme l'esthétique et la morale, Leibnitz nous expose tout son système : Il vient de l'appliquer aux beaux-arts; en voici l'application à la science sociale.

« J'ai expliqué ma définition dans la préface de mon *Codex diplomaticus juris gentium*, publié avant la naissance de ces nouvelles disputes, parce que j'en [de cette définition] avais besoin pour donner la définition de la *justice*, laquelle à mon avis n'est autre chose que la *charité réglée suivant la sagesse;* et la charité étant une bienveillance universelle, et la bienveillance étant une habitude d'aimer, il était nécessaire de définir ce que c'est qu'aimer ; et puisque aimer est avoir un sentiment qui fait trouver du plaisir dans ce qui convient à la félicité de l'objet aimé, et que ce qui fait la règle de la sagesse n'est autre chose que la science de la félicité, je faisais voir par cette analyse que la félicité est le fondement de la justice, et que ceux qui voudraient donner les véritables éléments de la jurisprudence, que je ne trouve pas encore écrits comme il faut, devraient commencer par l'établissement de la science de la félicité, qui ne paraît pas encore bien fixée non plus, quoique les livres de morale soient pleins de discours de la béatitude ou du souverain bien. »

Voilà qui donne la clef de toute cette étude sur l'amour de la part du philosophe, et voilà qui montre que dans l'analyse la plus métaphysique de l'amour divin est la fin suprême de la science humaine. Il n'est rien de plus curieux et de plus digne d'attention, dans la vie si remplie de Leibnitz, que ce dévouement obstiné dans l'élucidation d'une question aussi haute, et qu'il nous soit permis de faire ici cette remarque que les grandes existences contemporaines s'excitent, se fécondent et s'élèvent les unes les autres; que si c'est le hasard qui a fait apparaître à la même époque Clarke et Newton en Angleterre, Bossuet, Malebranche et Fénelon en France, et Leibnitz dans toute l'Europe, le hasard est une providence bien admirable.

Ce ne fut pas assez pour Leibnitz d'avoir écrit tant de lettres en Italie, en France et en Angleterre, sur la même question, il voulut encore publier un traité formel dans le *Journal des Savants*, et il en adressa le manuscrit à Nicaise, et ce fut même un grand embarras pour ce dernier, mais il se tira d'affaire en homme d'esprit, mettant en avant le roi et une femme de grand renom : « Comme le roi ne veut pas qu'on parle de ces matières, il n'est pas à propos d'en entretenir le public, » écrivait-il à un ami de Leibnitz. Et pour donner au philosophe qui invitait les dames à traiter la question, une satisfaction conforme à son humeur galante, il communiqua le traité à mademoiselle de Scudéry ! Mais si amie de Leibnitz que fût cette éloquente topographe des rives fleuries du fleuve de Tendre, n'étant pas d'humeur à s'embarquer avec le philosophe allemand sur une mer agitée, elle ne fit qu'une réponse de fille d'esprit.

« J'avais fait part à mademoiselle de Scudéry, qui est des amies de M. de Leibnitz, de son sentiment sur l'amour désintéressé, en lui disant qu'il n'était contraire ni à M. de Meaux ni à M. de Cambrai, pour me venger un peu de quelques vers de sa façon dont elle m'avait régalé (*Lettre de Nicaise.* Fragm. p. 189.). Elle me répond qu'elle ne veut point se mêler dans une dispute d'une matière si élevée, et qu'elle se tient en repos en se bornant [quant à l'amour de Dieu] aux *Commandements de Dieu*, au *Nouveau Testament* et au *Pater*. »

Rien de plus simple en apparence. Mais la simplicité et mademoiselle de Scudéry ne vont pas, d'ordinaire, de compagnie. Aussi écoutez la fin.

« Car je crois, dit-elle, à propos du *Pater* où elle demande à Dieu toutes sortes de bonnes choses, « je crois qu'une prière que Jésus-Christ a enseignée ne contient pas un intérêt criminel, quoique madame Guyon la regarde comme une prière intéressée, ce qui renverserait les fondements du christianisme. »

Le trait est assez piquant, mais il est juste. Madame Guyon l'avait-elle mérité? On le voit, les femmes interviennent dans tous les débats du grand siècle, et voilà la première romancière conviée par les amis du premier philosophe à l'appréciation de la polémique des deux premiers prélats de France, les femmes, sainte Thérèse à leur tête, ayant fait naître la théorie et le débat de l'amour désintéressé. Mais l'opinion de Leibnitz qu'elles devaient y intervenir pour la faire aboutir aux meilleures solutions, ne fut guère partagée en France, et en l'état où se trouvaient les choses elle ne pouvait l'être, tant il fallait de science pour juger.

Huet, à qui Nicaise avait fait part de l'idée du philosophe allemand, lui répondit très-durement : « Pour ce que vous me mandez au sujet de l'amour désintéressé, je n'en voudrais pas faire les dames juges, quelque enclines qu'elles soient à l'amour. Il faut s'en rapporter aux théologiens, qui voient mieux les conséquences de cette doctrine que *des folles coquettes*. Aussi suis-je bien persuadé que M. Leibnitz a voulu se divertir quand il vous a écrit ce que vous me rapportez. » Huet se trompait, et le savant bibliothécaire de Hanovre savait mieux que lui ce qui se passait à ce sujet en Europe. Il savait que ce qui avait eu lieu en Espagne et en France, où sainte Thérèse avait élevé saint Jean de la Croix et Marie de Chantal partagé les travaux de saint François de Sales, où madame Guyon conduisait encore les esprits les plus distingués, se réfléchissait si bien ailleurs, qu'en Hollande c'était une femme aussi, mademoiselle Bourignon de Porte, qui faisait l'éducation des principaux mystiques; qu'en Allemagne c'était mademoiselle de Callemberg qui secondait le mieux le mystique saint Georges de Marsay; qu'en Angleterre c'était Jeane Leade qui avançait le plus dans les voies du mystique docteur Pordage et miss Astell qui donnait le mieux la réplique au docteur Norris qui exposait si bien la théorie du saint amour, de celui qui relie entre eux tous les êtres purs sur la terre et aux cieux.

Il est fâcheux qu'on ait fait en France, de cette question essentiellement éthique, une querelle de pure théologie au lieu d'une discussion de haute métaphysique. C'était là son véritable caractère, et sous son vrai titre elle attirait les sympathies, elle provoquait les lumières du monde philosophique. Le monde philosophique est en France le monde civilisé, c'est-à-dire tout le monde. Ce qui égara l'opinion parmi nous, et fit concentrer le débat dans le clergé, c'est que le P. Lacombe, Bossuet et Fénelon étaient prêtres, le P. Lami prêtre aussi. Mais au dehors l'opinion ne s'est pas trompée : on a vu qu'il n'y avait là qu'une haute question de morale. Et jugée plus librement au dehors, elle le fut aussi plus sainement que parmi nous. Il est curieux, en effet, de voir avec quelle intelligence en parlent les étrangers. Voici, pour exemple, ce que le savant et modeste Morell écrivit à ce sujet au correspondant parisien de Leibnitz dès avant la sentence rendue :

« L'on aura bien de la peine à Rome à se résoudre de condamner le livre de M. de Cambrai, car il faudrait condamner en même temps plusieurs saints de votre Église et la plupart des théologiens mystiques qui ont eu approbation. La question est délicate, quoique peu utile pour l'instruction du peuple. Je ne trouve rien que de bon dans ce livre [*les Maximes des saints*], ayant ici l'édition faite à Amsterdam ; et je m'étonne que l'état du christianisme soit si déplorable que l'on n'ose étaler la vérité toute simple comme on l'a fait par le passé. Il semble que vous vous rangiez du nombre de ceux qui condamnent M. de Cambrai ; j'en suis surpris ; car les raisons que vous alléguez ne disent rien qui mérite ou appuie une telle condamnation, mais seulement que vous vous laissez entraîner par le courant et augmentez le nombre du côté des gagnants. »

C'est un peu rude, mais c'est très-vrai, et voici venir une botte difficile à parer : « Dites-moi, s'il vous plaît, puisque l'amour du prochain doit être sans intérêt, voire contre l'intérêt et la raison, en ce que nous devous aimer nos ennemis et ceux qui nous haïssent, si c'est mal fait de dire que l'amour de Dieu doit être sans intérêt... »

« C'est Dieu même qui embrase l'âme pour le pouvoir aimer. Et à proprement parler nul ne saurait aimer Dieu avant sa régénération, et en se soumettant entièrement à sa sainte volonté par une entière abnégation de soi-même, ce qui bannit tout intérêt. »

« La décision de Rome ne pourra empêcher l'amour divin dans l'âme fidèle et ne saurait l'allumer dans un cœur non régénéré. Ainsi quel[que] parti [que] le pape prenne, il ne fera pas grand mal ni grand bien. »

« Comment pouvez-vous dire qu'on devait condamner M. de Cambrai par la seule raison de ce qu'il enseigne en d'autres termes que de coutume? Il faut donc toujours acquiescer et suivre l'erreur populaire? Est-ce que M. de Cambrai parle autrement qu'un Taulère, Kempis, sainte Thérèse, saint François de Sales et une infinité de lumières de votre Église? et dans le fond quelle hérésie ont ses paroles? Il n'enseigne rien de nouveau, mais nous dépeint l'amour divin dans des termes plus relevés. Ainsi je ne vois pas qu'on ait grande obligation à M. de Meaux d'avoir suscité une querelle inutile et trop scandaleuse. Est-il possible qu'il soit embrasé de l'amour divin, dont il fait le savant et le docteur, tandis qu'il déchire son prochain par des écrits aigres, sans légitime sujet? Pour moi, je crois que si M. de Cambrai n'avait pas été précepteur du duc de Bourgogne, [au lieu de] M. de Meaux, qui croyait l'être comme auprès du père, le livre de M. de Cambrai aurait été orthodoxe. »

« La gazette m'apprend qu'on accuse une certaine dame Guyon, et qu'elle a inspiré ces sentiments à M. de Cambrai. Cependant je n'ai jamais entendu parler de cette femme tandis que j'étais à Paris, et voudrais bien savoir son histoire.

« Toutes ces disputes ne font pas de bons chrétiens : il vaudrait mieux les assoupir qu'en venir à une discussion... » [Fragments, 176-178.]

Assoupir une question de morale qui est devenue identique avec celle du perfectionnement moral! voilà bien un point de vue d'antiquaire. Mais cela ne vaut pas celui d'un théologien tel que Bossuet, ni celui d'un philosophe tel que Leibnitz.

La lettre de Morell, qui habitait l'extrême Hollande, a cependant le seul mérite de montrer qu'il ne fallait pas même être un Leibnitz pour voir que la théorie de l'amour pur, désintéressé, était la seule bonne. Elle montre aussi, mieux que tout autre document, à quel point, malgré les distances, l'Europe éclairée suivait ce débat, et à quel point elle s'intéressa au nom de Fénelon. Et pourtant l'archevêque de Cambrai n'avait pas encore publié alors, je ne dirai pas son chef-d'œuvre, mais celui de ses ouvrages que l'Europe voulut bien accueillir avec enthousiasme et proclamer son chef-d'œuvre. J'entends le *Télémaque*.

CHAPITRE XXII

Fénelon dans sa vraie grandeur. — Les quinze années de son exil. — Les dernières années de Bossuet. — Sa politique tirée des Saintes Écritures. — La politique de Fénelon. — Le *Télémaque* défendu en France.

1699 — 1700

Est-il vrai qu'après sa condamnation à Rome Fénelon soit tombé dans le mépris en France ?

A entendre certains écrivains, il tomba même dans le dernier mépris, et encore un peu plus tôt.

« Depuis la *Relation sur le quiétisme* de M. de Meaux [dit un correspondant parisien de Nicaise, l'abbé Bourdelot], qu'on a fait lire à M. le duc de Bourgogne, par ordre exprès du roi, M. de Cambrai est tombé dans le dernier mépris, et on veut mal à M. l'Archevêque de Paris et à M. de Meaux de l'avoir laissé faire archevêque, sachant tout ce qu'ils en savaient, dont ils n'ont encore révélé qu'une partie. »

« On dit qu'on avait saisi deux caisses d'une réponse de ce prélat [Fénelon] aux réponses de M. l'archevêque et de M. de Meaux à ses lettres ; mais qu'ils ont supplié le roi de la laisser paraître, l'ayant assuré qu'elle ne ferait aucun tort à la bonne cause, et au contraire, et qu'ils ont de quoi achever d'en confondre l'auteur à ne jamais répliquer. Tant qu'il n'a été question que du dogme, il partageait les esprits, mais l'histoire et les faits l'ont accablé. »

Voilà un jugement bien tranché, et une appréciation bien vraie pour le monde des courtisans, bien fausse pour tous les autres. J'accorde, en effet, que ceux qui n'avaient plus rien à espérer désormais du prélat qui s'était produit à la cour avec tant d'éclat et avait inspiré tant d'empressements intéressés, cessèrent de le flatter, et que ceux qui n'avaient plus rien à craindre d'un précepteur de prince royal qui pouvait être un jour premier ministre, se mirent à leur aise avec lui dès qu'il fut devenu impossible. Pour un ambitieux, un homme disgracié fut toujours un homme à fuir. Il est certain que la sentence de Rome et la foudre de Versailles eurent leur effet dans certaines régions. Fénelon, lui-même, exilé de la cour et séparé d'éminents amis dont le commerce était sa vie, ressentit douloureusement le poids de sa disgrâce, lorsqu'à tout ce qu'une haute position qui en présage de plus hautes encore offre d'éclat, il vit succéder brusquement tous les signes d'un abandon empressé, le poids d'un avenir sans attraits, un de ces isolements qui glacent. Mais si son cœur ne fut après tout qu'un cœur humain comme un autre, aussi facile à blesser, il ne fut pas aussi facile à briser : ce fut un grand cœur, soutenu par un beau génie, par une angélique piété, par une foi puissante en Dieu. Sa foi répondait par sa pureté à celle de son amour, car il ne faut jamais oublier qu'avant tout il était chrétien. Il faut aussi considérer toujours ce dont il se souvenait toujours, c'est qu'il était prêtre.

D'ailleurs ce prêtre disgracié, en quittant Versailles, se rendait, duc de Cambrai et prince du Saint-Empire, à la tête d'un immense diocèse, avec une mission sublime. Disons plutôt avec une charge redoutable. Ce prêtre, à de grands devoirs, unissait de vastes moyens, des talents qui venaient de remplir d'une égale admiration Rome qui le condamnait et l'Europe qui l'absolvait. Écrire sérieusement de Versailles à Dijon, qu'un tel homme est tombé dans le dernier mépris, et que s'il s'est tiré d'affaire par le talent, il est accablé par les faits contenus dans des papiers plein deux caisses, c'est prendre les choses de bien bas; c'est se faire l'écho d'une vile plèbe de cour, ou celui d'un fanatisme insensé. L'exil ou la fatigue d'un homme qui venait de tenir tête à quatre prélats, à la majorité du collége des cardinaux, à Louis XIV et à madame de Maintenon, put l'étourdir un moment, et il paraît qu'il tomba malade à quelques lieues de Versailles, mais rien ne le brisa. Son exil, sa résidence dans son vaste diocèse, n'est pas devenue seulement sa vraie couronne épiscopale, elle est devenue la gloire de sa vie, le complet développement de son génie; elle lui a permis de montrer à la France, à l'Europe, à l'Église toute la richesse d'une belle âme. Le sage et ferme gouvernement de ses évêques suffragants, de tout son clergé et de ses nombreuses congrégations; l'admirable direction de son séminaire, réformé par lui sur le modèle de Saint-Sulpice, son type chéri; son évangélique humilité mise au service des plus simples fidèles (B. III, 88); la noble tenue de sa maison archiépiscopale : voilà la vraie grandeur de Fénelon. Grâce à la savante administration des biens considérables qui relevaient de cette maison, l'illustre banni, souvent plus riche que son roi, put donner l'hospitalité aux chefs et aux officiers victorieux ou blessés de nos armées, fournit la subsistance nécessaire à celles-ci, heureuses de trouver intactes dans ce diocèse les ressources épargnées par ces ménagements délicats qu'inspirait aux soldats et aux généraux ennemis tout ce qui appartenait à l'homme le plus vénéré de son siècle. Que nous serait aujourd'hui Fénelon demeuré à la cour, prélat en faveur, n'apparaissant à Cambrai que de loin en loin, pour déléguer à quelque suffragant le pouvoir de donner l'ordination ou des directions à ses prêtres ? Il serait un bel écrivain, un heureux précepteur de prince, rien au delà. S'il est devenu le type de l'évêque, le type du chrétien philosophe, du chrétien éprouvé, de l'homme fort, pur, indépendant, inimitable, c'est qu'il a été exilé. Quinze ans de faveur, l'amitié de madame de Maintenon et la confiance de Louis XIV ne l'auraient pas mûri à ce point, placé si haut.

Ce qui répandit toutefois sur ses quinze ans d'exil les rayons les plus doux, ce fut la tendre affection, la vénération que gardèrent au saint exilé ses nobles amis ; ce fut la déférence qu'à leur tête le futur héritier du trône portait au fond du cœur à tous ses conseils ; ce fut la correspondance que le prince ne cessa d'entretenir aussi secrètement qu'il le fallait mais dans toutes les occasions possibles ; ce fut surtout l'empressement qu'il mettait à l'aller embrasser toutes les fois que la guerre le rapprochait de Cambrai ; ce fut par-dessus tout la fidélité qu'il gardait aux pures maximes de foi et de conduite morale qu'il tenait de son maître.

Il n'y a rien de plus beau que cela aux yeux de la postérité ; il y eut dans la vie de Fénelon des faits plus splendides au jugement des contemporains, qui voient plus aisément les honneurs que l'honneur et les hommages que la vertu ; mais les hommages et les honneurs vinrent chercher l'exilé de Cambrai. L'Europe tout entière regardait Fénelon avec respect, avec admiration et avec amour. Rome elle-même pensait sur lui comme l'Europe ravie de ses nobles procédés pour les étrangers, enthousiaste des productions de son génie.

Dans le fameux débat des *cérémonies chinoises* les chefs des missions de Paris invoquèrent son avis, comme fit le P. Lachaise lui-même, afin de s'en appuyer près du saint-siége et d'obtenir une décision éclairée.

On reprochait aux Jésuites de tolérer dans leurs paroisses de Chine des cérémonies incompatibles avec l'Évangile. Les adversaires des Jésuites, sachant Fénelon très-attaché à cet ordre, et craignant que son opinion manifestée en France ou à Rome, ne fît pencher la balance en sa faveur, attachèrent le plus haut prix à son suffrage, et les chefs des missions étrangères, les mêmes prêtres qui avaient dirigé madame de Maintenon et madame de La Maisonfort à Saint-Cyr, avec Fénelon, MM. de Brisacier et Tiberge, lui demandèrent un avis favorable à leurs vues dans cette question si grave pour eux. Il n'est pas nécessaire d'être d'église pour comprendre tout ce qu'il y avait de flatteur pour Fénelon dans ces déférences des deux partis.

Deux de ses anciens amis qui s'étaient séparés de lui dans la chaleur du combat, l'évêque de Chartres et l'archevêque de Paris, lui firent exprimer l'un et l'autre des désirs de rapprochement, et il se plut à y voir des aveux réservés de leurs torts ; mais trop blessé encore pour voir assez clair, il accueillit ces ouvertures avec plus de dignité que d'empressement.

Seuls, le roi, madame de Maintenon et Bossuet gardèrent vis-à-vis de lui jusqu'à la fin cette attitude d'hostilité et de froideur qu'ils avaient prise dans le débat ; et si, de la part de madame de Maintenon ou de Bossuet, il fut dit quelques mots d'estime ou de regret, ce fut sans suite et sans rapprochement. Loin de là, Bossuet se montra sévère encore pour Fénelon, si ce n'est implacable, à l'assemblée générale du clergé de l'an 1700, où il se montra si juste pour les mœurs de madame Guyon. Madame de La Maisonfort, qui était alors à Meaux, écrivit plus tard à Fénelon qu'il était de l'avis de tout le monde sur l'esprit de celui-ci, mais fort sensible encore au refus d'approuver son instruction sur les états d'oraison et fort désireux d'une réconciliation, témoin le voyage de M. de Saint-André en Flandre. Nous verrons bientôt ce qu'il en était.

A cette époque Bossuet, qui sentait les approches de la vieillesse, et Fénelon, qui sentait le progrès de ses infirmités, avaient besoin de repos tous deux. Ils n'en eurent ni l'un ni l'autre. La nature de Bossuet n'en souffrait pas ; il avait d'ailleurs plusieurs travaux importants à achever. Quant à Fénelon, il avait composé pendant ses instants de loisir auprès du duc de Bourgogne, un écrit charmant qui acheva de le perdre à la cour. Un copiste infidèle, qui avait sans doute remarqué les prédilections mal déguisées du prélat pour un de ses manuscrits, en livra un exemplaire à un éditeur malhonnête. Publié à l'insu de son auteur, cet ouvrage qui ravit tous ses lecteurs, c'est-à-dire l'Europe, qui se montra insatiable d'éditions de ce volume, le *Télémaque* devint pour Fénelon une source de peines extraordinaires.

Cet ouvrage auquel il attachait le plus haut prix, et qu'il n'eût voulu donner au public que sous les plus belles formes, qu'il avait gardé dans son portefeuille pour le polir encore et sans cesse, cet ouvrage devait dans son intention offrir au prince la plus austère de ses leçons au sein des situations, les unes les plus frappantes, les autres les plus gracieuses. C'est bien là ce que donne le *Télémaque*. Mais si l'enthousiasme ou le ravissement fut général dans le public, l'indignation sincère chez les uns et l'emportement purement démonstratif chez les autres n'en furent que plus bruyants.

Ce fut pour l'auteur et ses amis une grande douleur; car le *Télémaque* avait paru au moment même où les amis de Fénelon, pleins d'illusions encore, se flattaient contre toute apparence de le voir revenir à la cour, et peut-être bien que l'illustre exilé désirait lui-même revoir les objets de ses plus tendres affections, le duc de Bourgogne à la tête. En apprenant l'interprétation si erronée et si étrangement hostile qu'on donnait à son travail, il fut étourdi du coup. S'être créé involontairement par le plus chéri de ses travaux, par un écrit fait avec tant de soin et d'amour, et auquel se rattachaient des espérances si hautes, des antipathies invincibles dans le cœur de Louis XIV et dans celui de madame de Maintenon, quelle déception ! Être trahi ainsi par sa propre gloire ! Car ce fut sa renommée qui inspira l'infidélité du copiste, séduisit l'avidité du libraire. Comment se défendre ?

Par une sorte de fatalité, les plus belles maximes de spiritualité étaient devenues sous sa plume des aberrations condamnables. Par une fatalité nouvelle, ces pures maximes de politique puisées dans la fable et l'histoire de la Grèce mythologique, qui devaient en sa pensée se graver dans le cœur d'un jeune prince, pour la régénération d'une dynastie et la gloire d'un grand peuple, devenaient, par leur contraste avec les pratiques d'un règne adulé, la satire de Louis XIV aux yeux de ce prince lui-même, de madame de Maintenon, de la cour, de la ville, du monde entier. A entendre ces juges passionnés, à qui cette fois du moins l'Europe faisait écho, le *Télémaque* était à la fois une satire et une vengeance ! La satire du gouvernement absolu, et celle du monarque ambitieux dont la politique hautaine et l'amour des conquêtes révoltaient l'Europe ; la vengeance d'un beau génie qui, pour la plus chère de ses théories mystiques, se sentait persécuté par la cour de France plutôt que jugé par la cour de Rome !

Sans doute il n'en était rien, puisque Fénelon avait écrit son roman dès l'an 1693 et 94, dans le palais de Louis XIV, au sein des honneurs et des bienfaits qui lui venaient de ce prince; mais en tout pays, en tout temps, une opinion qui plaît à la malignité générale est invincible, et pour les courtisans de Versailles le plaisir d'appliquer à leur maître tous les portraits des mauvais rois, était trop vif pour y renoncer. Tous ces portraits de fantaisie, que Fénelon avait esquissés pour l'instruction et l'amusement de son élève, devinrent les calques de la réalité la plus vivante, la mieux prise sur le fait, et si grossière que fût l'erreur, elle était si utile aux vues des uns, si nécessaire à celles des autres, et justifiait si bien la conduite de tous, qu'il eût fallu, pour y renoncer, un héroïsme qui n'est vertu de cour en aucun pays. D'ailleurs elle convenait trop aux préventions et aux colères de l'Europe, pour qu'elle ne se maintînt pas, même contre l'évidence. Elle fût tombée, que les blessures étaient faites à l'amour-propre d'un roi qui se croyait toujours adorable, et qui s'irritait d'autant plus d'être dépouillé de son auréole qu'il voyait dans le ravisseur un ingrat donnant le ton à l'univers. Loin d'être un ingrat, Fénelon était lui-même sous le charme dans les années où il écrivit son *Télémaque*. « Je l'ai fait, dit-il, dans un temps où j'étais charmé des marques de confiance et de bonté dont le roi me comblait; il aurait fallu que j'eusse été non-seulement l'homme le plus ingrat, mais encore le plus insensé, pour y vouloir faire des portraits satiriques et insolents : j'ai horreur de la seule pensée d'un tel dessein. Il est vrai que j'ai mis dans ces aventures toutes les vérités nécessaires pour le gouvernement, et tous les défauts qu'on peut avoir dans la puissance souveraine; mais je n'en ai marqué aucun avec une affectation qui tende à aucun portrait ni caractère. » Mais plus on croyait aux portraits, plus on lisait le *Télémaque*, et l'opinion de la France répondit à celle de Leibnitz, comparant le bruyant accueil fait au *Manuel romanesque des maximes de politique* à celui qu'avait reçu le volume des *Maximes de piété*.

« L'incomparable M. de Fénelon, dit le grand philosophe (Œuvres, t. V, p. 130), — et cet *incomparable* a sa portée dans la bouche de l'illustre correspondant de Bossuet,—l'incomparable M. de Fénelon s'est rendu plus cher à l'univers en lui donnant le *Télémaque*, qu'en publiant son sentiment sur le pur amour. »

Leibnitz a raison, mais la popularité de l'un ne nuit pas, il s'en faut, au succès de l'autre. Et remarquons-le, le jugement de Leibnitz qui savait tout et correspondait avec tout le monde, montre combien les idées du *Télémaque* qui nous paraissent si simples aujourd'hui, étaient belles et neuves à leur apparition. Si les *Lettres Spirituelles* de Fénelon et son *Explication des Maximes des Saints*, n'ont rien perdu depuis cent soixante et dix ans, et par la raison qu'elles n'ont pas été réalisées encore; si le *Télémaque*, au contraire, a beaucoup perdu, et par la raison que ses principes sont aujourd'hui ceux de tout le monde ou dépassés, il est certain qu'à l'époque où Fénelon les prêcha, car c'est le mot, ils étaient d'autant plus en avant des idées reçues à la cour de Versailles, qu'on y professait plus hautement celles de la monarchie absolue, que Bossuet, plus en retard de son siècle que Louis XIV et madame de Maintenon, essayait de prêcher dans sa *Politique tirée de la Bible*. En effet, Fénelon et Bossuet, les deux principaux représentants de la pensée morale de leur temps, différaient encore plus en politique qu'en théologie. Dans la politique de Fénelon, ce sont les institutions d'Athènes et la sagesse de Rome qui dominent les conceptions sociales; Bossuet professe énergiquement les doctrines de cette monarchie orientale dont les Juifs, dans leur colère pour le gouvernement des grands prêtres, s'éprirent un jour au point de l'adopter en dépit des avertissements de leurs prophètes. Pour l'auteur du *Discours sur l'histoire universelle*, le gouvernement du peuple d'Israël est le type des gouvernements; rien n'allait mieux que cette royauté menée par les ministres de la religion, et ce fut avec un grand redoublement de zèle que l'évêque de Meaux s'appliqua à la rédaction de sa *Politique tirée de la Bible*, quand il vit la France applaudir à la politique du *Télémaque* qui blessait profondément Louis XIV et madame de Maintenon. Son secrétaire, l'abbé Le Dieu, nous apprend avec quelle sollicitude il s'y consacra. « Il lui en coûta, nous dit-il, de s'en détacher et de se livrer à d'autres travaux, quand déjà malade, il ne se sentait pas assez de force pour achever la *Politique*. » (11 nov. 1703.)

Ces deux grands ouvrages différaient ainsi par les circonstances de leur origine autant que les doctrines qu'ils exposaient ; c'est en se jouant de son sujet que Fénelon avait écrit, suivant tour à tour les émotions de son cœur, les rêves de son imagination, les élans de sa pensée ; et admettant pour décorer le tout avec les plus belles traditions de l'histoire les mythes les plus charmants de la fable. C'est dans le plus austère recueillement que Bossuet médite les exemples et les textes du peuple de Dieu, rejetant « toutes ces fictions et tous ces héros de roman » comme indignes d'un prêtre. Chez l'un, c'est le libre éclair de l'intelligence, chez l'autre, c'est le dogme traditionnel.

La politique de Fénelon, toute philosophique, se présentait même avec des apparences romanesques qui en faisaient une utopie. Tout au contraire la politique de Bossuet essentiellement théologique et même biblique, était prise dans le livre des Rois et dans les chroniques d'Israël plutôt que dans l'Évangile. Elles n'étaient très-praticables à l'heure ni l'une ni l'autre, l'une étant du passé, l'autre de l'avenir. De qui l'évêque de Meaux pouvait-il se flatter de se faire écouter en mettant son génie au service d'une théocratie que les rois de Judée avaient repoussée eux-mêmes ? Et Fénelon appliquant le sien à la transformation de l'absolutisme monarchique en un gouvernement où tout se fait dans le seul intérêt du peuple, quelles chances avait-il d'être suivi ? En effet, il allait à la démocratie encore plutôt qu'à la monarchie tempérée. Si monarchiques que fussent ses habitudes et si aristocratiques ses affections de famille, il met nettement le bonheur des peuples, leur bien-être moral et physique à la tête de toutes les théories sociales ; esprit vraiment libéral, il est toujours et partout fidèle à sa devise : l'humanité avant tout, la patrie ensuite, la famille en dernier lieu.

Si peu pratiques que fussent leurs vues à tous deux, ni Bossuet ni Fénelon n'entendaient se borner à faire de la théorie. Bossuet se transportait sans cesse à Versailles pour prodiguer ses conseils à madame de Maintenon et à Louis XIV ; Fénelon ne perdait de vue ni la France, ni son élève, ni la cour, ni ses amis, et datait de Cambrai, soit pour le duc de Bourgogne, soit pour les ducs de Beauvilliers et de Chevreuse, des instructions, des conseils et des projets de gouvernement beaucoup plus amples et plus ambitieux que ceux de Bossuet.

L'accueil fait au *Télémaque* lui montra définitivement qu'il ne devait plus compter désormais sur une influence quelconque auprès de Louis XIV et de madame de Maintenon, et si amère que fût sa déception au sujet de ce beau livre, le grand homme ne se courba pas plus pendant ce nouvel orage qu'il n'avait fait pendant les autres. Il ne renia aucune de ses idées, il ne modifia rien dans sa conduite. Quand il eut désavoué vis-à-vis de ses amis les pensées malignes qu'on lui prêtait si gratuitement, tout était dit pour lui : il ne se fâcha pas contre les hommes, et loin de déclamer contre les courtisans, il poursuivit ses patriotiques aspirations avec le même amour pour son pays, la même affection pour l'humanité. Ah! le beau génie, la belle âme! Racine, dont le génie ne fut pas moins beau sans doute, mais autre, est brisé par une apparence de froideur; c'est que Racine n'est pas gentilhomme, n'est pas prêtre, n'est pas philosophe. Fénelon qui est tout cela, et qui l'est toujours, laisse les hommes à courtes vues et les femmes à vives antipathies s'acharner sur le *Télémaque*; on ne l'atteint pas lui-même.

D'ailleurs sa vraie politique n'est pas dans ce roman, composition oratoire, académique, classique si l'on veut, mais souvent languissante comme la déclamation l'est volontiers. Sa vraie et utile politique n'est pas même dans sa correspondance avec ses plus intimes amis, le duc de Beauvilliers et le duc de Chevreuse, ou dans ses lettres au duc de Bourgogne, à qui se rapporte toute sa pensée et toute sa vie. Tout cela n'est que sa politique idéale. Sa politique réelle, positive, pratique, il l'expose aux conférences de Chaulnes.

CHAPITRE XXII

L'auréole mystique de Fénelon, archevêque et grand seigneur. — Relation d'une visite faite à Cambrai par l'ancien secrétaire de Bossuet. — Fénelon à table. — Correspondance de Fénelon avec madame de La Maisonfort.

1704

La grande dignité, la vraie gloire de Fénelon n'est pas même sa généreuse politique, ce n'est ni sa science ni son talent d'écrivain, c'est l'élévation morale de sa personne, c'est sa sainte vie, qui a sa forme à elle, le mysticisme lucide, la vie en Dieu, c'est la noblesse de son âme, telle que la veut Hugues de Saint-Victor qu'il ne connaît pas mais qu'il suit à travers saint François de Sales, qui se réfléchit dans son épiscopat et le décore.

Voilà l'auréole qui rayonne sur la tête de l'archevêque de Cambrai. J'ai dit au sujet de sa naissance, qu'il a plus illustré le château de Fénelon qu'aucun autre membre de sa famille : il a bien plus illustré encore le diocèse de Cambrai. Il a plus illustré la France qu'aucun autre de ses contemporains, y compris Bossuet et Louis XIV.

Partout où apparut Fénelon, les esprits étaient subjugués, et on le vit apparaître partout : où ne fût-il pas lu ? Je viens de citer les lettres où Leibnitz exprime sa pensée sur l'archevêque de Cambrai. La pensée du philosophe est celle de l'Europe, il me serait aisé d'en multiplier les preuves, de citer des textes d'autant plus éloquents que les antipathies soulevées par Louis XIV inspiraient plus de tendresse pour l'exilé et lui imprimaient une couronne de martyr plus radieuse. Je me dispense de ces appuis. Mais il est un tableau fait de main d'écolier qui, grâce au sujet qui l'inspira, fait tout l'effet d'une toile de maître : je ne puis me refuser de la mettre sous les yeux du lecteur. Le peintre est l'ancien secrétaire de Bossuet ; le confident le plus intime d'un adversaire est devenu un admirateur. Le premier usage que l'abbé Le Dieu fait de la liberté que lui laisse la mort de Bossuet, est un pèlerinage à Cambrai. Il avait vu Fénelon à Germigny, quand le directeur des *Nouvelles Catholiques,* allait philosopher avec Bossuet. Il y a donc dans leurs souvenirs mutuels assez de prétextes pour une visite ; mais il imagina un message de la part de madame de La Maisonfort, qui habitait toujours Meaux et qui eût eu, certes, encore plus de joie que l'abbé Le Dieu à revoir son ancien directeur. Elle chargea le voyageur d'une lettre d'introduction qu'il sut faire valoir comme il l'avait su demander. Elle ajouta peut-être au gracieux accueil que reçut le visiteur et par conséquent à l'attrait du récit qu'il nous en a laissé ; mais à l'abondance des détails qu'il note et dont la postérité lui saura gré à tout jamais, on voit bien que l'archevêque avait l'habitude de bien accueillir. Rien de plus curieux que cette toile d'intérieur que, dans l'ivresse de son amour-propre flatté, brosse si naïvement notre voyageur, et qui fait le véritable joyau des *Mémoires* et du *Journal de l'abbé Le Dieu* (t. III, p. 154 et suiv.). Il faut y joindre une lettre qu'il adressa à madame de La Maisonfort pour lui rendre compte du succès de sa mission (*Ibid.*, t. II.). Saint-Simon, en traçant du plus haut de son point de vue son portrait si admiré de Fénelon, n'inspire pas plus d'intérêt que l'humble abbé suivant l'évêque pas à pas dans son palais, le crayon en main. Mais laissons la parole à l'ancien secrétaire de Bossuet, qui vient de se présenter à son illustre hôte et qui a soin de nous écrire un vrai protocole, tant il est ému de tout ce qu'il voit dans la demeure épiscopale, ou plutôt de ce qu'y dit et fait le saint évêque.

« Bientôt il ouvrit son paquet et parcourut ses lettres... Comme on était déjà venu avertir pour dîner, il se leva et m'invita à venir prendre place à sa table. Tous les convives l'attendaient à la salle à manger, et personne n'était venu à sa chambre, où l'on savait que j'étais enfermé avec lui...

« M. l'abbé de Chanterac était assis à sa gauche : chacun se plaça sans distinction.... je me mis à une place indifférente et on me servit aussitôt du potage. La place de la droite du prélat était vide, il me fit signe de m'y mettre [au dîner]. Nous étions quatorze à table, et le soir seize : je ne vis dans la salle à manger que des tables plus grandes que celle-ci, les unes de dix-huit, d'autres de vingt ou de vingt-quatre couverts, ce qui me fit croire que c'était là la table ordinaire. Aussi n'y avait-il à la table que des gens à lui ou ses amis familiers qui ne le quittent jamais, sans aucun étranger. C'était donc ses neveux, des secrétaires et aumôniers, avec un écuyer et ses amis, MM. de l'Échelle, de Laval et Lefèbre. Le soir il y avait deux aumôniers de plus, dont l'un arrivait actuellement de Paris, et qu'il reçut avec une grande amitié.

« La table fut servie magnifiquement et délicatement : [c'était l'ordinaire de la maison ; le voyageur ne s'était présenté qu'au moment du dîner], plusieurs potages, de bon bœuf et de bon mouton, des entrées et ragoûts de toute sorte, un grand rôti, des perdreaux et autre gibier en quantité et de toute façon ; un magnifique fruit, des pêches, des raisins exquis quoiqu'en Flandre, des poires des meilleures espèces, et de toute sorte de compotes, de bon vin rouge, point de bière ; le linge propre, le pain très-bon, une grande quantité de vaisselle d'argent, bien pesante et à la mode. Les domestiques, portant la livrée, étaient en très-grand nombre, servant bien et proprement, avec diligence et sans bruit ; je n'ai pas vu de pages : c'était un laquais qui servait le prélat, ou quelquefois l'officier lui-même. Le maître d'hôtel me parut homme de bonne mine, entendu et autorisé dans la maison.... L'entretien fut aussi très-aisé, doux et même gai : le prélat parlait à son tour et laissait à chacun une honnête liberté ; je remarquai que ses aumôniers, secrétaires et son écuyer parlèrent comme les autres, fort librement, sans que personne ôsât ni railler, ni épiloguer. Les jeunes neveux ne parlaient pas : l'abbé de Beaumont soutenait la conversation qui roula fort sur le voyage de M. de Cambrai ; mais cet abbé [un neveu] était très-honnête, et je n'aperçus rien ni envers personne de ces airs hautains et méprisants que j'ai tant de fois éprouvés ailleurs [allusion à l'abbé Bossuet, le neveu de l'évêque]; j'y ai trouvé en vérité plus de modestie et de pudeur qu'ailleurs [Le Dieu se plaint souvent de l'animation qui régnait à l'évêché de Meaux, quand l'abbé Bossuet y conviait ses amis ou sa famille, sa belle-sœur surtout], tant dans la personne du maître que dans les neveux et les autres.

« Cette table de seize couverts, et celles de dix-huit et vingt et vingt-quatre, m'ont fait connaître que ce prélat fait toujours à ses ecclésiastiques l'honneur de les avoir à sa table, comme je l'ai vu à dîner et à souper: ce que ne fait pas l'archevêque de Reims, ni à Paris [quand il y réside], ni même à Reims, ou très-rarement, car il a partout une table garnie pour ses ecclésiastiques, écuyer et secrétaires. M. de Noailles étant évêque de Châlons, en usait à peu près de même, et bien plus depuis qu'il fut archevêque de Paris, et encore plus depuis qu'il est cardinal. C'est donc une grande modestie dans M. de Cambrai, avec sa qualité de duc et de prince de l'Empire, et avec ses grandes richesses, d'avoir à sa table tous ses prêtres autour de lui.

« Le prélat mangea très-peu et seulement des nourritures douces et de peu de suc ; le soir, par exemple, quelques cuillerées d'œufs au lait; il ne but aussi que deux ou trois coups d'un petit vin blanc faible en couleur, et par conséquent sans force : on ne peut voir une plus grande sobriété et retenue. Aussi est-il d'une maigreur extrême, le visage clair et net mais sans couleur, disant lui-même : « On ne peut être plus maigre que je le suis ». Il ne laisse pas de se bien porter ; et au retour de ce voyage de trois semaines, il ne paraissait ni las ni fatigué. Il n'est pas sorti de sa profonde mortification [terme de mysticité], quoique ses manières fussent aisées et polies, mais avec le visage d'un saint Charles. C'est l'idée que je me suis faite de ce prélat ; aussi ne m'a-t-il parlé que de piété et de fidélité à servir Dieu, tant par rapport à sa personne qu'à l'égard de tout son diocèse, de ses ecclésiastiques, de son séminaire et de madame de La Maisonfort ; c'est-à-dire, qu'il veut soutenir son caractère d'homme spirituel, intérieur et mystique, qui ne pense uniquement qu'à son salut et à celui des autres.

« Après dîner, toute la compagnie alla à la grande chambre à coucher de M. l'archevêque, où ce prélat voulut encore me faire prendre une place distinguée.... Le prélat était assis devant la cheminée, environ le milieu de la chambre, ayant près de lui une petite table pour écrire ce qui se présenterait à expédier ; ses secrétaires et aumôniers, en soutane seulement, lui parlant et prenant ses ordres pour des dimissoires et autres actes qu'ils devaient lui apporter à signer.... On apporta du café ; il y en eut pour tout le monde ; M. de Cambrai eut l'attention de m'en faire donner avec une serviette blanche. La conversation roula sur les nouvelles du temps, et il fut beaucoup parlé du voyage de M. l'archevêque, et combien on avait eu envie de l'entendre prêcher à Courtray, dont le gouverneur et le curé étaient convenus de l'engager, s'il y fût resté un jour encore. Je compris aisément, par tout ce qui fut dit à ce sujet, que ce prélat est regardé comme le seul évêque de mérite et capable d'instruire qui soit en Flandre.

« Entre deux et trois heures, M. de Cambrai s'en alla voir M. le comte de Montberon, gouverneur de la place... On sait que ces deux seigneurs sont fort unis, et que le gouverneur de la place est plein d'estime pour M. l'archevêque.

« Aussitôt après dîner, et tout en entrant dans sa chambre, M. de Cambrai m'avait fait voir toutes les pièces de son appartement; lui et tout le monde retiré, j'eus le loisir et la liberté de tout voir et examiner de plus près... Cela fait, dans le nouveau bâtiment, quatre pièces de plain-pied d'une même enfilade avec deux grandes portes à deux battants, tout le long des fenêtres du côté du midi, ce qui donne un grand espace à se promener, et tient lieu d'une galerie; et en effet, ce soir, avant souper, nous nous sommes bien promenés tête à tête, et ensuite avec ses neveux et autres amis de la maison.

« La salle du dais, lequel est de velours cramoisi, est tendue d'une tapisserie de haute lice très-fine, représentant l'histoire de la Genèse, avec un grand tapis de pied dessous, et deux canapés aux deux côtés : une douzaine de fauteuils autour de la salle; un grand bureau couvert de son tapis en un coin. Tout ce meuble est de velours cramoisi comme le dais; les portières de même, avec des galons d'or et des franges d'or aux fauteuils; les rideaux des grandes croisées sont de taffetas cramoisi. Il y a quatre portes aux quatre coins de cette grande salle. Le dais est à l'occident, et la cheminée vis-à-vis, au levant. Il n'y a point d'armoiries au dais, et je n'en ai point remarqué en aucun coin du bâtiment neuf, ni sur les cheminées, ni ailleurs; tous les chambranles des cheminées sont en marbre jaspé.

« L'ameublement de la grande chambre à coucher est d'un damas cramoisi; au lit fait à la duchesse, il y a un petit galon d'or; à la tapisserie d'un même damas il n'y a rien du tout; les siéges de même, avec encore des fauteuils d'autre sorte.

« Le portrait du roi d'Espagne [un des trois élèves de Fénelon] est placé sur la cheminée même, celui du roi est au-dessus immédiatement; à droite suit celui de Monseigneur le Dauphin, et tout de suite celui de Monseigneur de Bourgogne; ces deux et celui du roi sur la même ligne, tous portraits en buste de la façon de Rigaud. Il y a aussi des tableaux de dévotion de bonne main, dans la grande ruelle du lit et vis-à-vis la cheminée.

« La petite chambre à coucher est garnie d'un petit meuble de laine gris-blanc, un lit à la duchesse et des siéges avec de très-belles estampes dans des bordures à la capucine. En me montrant ce lieu, M. l'archevêque me dit: « C'est ici que je couche, la grande chambre à coucher n'étant que pour la parade, et celle-ci pour l'usage. » Ce prélat m'a bien fait remarquer cette différence, afin que je fusse bien persuadé de sa modestie : tout est grand chez lui pour le dehors, mais tout paraît modeste pour sa personne.

« Au milieu de la bibliothèque ou du grand cabinet de livres, il y a un grand bureau de maroquin noir avec des fauteuils et des siéges à l'entour; une cheminée derrière, au levant, et tous ses appartements sont parquetés, et les parquets cirés et brossés [chose rare alors à Paris et à Meaux.]

« Le jardin n'est proprement qu'un parterre carré entouré d'une allée d'arbres pour se promener à l'ombre... Il y a un autre parterre au midi du bâtiment neuf; et, dans le fond, en un coin, une basse-cour avec les écuries, les remises et une brasserie [pour le nombreux personnel des gens de service, l'archevêché ayant alors une économie rurale très-considérable]. M. l'archevêque m'a dit qu'il avait dessein, avec le temps, de mettre tout cela en jardins et en parterre, afin que les bâtiments n'eussent que des vues agréables tout à l'entour : « Mais cela ne presse pas, dit-il; une chose qui presserait davantage, ce serait de rétablir le bâtiment brûlé [incendie de 1696], mais je ne suis pas encore en état de le faire, quelque envie que j'en aie. » Dans le bas, sous l'ancien bâtiment je trouvai des chaises de poste et des chaises roulantes en grand nombre. *Tout est grand, aisé et commode en cette maison,* et l'on n'y fait pas faire de voyages aux ecclésiastiques qu'à leurs points et aises; ce qui fait aussi beaucoup d'honneur au maître et le fait aimer et respecter comme il l'est partout. [L'ex-secrétaire de Bossuet oublie que l'évêque de Meaux n'était pas duc et prince, qu'il était fort gêné par ses dettes.]

« M. de Cambray, revenant de voir M. le comte de Montberon, me trouva dans son antichambre, sur les quatre heures, après que j'eus fait la visite de son palais. Il me fit encore asseoir au-dessus de lui avec la même distinction que le matin. L'entretien fut sur la piété, la spiritualité, et la fidélité des saintes âmes à leurs devoirs. Madame de La Maisonfort ne fut pas oubliée; il avait lu sa lettre et il était encore plus en état de parler d'elle.

On tomba aussi sur M. de Bissy, évêque de Toul, aujourd'hui de Meaux, et il m'en parla avec estime, disant qu'il avait de la protection, pour me faire entendre qu'il était ami de madame de Maintenon, ce que je lui dis aussi.

« Un moment après, M. le gouverneur vint voir M. l'archevêque, et il entra disant : « Je ne serai qu'un instant. » Je me retirai en grand respect; et le prélat tenant la porte comme je sortais, me dit obligeamment : « Vous êtes le maître; » pour me faire entendre que je n'attendisse pas... Le gouverneur parti, M. l'archevêque me fit rappeler et me fit promener avec lui le long de la grande enfilade de son appartement neuf, me parlant toujours de piété et y rapportant tout le gouvernement ecclésiastique, *sans me dire jamais et un seul mot de M. de Meaux*, ni en bonne ni en mauvaise part. Ce n'était pas à moi à lui en parler, je venais pour madame de La Maisonfort, et naturellement je n'avais à lui parler que d'elle seulement. [On sait que non, et Fénelon ne s'y trompa point]. Il me dit une fois en passant, et sur le sujet de la simplicité chrétienne : « Faites-moi toutes les questions que voudrez et je vous y répondrai tout simplement, comme un enfant. » C'était m'ouvrir un beau champ sur le quiétisme; mais je me gardai bien d'entrer dans cette matière. C'était à lui à me questionner s'il avait été curieux d'apprendre bien des particularités qu'il savait bien que je ne pouvais pas ignorer. Par occasion, on tomba sur les réguliers... On voit combien ce prélat est attentif à faire plaisir aux religieux, et, ce semble, par un bon principe, pour entretenir la paix, et ne pouvant mieux faire. Mais d'autres disent que c'est par politique, pour ménager tous les esprits et avoir l'approbation de tout le monde. Il est vrai qu'il est généralement estimé et aimé des petits et des grands; car ce n'est pas seulement M. le comte de Montberon, gouverneur de Cambrai, qui lui est très-attaché, mais encore M. de Bagnols, intendant de la province, et généralement toute la justice et la noblesse, et non-seulement du Cambrésis, mais encore de l'Artois, du Tournesis et de toute la Flandre, et jusqu'à Bruxelles, partout où il se montre, il emporte aussitôt l'estime et l'approbation...

« On voit par ce qui vient d'être dit sur les réguliers, la vraie raison pourquoi M. l'archevêque de Cambrai n'est pas aimé des autres évêques de France et des Pays-Bas, qui publient à Paris et à la cour qu'il abandonne les droits de l'épiscopat, et qu'il laisse aller la discipline à un point de relâchement indigne de sa piété et du zèle dont il fait profession; ils ajoutent qu'il ne fait que flatter les religieuses et les magistrats, et que son gouvernement ne paraît qu'une pure politique : c'est ce que j'ai ouï dire à M. l'évêque de Meaux même.

« Ce prélat me retint à souper, me plaça à table et me traita avec la même distinction qu'à dîner. Après souper, dans la conversation, on me fit parler de la mort de M. de Meaux; on me demanda s'il s'était vu mourir, s'il avait reçu les sacrements et de qui. Mais le prélat me demanda nommément qui l'avait exhorté à la mort : sur tout cela je lui dis le fait. Au reste j'ai cru que ce prélat, me faisant cette dernière question, pensait que M. de Meaux avait besoin, à la mort, d'un bon conseil et d'une personne d'autorité capable de le lui donner, après tant d'affaires importantes qui avaient passé par ses mains pendant une si longue vie et avec tant de circonstances délicates. Il n'a pas été question du testament ni de rien de particulier, davantage bien moins du quiétisme. Et, dans tous ces entretiens, M. l'archevêque de Cambrai n'a pas dit le moindre mot à la louange de M. de Meaux.

« Pendant cette récréation, ce prélat se fit apporter devant lui une petite table sur laquelle il ferma lui-même son paquet pour madame de La Maisonfort, et y mit le dessus de sa main. Avant dix heures du soir, il dit : « Nos gens sont-ils là ? » et il ajouta : « Faisons la prière. » Elle se fit dans sa grande chambre à coucher même, où toute sa famille se trouva ; un aumônier lut la formule, et le *Confiteor* se dit tout simplement, avec le *Misereatur*, sans que le prélat y prît la parole.

« En sortant de table, il avait ordonné qu'on me préparât une chambre ; après la prière, il me mit en main son paquet, et donna ordre que l'on prît des bougies et un flambeau de poing pour me conduire à ma chambre. Je pris donc congé, dès ce soir, du prélat et de M. l'abbé de Beaumont, comme devant partir dès le grand matin du jour suivant. Le prélat me conduisit jusqu'à la porte de la grande salle du dais. Un laquais marcha devant moi avec des bougies et un flambeau de poing de cire blanche. »

Ce qu'il y a de plus digne d'admiration dans le genre de vie de Fénelon, c'est que tout ce qu'il fait et dit lui va. C'est qu'il ne dit et fait que ce qui lui va, c'est qu'il est ce que lui et les siens, j'entends les mystiques, aiment à appeler un homme très-intérieur. Le vulgaire, soit d'entre les mondains, soit d'entre les mystiques eux-mêmes, ne comprend pas ce mot ; on prend le mystique pour un homme absorbé dans le monde spirituel, étranger d'esprit ou de cœur à celui-ci : l'homme intérieur est celui qui subordonne la matière à l'esprit et qui, toujours maître de la matière, la gouvernant comme il lui plaît, fait toujours rayonner le divin, l'intelligence ou l'âme, le céleste en un mot, dans le terrestre ou dans l'humain.

CHAPITRE XXIII

Le mysticisme français en rapport avec le clergé allemand et la libre pensée de l'Angleterre : Fénelon convertit et sacre un archevêque de Cologne. — Il convertit et gagne au mysticisme le chevalier de Ramsay. — Poiret et Fénelon. — Le prosélytisme de Fénelon. — Sa correspondance avec le P. Lami.

1707—1711

En lisant les détails que le secrétaire de Bossuet met dans ses mémoires sur sa visite à Cambrai, on voit un homme cédant à l'ascendant de tout ce qui l'entoure ; en lisant sa lettre à madame de La Maisonfort, on voit un esprit en pleine liberté qui, loin du spectacle qui l'a frappé, trace le type du prêtre, de l'évêque grand seigneur, en parlant de l'homme qu'il vient de voir.

Fénelon était bien cela. Ce prêtre, fils de marquis, duc de Cambrai et prince de l'Empire, était à sa place. L'auteur des deux inimitables tableaux que nous venons de lire est un esprit vulgaire, un esprit très-enclin à la critique, d'une excessive liberté de parole, et ce qu'il peint le mieux ce sont les déréglements du neveu de son maître ou les « fourberies » de son successeur à Meaux. Dans le tableau qu'il nous a laissé de la cour ecclésiastique de Fénelon, tout ce qui y respire d'élevé et de noble, ne prend donc évidemment sa source que dans l'ascendant magique de son saint hôte, et rien ne le démontrerait mieux au besoin que la description des déjeuners et des dîners qu'il fit avant, pendant et après cette mémorable visite.

La fascination qu'il éprouva comme malgré lui dans ce palais fut d'ailleurs généralement partagée, et bientôt le nom de Cambrai retentit dans toutes les bouches de la renommée ; aucun diocèse de France ne possédait un évêque comparable à Fénelon, et dans l'univers chrétien le nom de ce prélat représentait le type de la France religieuse. Depuis son exil, son illustration allait toujours croissant. Ce n'était plus un évêque critiqué à Rome ou à Versailles par quelques confrères, empressés autour de madame de Maintenon, c'était une grande lumière, une noble indépendance, un homme sans pareil, la plus belle parole de l'Église. Avec la pensée religieuse il menait de front la pensée politique et la pensée littéraire, qui ne fut jamais sa grande affaire, mais demeura toujours son goût de prédilection. Grâce à cette triple supériorité sa gloire rayonnait au loin, plus pure et plus éclatante encore à l'étranger qu'en France. Quoiqu'il n'y fût pas cité comme orateur et que son pays connût peu l'éloquence d'un prédicateur qui n'écrivait pas ses discours et les disait sans emphase, se plaisait davantage à faire l'humble prône du peuple que le sermon de sa cathédrale, un prince étranger, appelé en 1707 au trône électoral de Cologne, voulut être sacré par Fénelon, et si d'ordinaire l'éminent prélat aimait mieux instruire ou toucher ses auditeur que de surprendre leur admiration, il ne recula pas devant une occasion légitime de mettre la grande éloquence de l'Église à sa vraie place. Le sacre du prince Clément Joseph de Bavière prenait son caractère moins encore dans le rang du personnage que dans les circonstances où se trouvait ce personnage. Nommé évêque de Ratisbonne et de Freysingen à l'âge de 15 ans (en 1686), élu archevêque de Cologne deux ans après, sous la condition de renoncer à ses deux évêchés, ce prince n'était ni un saint prêtre ni prêtre du tout. Grâce à l'importance politique de la Bavière, et à celle de l'Autriche d'accord avec elle, il avait obtenu un premier bref qui l'autorisait à garder ses deux évêchés jusqu'à son entrée en jouissance des biens de son archidiocèse, et un autre bref qui l'autorisait à se faire élire aussi aux évêchés de Liége et de Hildesheim. Toutes ces élections faites, cinq diocèses étaient accumulés sur la tête d'un homme de trente et un ans qui n'était pas encore ecclésiastique, et qui jouissait des biens de toutes ces églises sans se soucier de le devenir. Mais la guerre vint tout à coup lui donner les leçons du malheur. Ainsi que son frère l'électeur de Bavière, il s'était allié avec la France contre l'Autriche dans la funeste guerre de la succession (1704). Chassés de leurs États par les troupes impériales, les deux princes se réfugièrent en France, et l'archevêque-électeur de Cologne, entraîné vers Fénelon par l'éclat de sa renommée (1704), se décida enfin à plier sous la règle de l'Église et sous les exigences de la situation. En 1706, quand il vit les provinces de Flandre et de Brabant conquises par les armées ennemies, il se fit recevoir prêtre à la fin de l'année, et le 1 mai 1707 il fut sacré dans la cathédrale de Lille par Fénelon, assisté des évêques d'Ypres et de Namur.

Toutes ces circonstances imposèrent au consécrateur l'obligation d'écrire son discours. Mais ce fut bien le sacre lui-même, ce fut l'acte religieux, ce ne fut pas le personnage consacré qui inspira l'orateur; et on ne se fait une idée juste du mérite de Fénelon dans cet acte qu'autant qu'on a fait connaissance avec le jeune prêtre qui en était l'objet. Voici le portrait qu'il en trace : « M. l'électeur m'a paru doux, poli, modeste, et glorieux dans sa modestie [1]. Il était embarrassé avec moi, comme un homme qui en craint un autre sur sa réputation d'esprit. Il voulait néanmoins faire bien pour me contenter; d'ailleurs il me paraissait n'oser en faire trop; et il regardait toujours par-dessus mon épaule M. le marquis de Bedmar, qui est, dit-on, dans une cabale opposée à la sienne. Comme ce marquis est un espagnol naturel, qui a la confiance de la cour de Madrid, l'électeur consultait toujours ses yeux avant que de me faire les avances qu'il croyait convenables : M. de Bedmar le pressait toujours d'augmenter les honnêtetés; tout cela marchait par ressorts comme des marionnettes. L'électeur me paraît mou et d'un génie médiocre, quoiqu'il ne manque pas d'esprit et qu'il ait beaucoup de qualités aimables. Il est bien prince, c'est-à-dire faible dans sa conduite, et corrompu dans ses mœurs [singulière définition du prince de ce siècle]. Il paraît même que son esprit agit peu sur les violents

---

[1] *Œuvres de Fénelon*, XI, 3.

besoins de l'État qu'il est chargé de soutenir : tout y manque ; la misère espagnole surpasse toute imagination... Les soldats sont tout nus et mendient sans cesse ; ils n'ont qu'une poignée de ces gueux ; la cavalerie entière n'a pas un seul cheval. M. l'électeur voit toutes ces choses ; il s'en console avec ses maîtresses, il passe les jours à la chasse, il joue de la flûte, il achète des tableaux, il s'endette, il ruine son pays, et ne fait aucun bien à celui où il est transplanté ; il ne paraît pas même songer aux ennemis qui peuvent le surprendre. »

Voilà le personnage pris au point de vue moral et politique ; voilà le sujet qui devait inspirer l'orateur. Mais Fénelon ne daigna pas s'abaisser au rôle d'orateur : il resta évêque. Il ne vit dans le prince qu'un prêtre, et ce fut là ce qui domina tout l'acte et inspira le consécrateur. Dans toute la première partie de son discours, il s'éleva à la hauteur de son plus illustre contemporain, en un style plus coulant, mais non moins nerveux que celui de Bossuet ; il répandit sur la seconde les trésors d'une sensibilité qui n'appartenait qu'à lui.

Rien de plus touchant que sa péroraison : « Peuples, pour le bonheur desquels se fait cette consécration, que ne puis-je vous faire entendre de loin ma faible voix ! Priez, peuples, priez ; toutes les bénédictions que vous attirerez sur sa tête reviendront sur la vôtre ; plus il recevra de grâces, plus il en répandra sur le troupeau.

« Et vous, ô prince sur qui coule l'onction du Saint-Esprit, ressuscitez sans cesse la grâce que vous recevez par l'imposition de mes mains. Que ce grand jour règle tous les autres jours de votre vie jusqu'à celui de votre mort. Soyez toujours le bon pasteur prêt à donner votre vie pour vos chères brebis, comme vous voulez l'être aujourd'hui, et comme vous voudrez l'avoir été au moment où, dépouillé de toute grandeur terrestre, vous irez rendre compte à Dieu de votre ministère. Priez, aimez, faites aimer Dieu; rendez-le aimable en vous; faites qu'on le sente en votre personne; répandez au loin la bonne odeur de Jésus-Christ; soyez la force, la lumière, la consolation de votre troupeau; que votre troupeau soit votre joie et votre couronne au jour de Jésus-Christ. »

L'électeur ne rentra dans ses États et ne se démit de l'évêché de Ratisbonne qu'en 1714; il n'obtint qu'en 1717 l'investiture du temporel de son archevêché et de ses évêchés de Liége et de Hildesheim; il n'en jouit que six ans, mais il fut toujours docile aux leçons et reconnaissant des avis que lui donnait Fénelon. Il le consulta souvent, et fut toujours un de ses plus vifs partisans. Fénelon méritait ces sentiments par la franchise autant que par la hardiesse de ses conseils.

« Rien n'est si terrible, lui écrivit-il un jour [1], que de devenir évêque sans entrer dans toutes les vertus épiscopales; alors le caractère deviendrait comme un sceau de réprobation...... Il faut que vous soyez une loi vivante qui porte la religion dans tous les cœurs; il faut mourir sans cesse à vous-même, pour porter les autres à entrer dans cette pratique de mort qui est

---

[1] Œuvres de Fénelon, II, p. 8 et 9.

le fond du christianisme; il faut être doux et humble de cœur, ferme sans hauteur et condescendant sans mollesse. »

On a mis Fénelon au rang des orateurs pour le discours de ce sacre; mais le discours ne fut lui-même qu'une concession faite au goût du temps.

Ce ne fut pas seulement en théorie que Fénelon condamna cette funeste création, ce genre oratoire qui vise à l'admiration de l'artiste plus qu'à l'amendement du fidèle, et qui, jusque dans le ministère le plus auguste, subordonne tout au désir de plaire, fait tout concourir à ce dessein, et ne demande pas d'autre récompense que des caresses pour l'amour-propre; ce fut encore et bien plus en pratique qu'il le réprouva. Ce qu'il voulut toujours dans ses sermons, c'était ce qu'il voulait dans toutes ses lettres spirituelles, l'épuration des sentiments, l'élévation de la pensée, le perfectionnement de la volonté, la pacification de l'âme, c'est-à-dire l'harmonie dans le jeu de ses facultés. Ce n'est pas qu'il dédaignât la renommée d'orateur, et il y eût peut-être songé comme un autre, même en chaire, s'il en avait eu besoin et s'il n'avait visé plus haut : mais connaissant mieux, comment eût-il aspiré à ce vain bruit? Du côté des gens du monde, que manquait-il à celui dont Labruyère avait dit, dès 1693, à son entrée dans l'Académie :

« On sent la force et l'ascendant de ce rare esprit, soit qu'il prêche de génie et sans préparation, soit qu'il prononce un discours étudié et oratoire, soit qu'il explique ses pensées dans la conversation. Toujours maître de l'oreille et du cœur de ceux qui l'écoutent, il ne leur permet pas d'envier ni tant d'élévation, ni tant de facilité, de délicatesse, de politesse : on est assez heureux de l'entendre. »

Mais que demandait Fénelon visant plus haut ?

Avoir les cœurs, fut pour lui une jouissance au-dessus de toutes celles que donne la renommée, et la conversion des âmes; ce qu'en religion on appelle le pastoral évangélique, fut à la fois le but et la gloire de son épiscopat. Ce fut aussi le secret de son merveilleux ascendant. Qui se fait aimer, ne se fait pas écouter seulement, mais suivre, et un orateur vulgaire, l'abbé Trublet, l'a dit : « Cette tendresse réciproque, entre le pasteur et les fidèles confiés à ses soins, faisait une grande partie de l'éloquence du célèbre archevêque de Cambrai. »

C'est là une observation que Fénelon eût approuvée. On l'a loué autrement, de façon à révolter son esprit. Quelqu'un a dit :

« Mais toi, qui les as surpassés en aménité et en grâces, ombre illustre, aimable génie, toi qui fis régner la vertu par l'onction et par la douceur, pourrais-je oublier la noblesse et le charme de ta parole, lorsqu'il est question d'éloquence ? Né pour cultiver la sagesse et l'humanité dans les rois, ta voix ingénue fit retentir au pied du trône les calamités du genre humain foulé par les tyrans, et défendit contre les artifices de la flatterie la cause abandonnée des peuples. Quelle bonté de cœur, quelle sincérité se remarquent dans tes écrits ! quel éclat de paroles et d'images ! Qui sema jamais tant de fleurs dans un style si naturel, si mélodieux et si tendre ! qui orna jamais la raison d'une si touchante parure! Oh! que de trésors d'abondance dans ta riche simplicité! O noms consacrés par l'amour et par les respects de tous ceux qui chérissent l'honneur des lettres! restaurateurs des arts, pères de l'éloquence, lumières de l'esprit humain, que n'ai-je un rayon du génie qui échauffa vos profonds discours, pour vous expliquer dignement et marquer tous les traits qui vous ont été propres! Si on pouvait mêler des talents si divers, peut-être qu'on voudrait penser comme Pascal, écrire comme Bossuet, parler comme Fénelon; mais, parce que la différence de leur style venait de la différence de leurs pensées et de leur manière de sentir les choses, ils perdraient beaucoup tous les trois si l'on voulait rendre les pensées de l'un par les expressions de l'autre. On ne souhaite point cela en les lisant, car chacun d'eux s'exprime dans les termes les plus assortis au caractère de ses sentiments et de ses idées, ce qui est la véritable marque du génie. »

Voilà sur Fénelon non pas un parallèle, mais une fin de parallèle seulement, une tirade qui, je le dis en toute assurance, eût fait hausser les épaules au saint évêque, s'il eût été jamais condamné à entendre un panégyrique qui ressemble trop à un exercice de style pour être pris au sérieux. On peut être certain qu'il trouva moins de jouissance véritable en disant son beau discours de sacre qu'en disant le plus simple de ces prônes qu'il aimait à faire aux villageois de son diocèse. Il est certain aussi que, malgré l'enthousiasme qu'inspira « son chef-d'œuvre » à ses amis, il ne lui fit changer ni de théorie ni de pratique, et ses *Dialogues sur l'éloquence*, ouvrage de sa jeunesse, étaient encore sa pensée et sa conviction lorsqu'à sa mort on les trouva parmi ses manuscrits non publiés.

Peu de temps après le prince Clément, de Bavière, un jeune littérateur d'Écosse vient appeler l'attention de l'Europe sur Cambrai. La légende a fait du chevalier de Ramsay, devenu célèbre par son culte pour Fénelon, je ne sais quel austère penseur, d'abord simple socinien, puis pyrrhonien consommé, après avoir parcouru l'Angleterre, la Hollande et l'Allemagne pour examiner tous les systèmes, à peu près comme le docteur Anglais de la Chaumière indienne, se refugiant, l'âme brisée, dans le sein de Fénelon, trouvant aussitôt la paix et la foi que son cœur n'avait jamais connues, puis enfin devenant un saint digne de son maître. Telle est la légende. L'histoire vaut mieux. C'était un libre penseur, né et élevé dans un pays où la libre pensée était encore une audace et une sorte d'indépendance mais n'approchait pas de ce que nous la voyons aujourd'hui, fille de Faust, posant devant le monde avec le geste du dédain. Loin de là, Ramsay se sentait malheureux d'avoir échangé sa foi contre le doute. Il avait visité quelques théologiens d'Angleterre, plus éclairé que satisfait; il avait recherché ensuite, non pas les plus célèbres docteurs de l'Allemagne, mais le plus mystique des correspondants de madame Guyon, le ministre Poiret réfugié en Hollande, et s'était inspiré chez lui du désir de voir à son tour le plus brillant et le plus admiré représentant du mysticisme contemporain, l'ami de madame Guyon.

Ramsay vint à Cambrai en 1709, non pas en pyrrhonien accompli ou en incrédule obstiné, non pas en théologien érudit, ou en socinien subtil, mais en jeune homme de vingt-deux ans, parfaitement élevé, dans les meilleures et les plus respectueuses dispositions du monde pour le célèbre auteur des Maximes.

Où en était alors cet ardent chercheur de doctrines ? Poiret, qui avait abandonné sa paroisse et sa famille pour vivre dans la société de mademoiselle Bourignon de Porte, la plus illustre d'entre les disciples et les émules de madame Guyon, Poiret qui était métaphysicien, l'avait ramené à l'autorité de la révélation. Ramsay n'hésitait que sur la question, alors débattue et toujours à débattre encore, non pas de l'autorité de ses textes, mais de la pureté de leur interprétation *certaine*, une, exclusive. Cette question était précisément une de celles que Fénelon avait traitées, dans son ouvrage du *Ministère des pasteurs*. Lui aurait-on donné cet ouvrage en Hollande? On l'ignore, mais Fénelon eut, au bout de six mois de conférences avec lui, la joie d'achever sa conquête et de faire triompher la foi chrétienne non pas de la philosophie, mais de l'incrédulité, avec l'aide de la philosophie. En effet, d'après le récit ému et dramatisé gravement par le chevalier lui-même, à la suite d'une lutte sérieuse et de combats prolongés, le jeune sceptique que charmaient à la fois l'hospitalité du grand seigneur et les discours de l'archevêque, le frivole raisonneur, édifié de cette vie de piété et de bienfaisance qu'il avait sous les yeux, finit un jour par ne plus hésiter, et abjura du même coup le pyrrhonisme et la réforme, dans le sein de laquelle le malin jacobite était né : malin il était, car la veille encore il soupçonnait l'archevêque d'avoir reçu la condamnation de ses *Maximes* avec plus de prudence que de sincérité.

Ce triomphe, Fénélon l'avait prévu, mais il n'en jouit pas moins; car il était très-convertissant; et il n'était pas de personnage plus propre à faire valoir ce triomphe que Ramsay, qui fut successivement de Cambrai à Paris, à Rome, à Londres, à Oxford et ailleurs, partout racontant sa conversion au long, son séjour auprès de Fénelon, ses beaux entretiens avec l'illustre prélat, ses grosses objections et les belles solutions de son interlocuteur. Ramsay aimait le monde, par conséquent s'y répandait et s'y faisait aimer. Littérateur instruit, il fut d'abord appelé à diriger l'éducation du prince de Château-Thierry et du duc de Bouillon ; il fut ensuite, comme son illustre maître, précepteur de princes de sang royal, des enfants de Jacques III. Lui, le confident de la politique si libérale de Fénelon, il devait élever les illustres victimes de cette malheureuse politique, de cet absolutisme oriental qu'un de leurs ancêtres, Jacques Ier, avait emprunté au peuple juif, comme Bossuet venait de faire pour la sienne, politique absurde qui avait fait chasser Jacques II au moment même où Louis XIV se flattait de l'avoir à jamais installée en France. Aussi la carrière de pédagogie princière de Ramsay fut-elle courte, mais après Fénelon lui-même, nul n'a plus concouru à la rapide renommée de l'archevêque de Cambrai que le noble et fin Écossais qui, pieux comme son illustre ami, avait d'ailleurs de commun avec lui l'esprit un peu plus chimérique et beaucoup plus mystique qu'il ne voulut jamais le paraître.

Fénelon eut encore en 1710 un succès analogue à celui qui lui donnait dans Ramsay un disciple si enthousiaste : on en voit la preuve dans ses lettres, quoiqu'elles jettent le voile sur le nom du personnage et sur toutes les circonstances de sa conversion.

Au milieu de ces discussions qui aboutirent à des conquêtes, il mena à bonne fin, dans une série de lettres adressées au P. Lami, le meilleur écrivain des Bénédictins, un autre débat qui ne le flatta pas moins et où il se montra philosophe et théologien également distingué.

Il s'agissait encore de la vieille question du siècle, de celle de la grâce que Malebranche avait eu le tort de traiter d'une façon si chimérique, et qui avait soulevé contre lui trois des plus grands écrivains, Arnaud, Bossuet et Fénelon. Cette question, belle à la condition qu'elle soit discutée librement, le P. Lami eut le courage de proposer à Fénélon de la discuter avec lui. Ce fut en 1708; Fénelon se prêta à son désir, et dans cinq lettres successives, il mit ce débat dans un tel jour qu'il fut désormais à la portée de tout le monde, c'est-à-dire vidé, car ce que tout le monde est en état de comprendre est jugé.

Le mérite de Fénélon dans ces lettres est d'autant plus grand, que le révérend bénédictin avait posé la question d'une façon plus barbare. Il demandait : *si la grâce n'était qu'une délectation prévenante et indélibérée ou bien aussi une délectation délibérée?*

Sous cette forme, la question ne regardait que les théologiens du passé, les débris délaissés de la scolastique. Le public n'avait rien à y voir. Fénelon, qui aimait mieux que la fille de madame de Beauvilliers prît goût aux comptes de son intendant qu'aux discussions sur la grâce, accepta le débat dans ces termes ; mais il les définit si bien, les mots et les choses, qu'il força aisément Lami d'accepter sa solution comme ses définitions.

« La délectation indélibérée, dit-il, n'est que le plaisir prévenant qui est en nous sans nous. Il ne suffit pas pour incliner notre volonté ; car s'il donnait nécessairement le vouloir, il y aurait une cause nécessaire et involontaire de notre vouloir, et mon vouloir ne dépendrait plus de moi. Aussi ceux qui ont tant vanté ce plaisir, n'ont rien dit d'intelligible ; au contraire, ils ont tout renversé, n'étant ni théologiens ni philosophes. Ce plaisir a toutefois son importance. Mais, pour l'apprécier, il faut bien définir le contraire, la *délectation délibérée*. Ce n'est autre chose que la spontanéité de notre vouloir, ou l'exemption de contrainte. Je ne puis vouloir une chose malgré moi ; car qui dit malgré, dit sans la vouloir, ce qui est encore contradictoire.

« Maintenant, qu'avons nous gagné ? Rien.

« Se borner à définir l'un ou l'autre de ces termes barbares, ou même tous les deux, ne mène à rien. On l'a vu pour le premier. On le voit aisément pour le second. En effet, dès qu'on ne parle que de la délectation délibérée, on dit vrai ; mais, à force de dire vrai, on ne dit rien. On dit seulement que l'homme veut en chaque occasion ce qu'il aime le mieux, c'est-à-dire ce qu'il veut davantage. C'est faire un grand effort de paroles pour ne dire rien ; c'est laisser la question tout entière. »

Cela dit, l'habile instituteur va au fond des choses. « La grâce, dit-il, c'est Dieu opérant dans l'âme. 1° La grâce donne à l'entendement une illustration ; 2° elle donne à la volonté un attrait prévenant, un plaisir indélibéré, un sentiment doux et agréable, qui est en elle sans elle; 3° elle augmente la force de la volonté, afin qu'elle puisse actuellement, dans ce moment, vouloir le bien; 4° elle l'excite à se servir de cette force nouvellement donnée. Jusque-là cette grâce n'est que prévenante, et en nous sans nous. Or, rien de tout ce qui est en nous sans nous ne nous détermine, autrement notre détermination serait mise en nous sans nous; nous ne nous déterminerions pas, mais nous serions déterminés *ad unum*, comme les bêtes, ainsi que parle saint Thomas. Ce serait se jouer des termes que de dire, dans cette supposition : l'homme est dans l'indifférence active et dans la liberté d'exercice ; l'homme délibère, se détermine lui-même, et choisit. Tous ces termes deviendraient ridicules. »

Tout cela, Fénelon n'a besoin que de le développer pour satisfaire les bons esprits, et le fond de la question, le gros dogme veux-je dire, n'arrête pas longtemps les deux amis; mais à ce dogme, à la question de la grâce, se rattache celle de la prédestination qui n'est pas plus claire, et qui n'était pas moins débattue alors, c'est-à-dire plus obscurcie qu'éclaircie, comme le sont toujours les théories que les uns veulent trancher au nom de la théologie, les autres au nom de la philosophie. D'ordinaire on s'imagine que la prédestination est une question de Calvinisme : c'est une question de Paulinisme, une question d'Augustinisme, une question que saint Thomas d'Aquin traite comme un problème de haute métaphysique, et qui effraye quelquefois l'éthique la plus transcendante. Ne nous en laissons ni effrayer ni dégoûter. Elle a son prix et ses clartés comme ses mystères.

De quoi s'agit-il? Qui dit prédestination dit *théorie du plan de Dieu*, du plan qu'il suit aujourd'hui dans la conduite du monde moral, demain dans le règlement des destinées de ceux dont ce monde se compose.

Qu'a-t-il fait, outre la création de nos facultés et celle des lois qui président à leur jeu, pour assurer, soit le bonheur, soit le perfectionnement des êtres qui pensent et veulent, par exemple des hommes? Voilà la question. Et voici la théorie de Fénelon, philosophe de la meilleure école, sans doute, mais prêtre, moins lié par les textes sacrés et par ceux des Pères qu'il ne veut bien se lier lui-même par ceux de la scolastique.

« D'un côté, il est indubitable que Dieu a donné à l'homme le libre arbitre pour se perdre ou pour se sauver à son choix.

« D'un autre côté, il n'est pas moins indubitable que Dieu a pu, avec une pleine justice, donner à l'homme ce libre arbitre, afin qu'il pût mériter ou démériter.

« Dans cette supposition du libre arbitre donné, et de la grâce gratuitement surajoutée, si cette grâce était également suffisante pour tous les hommes, et donnée avec une bonté générale et *indifférente*, personne ne pourrait se plaindre. Ceux qui seraient sauvés le seraient par le secours de la grâce et par pure miséricorde. Ceux qui périraient devraient s'imputer leur perte, et n'en accuser que leur mauvais vouloir, qu'il ne tenait qu'à eux de rendre bon. En cet état des choses, Dieu serait pleinement justifié, puisqu'il aurait montré une bonté effective et égale à tous, qu'il n'aurait pas tenu à la suffisance de son secours que tous ne fussent également sauvés et qu'il n'aurait tenu qu'à eux de l'être tous.

« Qu'est-ce donc qui soulève le cœur de l'homme à la vue de la prédestination des uns au-dessus des autres?

« C'est que le cœur de l'homme, jaloux et envieux, supporte impatiemment de voir quelqu'un préféré à soi.

« Mais la bonté spéciale de prédilection pour les uns ne diminue en rien la bonté générale pour tous les autres. La surabondance de secours pour les élus ne diminue en rien le secours très-suffisant que tous les autres reçoivent. »

Cela satisfait le P. Lami, et si cela ne satisfait pas la pure raison, « c'est que la pure raison n'est pas la raison pure et absolue. »

« Les esprits faibles et bornés des hommes ne sauraient embrasser toute l'étendue du plan de Dieu. Ils ne le voient que par petits morceaux détachés, sans en pouvoir comprendre tous les rapports. Ils n'en jugent que par une sagesse intéressée, et rétrécie dans les bornes d'un amour-propre qui décide de tout par rapport à soi, et qui n'est capable de souffrir que ce qui le flatte. Les hommes malades de cet amour-propre ne savent approuver que ce qui leur convient. »

Ces belles lettres, je les appelle belles en dépit des termes scolastiques, à cause du rare bon sens qui y domine et des lumières qu'elles répandent dans des ténèbres faites comme à plaisir par les docteurs de l'École, ces belles lettres furent d'abord dérobées à la curiosité du public. On n'en publia une, la première, que huit ans après la mort de Fénelon, dans les *OEuvres spirituelles*. La deuxième, la troisième et la cinquième furent publiées en 1787. La quatrième resta inédite jusqu'en 1835, où M..Aimé Martin la mit dans son édition. Une partie notable des écrits de Fénelon a de commun avec une partie notable de ceux de Bossuet cette publication si tardive et si peu conforme à nos habitudes actuelles. Les supérieurs de Lami lui imposèrent le silence à l'endroit de Malebranche, son adversaire; il est probable qu'ils ont suivi la même politique quant à sa pacifique discussion avec l'archevêque de Cambrai, son ami, et qu'ils ont exigé qu'elle demeurât secrète.

CHAPITRE XXIV

Le mysticisme et les affaires de ce monde. — Les conférences de Chaulnes. — Fénelon, le duc de Chevreuse et le duc de Chaulnes. — Les plans de gouvernement. — Les relations du duc de Saint-Simon avec les amis de Fénelon. — Les projets de Saint-Simon ou du duc de Bourgogne.

1711

J'ai déjà dit que Fénelon, dans quelque situation qu'il se trouvât, n'oubliait jamais qu'il était prêtre, que jamais, pieux prêtre, il n'oublia qu'il était gentilhomme, et que, devenu archevêque, il se souvint toujours qu'il était duc de Cambrai et prince du Saint-Empire. J'ajoute que dans aucune de ces situations, si mondaines, si profanes qu'elles fussent, il n'eut ni la tentation, ni le besoin de déroger à ses principes de spiritualité; que ce fut, au contraire, sa haute et pure mysticité qui inspira toute sa tenue et sa conduite, dictant, embellissant et élevant tout à sa véritable hauteur. Et ce qui fait de lui un personnage unique dans son siècle, c'est que, des travers ordinaires du mystique et de toutes les étroitesses du théologien ou du prêtre, il n'y avait pas trace dans sa pensée dès qu'il abordait les affaires. Ce qui s'alliait le mieux avec les belles allures de ce prêtre gentilhomme, c'étaient celles de l'écrivain académicien. Cet académicien, qui s'amusait à esquisser des romans, était un peu romancier en politique et un peu plus utopiste qu'il n'était nécessaire, comme en religion, il était un plus ascétique, et en mysticisme un peu plus idéologue qu'il ne fallait. Mais il le savait bien, et quand vint le moment pour lui et ses amis de s'occuper de politique pratique, ils en firent de très-bonne, de très-positive, n'oubliant rien et ne s'oubliant pas eux-mêmes, témoin les *Plans* convenus entre eux aux conférences de Chaulnes.

Voici l'origine et l'objet de ces conférences : Le triste fils de Louis XIV, le grand dauphin, étant mort le 14 avril 1711, le duc de Bourgogne devenu dauphin et appelé aux conseils, prenait sur les affaires un ascendant d'autant plus considérable qu'on le croyait plus capable. Ses trois principaux amis sentirent le moment venu d'arrêter pour lui des vues d'ensemble, un plan de conduite, en un mot, des projets de gouvernement dignes de l'élève de Fénelon. Pour cela, il leur fallut se voir, et ne pouvant se réunir ni à Versailles, ni à Cambrai, ni tous les trois, le duc de Chevreuse se rencontra seul avec Fénelon, à la terre de son fils, le duc de Chaulnes. Ce fut là, en novembre 1711, qu'on arrêta les conseils qui seraient donnés au prince, les mesures qu'il aurait à prendre pour établir ce gouvernement juste et conforme au bien de l'État, qui devait faire l'honneur de son nom et la gloire de son règne. Car c'était là ce qu'on voulait avant tout; si l'on songea un peu à soi dans les réunions, on songea pourtant davantage à la France, et jamais on n'apporta à travail semblable des vues plus sincères et plus pures.

Le véritable auteur de ces plans et l'âme de ces conférences, ce fut bien l'auteur du *Télémaque* et des *Maximes des Saints;* mais ce n'était pas plus le romancier que l'écrivain mystique; le temps des fictions sociales et de la sainte contemplation était passé. Doué d'une rare capacité pour toute science humaine et d'une merveilleuse variété de talents, Fénelon, soit qu'il s'agît d'un empire, d'un diocèse, d'une maison d'éducation ou d'une famille, était ami sûr, conseiller de grandes lumières, rapide et parfait écrivain. Engagé aux affaires de cour et de gouvernement au nom de ses plus tendres affections, Fénelon exilé était à Cambrai au courant de tout ce qui se faisait à Versailles, à ce point qu'il était consulté sans cesse par les personnages les plus éminents. Quand Saint-Simon nous dit « qu'il y régnait *à la divine* sur son royal pupille le duc de Bourgogne, » il parle avec magnificence, mais en homme qui sait. Quant au duc de Beauvilliers, cette âme à ce point élevée que Saint-Simon, d'ailleurs si infatué de soi, avoue qu'il serait « honteux pour le prince, si ce dernier avait pu lui accorder à lui Saint-Simon, plus de confiance qu'au noble duc, » « il ne pensait et n'agissait, comme le duc de Chevreuse, que sur les principes de l'archevêque de Cambrai. »

« Il recevaient de lui des avis *en tout genre* comme les oracles de Dieu même dont il était le canal. Leur abandon pour lui était sans bornes; leur commerce secret était continuel. »

Dès lors on comprend parfaitement que Fénelon fût au courant de tout, car de son côté le duc de Bourgogne consultait sans cesse son ancien précepteur sur toutes les affaires politiques ou domestiques, et cela jusqu'à son dernier jour, ce qui fait encore plus l'éloge du conseiller que celui du prince, puisque Fénelon joignait dans ses avis la plus rare franchise aux lumières, et ce qui est le plus à signaler peut-être, le désintéressement le plus spirituel, le mieux entendu. C'est ce qu'il fallait au nouveau dauphin, à qui le roi avait donné, avec l'entrée aux conseils, l'autorisation de se faire rendre compte de tout par les ministres et les intendants. Aidé de l'abbé Hurel, sur la proposition de Fénelon, le prince avait réuni une quantité de mémoires et de documents; un guide lui était très-souhaitable dans ce labyrinthe; mais loin de vouloir peser sur sa volonté ou s'emparer de son esprit, Fénelon, qui comptait sans nul doute partager un jour le poids de ses travaux, désirait avant tout son libre développement et sa ferme indépendance. « Au nom de Dieu, écrivit-il au duc de Chevreuse, en l'invitant à préparer les conférences, au nom de Dieu, que M. le Dauphin ne se laisse gouverner ni par vous ni par moi, ni par aucune personne du monde. » (Lettre de juillet 1711.)

C'est à ce double point de vue qu'il faut juger les plans de Chaulnes : celui d'un grand désir de faire passer des principes plus justes dans la politique du gouvernement par le duc de Bourgogne, et celui de rendre ce prince fort par lui-même. Mais ici il se rencontre un singulier problème : les plans de Chaulnes ressemblent étonnamment aux projets de gouvernement que Saint-Simon attribua au duc de Bourgogne, mais qu'il a bien rédigés lui-même.

On connaît à la fois l'étendue d'esprit et l'étroitesse de cœur, la grandeur et la petitesse de ce pétulant duc qui se donnait tous les airs d'un homme d'État, sans quitter les allures d'un vaniteux courtisan. Toutefois, son nom ne doit jeter aucune ombre sur celui de l'archevêque, qu'il sut mieux admirer qu'imiter. Saint-Simon était un politique très-éclairé, et s'il se montra si petit dans tout ce qui était intrigue de cour ou question d'étiquette, il prit bien sa revanche dans tout ce qui était au-dessus de ce niveau. S'il y a de frappantes ressemblances entre les projets de gouvernement qu'il attribue au duc de Bourgogne et entre les *plans* de Chaulnes (*tables des matières*), écrits de la main de Fénelon, cette ressemblance tient d'abord aux rares lumières des deux personnages, et ensuite au commerce intime de l'un et de l'autre avec leur ami commun le duc de Chevreuse. Ce qui est certain, c'est qu'elle ne tient pas à des relations directes qui auraient eu lieu à cette époque entre Fénelon et Saint-Simon. En effet, on se rappelle tout ce que ce dernier pensait et disait de mal du livre mystique des *Maximes*. D'ailleurs Saint-Simon nous apprend lui-même « qu'avant l'exil de l'archevêque il était trop jeune pour avoir des relations avec lui, et depuis, sans occasion. »

Dans tous les cas, si les idées adoptées aux conférences de Chaulnes, ressemblent aux *Projets de gouvernement*, elles ressemblent encore plus aux *Dialogues des Morts*, au *Télémaque*, à la *Lettre à Louis XIV* et à l'*Examen de conscience sur les devoirs de la royauté*, c'est-à-dire aux conceptions politiques les plus élevées de Fénelon.

On n'a pour s'en convaincre qu'à y rencontrer ces belles maximes-ci :

« Il faut qu'un peuple ait des lois écrites, toujours constantes et consacrées par toute la nation ; qu'elles soient au-dessus de tout.

« Il faut que ceux qui gouvernent n'aient d'autorité que par elles ; que le souverain soit le plus obéissant à la loi. » Ce sont bien celles de Fénelon. Il y en a de plus fortes.

« La personne du souverain détachée de la loi n'est rien, et elle n'est consacrée qu'autant qu'il est lui-même la loi vivante donnée pour le bien des hommes.

« Le pouvoir absolu fait bientôt tourner la tête à qui l'exerce, c'est de toutes les formes de gouvernement celle qui marque le plus de barbarie dans une nation.

« Le faste, la hauteur, l'ambition, aboutissent sous le règne de François Ier, à rendre des provinces entières et à payer des sommes immenses, les charges de magistrature vendues et les juges qui les ont achetées vendant à leur tour la justice ; la cour livrée à toutes les folies des femmes galantes ; un prince flatté pour son argent, le nom de grand roi acheté par tant de sang et par tant de sommes qui ruinent un royaume.

« La guerre : « ce mal qui déshonore le genre « humain. »

Voilà bien les maximes que respirent les tables de Chaulnes.

Il faut dire cependant qu'à côté de ces belles pensées, il se trouve autre chose dans la politique de Fénelon, qui ne fut ni un constitutionnel ni un démocrate de nos jours. Il se rencontre au contraire dans ces pages des vues qui nous surprennent, si nous ne tenons pas compte de sa situation d'esprit tout entière. Je ne parle pas de vues à ce point avancées qu'elles étaient impraticables dans la France de Louis XIV, ni de celles si purement évangéliques qu'elles ne seraient pas même adoptées aujourd'hui, je parle de celles qui sont encore à ce point empreintes d'idées dès lors vieillies, dépassées et trop personnelles à l'auteur ou à ses amis pour convenir à la situation générale des esprits. En effet, on touchait à l'époque des *Lettres anglaises* ou *Lettres philosophiques;* on avait sous les yeux les Stuarts chassés par deux révolutions, et l'on en croit à peine ses yeux quand Fénelon, au milieu de ces belles maximes, s'abandonne tout à coup à des affections monarchiques qui, dans ce voisinage, ne peuvent paraître aujourd'hui que des habitudes étranges. Mais il faut bien le dire : si la politique générale de Fénelon s'éloigne du tout au tout de celle de Richelieu, elle est la même sur une question, qui est au fond la question capitale : l'un veut comme l'autre l'unité et la grandeur de la nation, par la grandeur et l'unité du pouvoir central personnifié dans le souverain !

Toutefois, l'illustre prélat est moins inconséquent encore en matière de gouvernement politique et dans ses rapports avec le roi qu'en matière de gouvernement ecclésiastique et dans ses rapports avec le pape.

En effet, ce qui nous semble jurer le plus aujourd'hui avec le nom de Fénelon, l'homme éclairé, l'esprit libéral, le type de la dignité personnelle de son siècle, ce sont ses maximes ultramontaines, opposées aux maximes si gallicanes de Bossuet. Fallait-il donc que ces deux hommes fussent opposés en tout, et que celui-là fût gallican qui s'inspirait de la théocratie juive et celui-là ultramontain qui tirait sa politique de Platon et de Socrate, et qu'avait condamné la cour de Rome? L'ultramontanisme de Fénelon tenait-il par hasard à cet attachement si constant pour un ordre religieux qui se faisait un principe suprême et une œuvre permanente de l'empire universel de Rome?

En général, pour l'une et l'autre des deux puissances de ce monde avec lesquelles il s'est trouvé en conflit, la papauté et la monarchie, rien de plus soumis que Fénelon dans ses théories et dans sa correspondance. Mais rien de plus indépendant que lui en pratique, malgré ses protestations. Et ce n'est point par suite de quelque finesse ou de quelque subtilité, mais c'est bien par suite d'une immense illusion qu'il tient ce langage. C'est surtout grâce à la richesse de sa nature qu'il croit l'impossible et l'inconciliable très-conciliables et très-possibles dans sa pensée et dans ses affections. Nous avons dit ce qu'il écrivit d'une part sur la puissance et l'autorité souveraine du saint-siége, et fait voir d'autre part le *Mémoire* qu'il a laissé pour le pape après sa mort. La même antithèse se reproduit quant à la royauté. Il ne veut pas le pouvoir absolu du roi, mais il lui attribue en pratique tout ce qui le fait absolu, et, au moment de fermer les yeux, il écrit à ce roi, qui n'a cessé de le persécuter et dont il n'a cessé de vouloir réformer le gouvernement, qu'il meurt le plus fidèle de ses sujets, et qu'il n'a pas cessé de l'être un seul instant de sa vie. Sa doctrine sur la société est très-libérale et très-évangélique, mais la société, il la conçoit essentiellement dans la conscience, dans le cœur et dans la main d'un monarque ; pour les institutions, pour l'État, pour le citoyen, pour ce qu'on appellera plus tard gouvernement national, pour ce que les publicistes anglais appelaient dès lors *self government*, il est dans les nuages.

Il y a d'autres ombres qui surprennent dans cet ensemble de conceptions lumineuses, qui forme la vie intellectuelle de Fénelon ; et si l'on comprend aisément que le gentilhomme du Périgord, allié à la plus haute noblesse, et affligé de l'état de servilité où Richelieu et Mazarin suivis de Louis XIV, avaient réduit l'aristocratie française, ait voulu lui réserver les fonctions élevées et les hauts grades de l'armée, on est bien surpris de le voir y joindre encore les honneurs de l'épiscopat, qui sont dans tous les siècles, même les plus frivoles, des charges pesantes. Fénelon stipulait, sous ce rapport, une exception en faveur du mérite ; mais c'est là la règle, et ce n'était pas à lui de faire de la règle l'exception.

Réhabiliter la noblesse, et en faire autre chose pour le pays qu'une fastueuse bande de solliciteurs à satisfaire aux dépens du trésor, qui par des pensions, qui par des charges de cour ou des places d'administration, qui encore par des titres et des brevets de tout genre, des abbayes, des évêchés, des dots pour faciliter aux jeunes filles l'entrée dans les couvents ou à Saint-Cyr, c'était là, de la part de Fénelon, une conception d'autant plus naturelle, qu'il avait lui-même plus de parents à pourvoir, et plus de parentes assez pauvres pour l'importuner beaucoup par leurs sollicitations ; mais ce qui explique une conception ne suffit pas pour la justifier, et j'aime à croire que Fénelon suivait une pensée plus haute. En effet, relever la noblesse, c'était opposer la digue la plus forte qui pût s'imaginer alors, à ce système d'absorption monarchique, dont la France était travaillée depuis des siècles et dont la cour, écrasée elle-même comme tout le reste, était aussi lasse que la province. C'était, en un mot, décentraliser, non pas les pouvoirs publics en notre sens actuel, mais les familles agglomérées à Versailles ; c'était donc rendre un peu de vie à *autre* chose que la cour, et c'était préparer les voies à l'idée qu'il y avait autre *chose* en France que celui qui se disait l'*État*.

Cela explique aussi l'importance que Fénelon attachait à la plus étonnante de ses conceptions, étonnante pour nous qui, depuis la Convention dont nous flétrissons le despotisme, n'imaginons rien de plus parfait que la plus despotique de ses idées, celle de la concentration de toutes les forces vives du pays ; cela explique, dis-je, l'importance que mit Fénelon, avec ses amis, à vouloir la *suppression du ministère*, autorité qu'ils qualifient de « dure et hautaine, » et à l'institution de ces *conseils* qui devaient désormais le remplacer. Ces conseils étaient le progrès du jour. On les demandait, sans doute, à l'imitation des conseils de Hollande ou de Suède, peut-être même de quelque république d'Italie. Cela eût fait alors la joie de la France, et aux époques de grand affaissement, rien n'est plus politique que de rendre l'essor aux nations par des mesures qui leur donnent le sentiment de la vie et de l'orgueil public. En résumé, ce n'était pas, il est vrai, une politique idéalement parfaite que celle des *conférences de Chaulnes*, c'en était au contraire une fort défectueuse à nos yeux, mais elle avait de l'attrait pour le siècle. C'était d'ailleurs une politique d'avenir personnel, si non pour le duc de Chevreuse, du moins pour son fils et pour Fénelon ; c'était essentiellement une politique telle que ce dernier croyait pouvoir la pratiquer avec un prince façonné de sa main, et avec des amis chéris dont il resterait lui-même le conseiller.

On pourrait à la rigueur demander au nom de quelle mission Fénelon et ses amis rédigeaient des *plans* de gouvernement ; mais quand ils ne l'auraient fait qu'au nom de leur patriotisme, où serait le mal ? Ils avaient d'ailleurs des raisons plus impérieuses et plus personnelles. On voyait le moment où la couronne passerait sur la tête du prince formé par les soins de Fénelon, qui allait infailliblement présider aux conseils et conduire les destinées du pays dans les jours les plus critiques. Non-seulement la guerre de succession avait réduit la France à un degré d'épuisement et de souffrance capable d'alarmer le roi le plus égoïste qui ait jamais régné ; mais encore tout ce qu'un système qui n'a pour point de vue que le prince ou la dynastie enfante de maux et de mécontentements pesait sur le pays. La santé du prince, qui posait depuis si longtemps et ne cessait de se droguer, déclinait visiblement. Son fils, le grand dauphin, qui venait de mourir inaperçu (1711) ne laissait aucun vide à remplir, mais il y avait toute une dynastie à réhabiliter.

Dans tout cela, il y avait plus qu'une sorte d'appel pour l'auteur du *Télémaque*, il y avait une mise en demeure; la situation parlait à tous ceux qui en avaient l'intelligence. C'est parce que Saint-Simon se sentait une mission analogue à celle de Fénelon, par suite de ses liaisons avec les ducs de Beauvilliers et de Chevreuse, avec lesquels il s'entretenait sans cesse de la même question, et par lesquels il avait été mis en rapport avec le duc de Bourgogne, qu'il rédigea à la même époque ses *Projets de gouvernement*.

Ajoutons ici que si Fénelon et Saint-Simon ne se voyaient pas jusque-là; que si ce dernier dit nettement qu'il ne se souciait pas de Fénelon; que s'il se défiait de lui, comme on le voit par toutes sortes d'épithètes qu'il lui donne; que s'il redoutait l'ascendant que l'illustre archevêque exerçait sur tous ceux qui l'approchaient; si Fénelon, à son tour, prenait ombrage de cet esprit d'intrigue pétulant, obstiné et tout personnel que le duc apportait dans ses relations; on voit cependant, au moment nécessaire, une modification remarquable se dessiner dans les sentiments de ces deux personnages. On dirait qu'à la mort du duc de Bourgogne qu'il a tant aimé, Saint-Simon oublie tous ses griefs contre son mystique précepteur et qu'il sent le besoin de se rapprocher désormais de celui de tous les hommes qui a le mieux connu et le plus aimé ce prince. Le rapprochement des deux illustres personnages s'explique d'ailleurs par l'analogie de leurs vues et de leurs tendances politiques, que l'un et l'autre ne demandaient pas mieux que de réaliser eux-mêmes le plus prochainement possible. Mais, hélas! six mois après les conférences de Chaulnes, la mort souffla non-seulement sur tous les plans qu'on y avait arrêtés, mais sur toutes les espérances que les hommes les meilleurs qui figurent dans l'histoire du temps, avaient attachées au règne du nouveau dauphin.

CHAPITRE XXV

L'isolement de Fénelon. — La mort du duc de Bourgogne, du duc de Chevreuse, du duc de Beauvilliers. — Le P. Tournemine et Malebranche. — La correspondance avec Lamotte-Houdard sur l'Académie française. — Les nouveaux projets de gouvernement de Fénelon. — Le duc d'Orléans.

1712—1714

Ceux qui s'imaginent qu'une absorption plus ou moins fâcheuse dans le monde spirituel, est l'inévitable effet de la haute mysticité et qu'elle rend ceux qui s'y livrent moins soucieux des intérêts de ce monde, connaissent mal la vie de Fénelon. La spiritualité fortifie l'âme : sincère et lumineuse, elle en est la plus grande puissance ; elle lui assure la sérénité et la libre disposition de tous ses moyens.

La mort du duc de Bourgogne (18 février 1712) dissipa comme un vain rêve l'échafaudage des plans et des réformes élevé à Chaulnes par les cœurs les plus patriotiques de la France, et elle porta à celui de Fénelon et à celui du duc de Beauvilliers, un coup plus profond qu'à celui de Louis XIV, mais elle ne refroidit point leur amour pour le pays, ni leur sollicitude pour ses destinées.

Cette mort purifia et enflamma le sentiment de leur devoir, bien loin de l'altérer ou de l'éteindre. Mais où porter leurs vues d'avenir? De toute la dynastie appelée directement au trône, il ne restait qu'un frère du défunt, le duc de Berry, aussi indigne qu'incapable de gouverner, aussi avili que celle qui devait partager avec lui le trône, la fille du futur régent, puis le duc d'Anjou, le seul fils qu'eût laissé l'élève chéri de Fénelon. Ce prince (le futur Louis XV), n'ayant que deux ans, la régence du duc d'Orléans était inévitable, et un conseil assez fort pour contenir ce dangereux inévitable, offrait la seule chance de salut. Fénelon, encore tout bouleversé de la catastrophe du 18 février, ne perdit pas un moment dans de vaines lamentations, et dès le 15 mars il termina un nouveau travail sur l'organisation du gouvernement le plus utile à la France. Le 24 ce travail fut entre les mains de ses amis le duc de Chevreuse et le duc de Beauvilliers ; ce dernier fut chargé d'en faire accueillir les idées par le Roi et madame de Maintenon. Situation unique, l'homme de France, si ce n'est le plus détesté, du moins le moins aimé de ces deux personnages, et celui auquel ils songent le moins à demander avis, est le seul qui met la main à l'œuvre pour ce qui les regarde le plus.

Qu'en espérait-il ? Je ne sais.

Ce qui est certain, c'est que rien ne saurait plus les honorer que sa confiance en leur amour du bien public. Au fond, il s'agissait pour lui de la gloire, de la destinée du fils unique de son élève chéri, et un accueil favorable de la part de l'un et de l'autre était l'unique moyen de succès. Voilà ce qui m'explique sa confiance.

Mais cet accueil était d'autant plus difficile à obtenir, même à demander, que le futur conseil de régence, pour être saisi de son autorité au moment nécessaire, devait entrer en fonctions sous le règne même du prince le moins habitué et le moins disposé à partager le pouvoir avec ses sujets. Madame de Maintenon, toujours accessible à la raison, était plus touchée que le roi du spectacle de tant de ruines et de déclins qui s'offrait aux regards, cela est vrai ; mais toute dévouée au duc du Maine qui était exclu du conseil, elle devait plutôt en combattre qu'approuver le dessein. Fénelon n'aurait pas dû s'y tromper un instant, et quand on lit dans ses papiers l'opinion qu'il avait des vues et de la portée politique de son ancienne amie, on ne comprend rien aux illusions auxquelles il se laissa aller dans cette circonstance. Seules, sa belle âme et les tristes nécessités de la dynastie expliquent ses espérances. En effet, il dit lui-même :

« Madame de Maintenon livrée à des jalousies, à des délicatesses, à des ombrages, à des aversions, à des dépits, à des finesses de femme, ne proposait que des partis faibles, superficiels, flatteurs, pour endormir le roi et éblouir le public, sans aucune proportion avec les besoins du moment. »

Il y a trop de style et d'art dans ce portrait pour qu'on ne le trouve un peu chargé, mais puisque tout cela était vrai pour Fénelon, comment a-t-il pu se flatter un seul instant que ses propositions seraient adoptées à Versailles ? On ne pouvait y manquer d'en reconnaître l'origine, ni, dès lors, y souscrire sans se manquer.

Fénelon mieux que personne savait se commander

de s'en tenir à la saine raison. Il eut à ce moment même d'autres soucis, et l'on aime au fond, si inférieur qu'en soit l'objet, voir cette âme généreuse détournée d'une voie où il n'y a pour elle qu'un déploiement stérile de conceptions chimériques. Au milieu de ces graves préoccupations, un esprit assez léger et très-querelleur vint jeter plus étourdiment que méchamment, dans la vie de Fénélon, une de ces émotions que les questions d'amour-propre font naître partout et suivre quelquefois, parmi les gens de lettre, de querelles interminables. En effet, le P. Tournemine, chargé de la publication d'une œuvre de Fénelon, du traité de la démonstration *de l'Existence de Dieu* écrit depuis si longtemps et dont le prélat fut hors d'état de soigner l'impression lui-même, mit dans la préface qu'il y plaçait des observations un peu vives sur quelques principes de Malebranche. Le P. Tournemine y apportait une telle chaleur, qu'on eût dit l'honneur de Fénelon engagé tant qu'il n'était pas lavé du reproche d'avoir suivi Malebranche dans son admiré traité. Fénelon ne pouvait voir ce zèle qu'avec plaisir, mais déjà lui-même avait écrit contre Malebranche, de tous les écrivains le plus sensible à la critique, et qui ne pouvait ignorer l'existence de la *Réfutation* de sa défectueuse théorie sur la Providence ou la grâce. Un nouvel acte d'hostilité allait blesser le fragile oratorien d'autant plus vivement qu'il venait de publier (en 1712,) une édition revue de son ouvrage la *Recherche de la Vérité*. Il trouva effectivement les attaques de Tournemine très-offensantes et se mit aussitôt à y répondre dans une lettre ardente, qu'il allait mettre sous presse, lorsqu'il eut l'idée de la lire à un ami du cardinal de Polignac qui en informa Fénelon. Celui-ci s'empressa aussitôt de déclarer qu'il était entièrement étranger à la *préface* de Tournemine, qu'il n'en avait pas pris connaissance avant l'impression, et qu'il en désavouait les récriminations. Cela rendit la paix à Malebranche, et l'on est heureux de lire ce trait dans la vie de deux philosophes qui avaient tant et si bien écrit l'un et l'autre sans se voir, et qui allaient se rencontrer incessamment dans le monde de la paix éternelle. Pour Fénelon c'eût été un triste surcroît d'amertume et de travail que de soutenir dans sa vieillesse une lutte nouvelle contre le vieil et rude adversaire d'Arnaud, qu'il avait combattu dans sa jeunesse à l'instigation de Bossuet. Déjà il n'était que trop chargé et trop affaibli, il était las. Mais il n'était pas inactif, et rien n'atteste mieux la haute position que l'illustre exilé occupait à Cambrai comme conseiller spirituel, comme évêque, comme philosophe, comme écrivain politique, que la correspondance, plus variée d'année en année, qu'il y entretenait.

Celle qu'il eut sur la littérature avec l'Académie, et en particulier avec Lamotte-Houdard, montre la haute estime dont il jouissait au sein du corps littéraire qui semblait n'exister encore que par la bienveillance du roi, entretenue par un système d'admiration aussi bruyant que fastidieux. L'Académie délibéra en novembre 1713, sur ce qu'elle pourrait faire de plus convenable après l'achèvement de son *Dictionnaire*. Ce fut là-dessus que Fénelon lui adressa ses propositions sous ce titre : *Sur l'occupation de l'Académie pendant qu'elle travaille encore au Dictionnaire et sur celle qu'elle pourrait se donner après.*

Après y avoir donné des conseils sur la première question, il exposa ses vues sur la seconde : il voulait d'abord des éditions annotées des meilleurs ouvrages écrits en langue française. Puis il ajouta cette curieuse leçon pour l'Académie :

« Je dis qu'avant toutes choses nous devons songer très-sérieusement à rétablir dans la compagnie une discipline exacte, qui est très-nécessaire, et qui peut-être n'y a jamais été depuis son établissement. Sans cela, nos plus beaux projets et nos plus fermes résolutions s'en iront en fumée, et n'auront point d'autre effet que de nous attirer les railleries du public. »

Fénelon avait mis un mot obligeant pour Lamotte dans une lettre à l'abbé Dubois, depuis cardinal et premier ministre. C'était vers le milieu de l'été 1713. Lamotte s'empressa de remercier le prélat de cette marque de bienveillance, et là-dessus les deux célèbres écrivains échangèrent leurs vues littéraires dans une série de lettres qui roulent principalement sur la traduction d'Homère par Lamotte et sur la querelle, vive alors et toujours belle encore, des Anciens et des Modernes.

Ce n'étaient là pour le pieux archevêque de Cambrai que des jeux d'esprit, jeux qu'il aimait pourtant et où il excellait. Ce qui le préoccupait plus sérieusement que le progrès de la langue française ou le culte de la langue grecque, c'était la politique du pays. Il voyait la dynastie décimée, la France humiliée. Combien il eût été plus heureux dans son exil de n'avoir à s'occuper que de son redoutable, de son magnifique ministère, des âmes, de l'état spirituel de son vaste diocèse, et heureux de consacrer à la composition de quelques écrits de morale ou de philosophie religieuse les heures dérobées à sa mission de pasteur. Dans ce double domaine au moins, il y avait à faire de ces œuvres qui durent ; dans celui de la politique, à peine y avait-il un jour, point de lendemain.

En effet, la mort vint souffler sur les desseins arrêtés entre lui et ses amis au mois de mars 1712, après la perte du second dauphin, comme elle avait soufflé sur ceux qu'ils avaient arrêtés au mois de septembre 1711, après celle du premier. Les soutiens de la dynastie eux-mêmes s'en allaient.

Le duc de Chevreuse avait succombé l'année même où il venait de prendre part à leurs résolutions communes ; le duc de Beauvilliers, languissant depuis la mort de ses fils, mourut en août 1714.

CHAPITRE XXVI

Triste état de la France. — Perspective d'une régence. — Rapports plus intimes de Fénelon avec Saint-Simon. — Correspondance avec le duc d'Orléans ou le mysticisme en face du déisme. — Fénelon et Bossuet, philosophes. — La mort de Fénelon. — Ses adieux suprêmes à Louis XIV.

1713 — 1715

Ce fut au milieu de ces douleurs, que Fénelon brisé par le travail, les années et les infirmités, se trouva seul debout d'entre les amis de son royal élève, et ceux-là comprennent bien toute l'étendue du dévouement suprême dont il fit preuve alors, qui comprennent bien sa belle devise : *Je me dois à ma famille plus qu'à moi, mais je me dois à ma patrie plus qu'à ma famille.* En effet, tel fut dans son noble cœur cet amour du pays que, dans ses dernières années où il voyait son ami Beauvilliers en rapport suivi avec Saint-Simon, il se rapprocha lui-même de ce dernier, le meilleur sans nulle comparaison des conseillers du futur régent. Dès 1712, le considérant comme un des plus fermes appuis de la dynastie, il l'avait indiqué pour le conseil de régence. En novembre 1714, Fénelon et Saint-Simon étaient à ce point en échange de procédés, que Fénelon acceptait les bons offices de Saint-Simon auprès du duc d'Orléans, lui adressant par le duc de Chaulnes un mémoire secret, en l'assurant de son amitié qu'il dit *fort sincère* (Fénelon, Corresp., vol. I, p. 596.).

Saint-Simon avait-il demandé ou Fénelon offrait-il ce mémoire ?

Rien ne serait plus instructif, pour le jugement à porter sur la politique de l'un et de l'autre, qu'une solution nette de cette question, dans laquelle je penche pour l'initiative de Fénelon. Mais ce qui seul est clair pour nous, c'est qu'il ne s'agissait pour Fénelon, écrivant ce mémoire six semaines avant sa mort, que de ce qui pouvait convenir, non pas à Saint-Simon ou à lui, mais à la France et au fils de son élève chéri, le duc d'Anjou, en ce moment tout l'espoir de la dynastie et dont Fénelon avait charge d'âme comme il l'avait eue de son père.

La liaison d'un homme du monde comme Saint-Simon, qui traitait, à part lui, de « moines » ses amis Beauvilliers et Chevreuse, avec le pieux Fénelon peut nous surprendre ; à cette distance où nous sommes, l'histoire a mis sur la tête de l'un une auréole qu'elle ne mettra jamais sur celle de l'autre. Mais ceux-là seulement s'en étonnent qui ne savent pas cette hauteur de vues, cette élévation qui permettait à Fénelon les relations philosophiques avec le duc d'Orléans et des relations sociales avec l'abbé Dubois, que nous venons de mentionner, au moins en passant, comme ami de l'illustre archevêque.

Le duc d'Orléans, libre penseur par frivolité comme

le chevalier de Ramsay l'était par scrupule et tristesse d'esprit, rechercha Fénelon par des motifs semblables à ceux qui avaient conduit à Cambrai le jeune Écossais. Ce n'était pas le scepticisme, encore moins quelque penchant sérieux pour la mysticité, c'était encore moins l'incrédulité vulgaire qui dirigeait le prince dans sa démarche ; il lui restait au contraire un fond de croyances ou de crédulité véritable, et ce goût des sciences occultes, de l'alchimie et de la théurgie qui flattaient ses brillantes facultés, peut-être plus au point de vue de son ambition qu'à d'autres. Il y avait aussi mieux que cela, quelque désir de croire aux vérités fondamentales de la religion, si ce n'est du christianisme, au moins du naturalisme, que vantait beaucoup la littérature anglaise qu'il aimait. Ces désirs, Fénelon les apprécia bien, et c'est un beau spectacle de voir le plus illustre prélat du siècle, le plus chargé, sinon d'années, du moins de gloire, de succès et de travaux épiscopaux, s'empresser de répondre au prince comme l'eût fait un jeune philosophe, un parfait rationaliste, fortement converti au christianisme. C'était là ce que demandait le futur régent du royaume. S'il s'est adressé à Fénelon, ce n'est pas le prêtre chrétien, encore moins l'archevêque, c'est l'homme le plus éclairé de France, le philosophe le plus religieux qu'il a voulu entendre. Il n'aime que la raison, il n'a demandé que la raison, la raison telle qu'elle voudra lui parler par la bouche de Fénelon. Et il faut en convenir, le duc d'Orléans, en ne demandant que cela, était d'autant mieux inspiré qu'il n'en pouvait supporter davantage. Fénelon le fut moins bien en lui donnant un peu plus, car il en résulta que le prince, mal satisfait de n'avoir pas été entendu, ne prit rien.

L'évêque pouvait-il faire autrement qu'il ne fît? Je ne le pense pas, et qu'on me permette de le faire remarquer : la raison moderne ne peut plus se séparer du christianisme qui l'a faite ce qu'elle est. Le seul tort de Fénelon est de ne pas avertir franchement le prince de son refus, de son impossibilité d'accepter la tâche dans les conditions qu'on lui fait, de ne pas dire tout simplement au prince : « Vous demandez à un évêque ce qu'un évêque ne peut vous donner, le rationalisme pur ; je ne puis vous offrir qu'une apologie philosophique de l'Évangile. »

En effet, ses lettres au prince, qui ne sont qu'au nombre de six, toutes écrites avec la même clarté d'expression et la même fermeté de doctrine, sont certainement, de toutes les productions du siècle, celles qui offraient aux confrères en scepticisme, aux coreligionnaires très-déistes du duc d'Orléans la meilleure des instructions chrétiennes, mais ce n'était pas là du tout ce que demandaient ni le prince ni ses coreligionnaires. Et la preuve que ce travail si estimé de ceux qui n'en ont pas besoin manqua son but, c'est qu'au lieu de le publier sous le titre qui lui convenait, celui de *Correspondance philosophique du duc d'Orléans avec Fénelon*, on le déroba d'abord au public jusqu'en 1718, et qu'on le lui livra enfin sous un autre qui en cachait le vrai caractère, *Lettres sur divers sujets de métaphysique et de religion*, titre plus propre à dérouter qu'à éclairer la curiosité publique.

Le véritable objet de cet écrit est ce qui fait dans tous les siècles la grande mission du prêtre et du philosophe, celle d'amener la raison à la religion, et qu'ils remplissent mal quand le philosophe ne veut entendre et ne veut satisfaire que la raison, et veut la satisfaire fût-ce au détriment de la religion, et quand le prêtre, à son tour, ne veut entendre que le dogme et veut le satisfaire même au mépris de la raison, quoique la religion ne soit jamais allée et ne puisse jamais arriver à l'humanité par une autre voie que par la raison. C'est dans ces prétentions contraires et extrêmes l'une et l'autre, que gît la difficulté de l'œuvre. D'ordinaire, la conciliation de ces deux puissances, les plus hautes qui soient connues à l'humanité, celle de la raison et celle de la foi, ou celle de la religion et de la philosophie, est cherchée dans la subordination de l'une à l'autre ; mais qui dit subordination dit abdication, chose impossible à toutes deux. Aussi, loin d'être aussi simple, la conciliation est-elle fort difficile. Pour qu'elle soit possible, il faut des intelligences qui la conçoivent pure, et la veuillent sans qu'il en coûte rien ni à la foi ni à la raison. Fénelon ne l'a pas plus conçue ainsi que le duc d'Orléans, seulement il ne s'exprimait pas aussi crûment que le duc. Celui-ci disait expressément qu'il ne voulait entendre que la raison, c'est-à-dire qu'il ne voulait pas de conciliation. C'est pour cela que Fénelon est dans le faux, lorsqu'il se hâte de lui démontrer un culte d'amour dû à Dieu, tel que la raison n'a pu en instituer ni en enseigner, et que seul le judaïsme a pu l'entrevoir, le christianisme le pratiquer. En effet, l'ancien adversaire de l'aigle de Meaux prend son vol dès sa première lettre, où il conclut ainsi : « Il ne suffit pas d'aimer ce Dieu comme nous aimons toutes les choses qui nous sont commodes et utiles ; il ne s'agit pas de le mettre à notre usage, et de le rapporter à nous ; il faut au contraire nous rapporter entièrement à lui seul, en ne voulant notre propre bien que par le seul motif de sa gloire, et de la conformité à sa volonté et à son ordre. »

Ne vouloir notre bien que par le seul motif de la gloire de Dieu, ce n'est pas là seulement l'idéal de la moralité humaine, c'est celui des anges. Dans les lettres suivantes l'auteur, toujours plus infidèle au programme du prince, passe toujours plus du domaine de la philosophie sur celui de la théologie, et l'avant-dernière tire tout simplement ses raisons d'une source que le régent avait exclue, celle des Pères et des Docteurs du moyen âge.

C'est le tort de Fénelon de n'avoir pas fait de deux choses l'une, accepté franchement la condition du prince, ou déclaré qu'en sa qualité d'évêque il ne le pouvait ni ne le voulait ; que faire abstraction de l'Évangile serait avouer qu'on peut s'en passer, que tel n'est pas son avis. Il est vrai qu'en puisant dans l'Évangile, comme c'était son devoir, il en présente les lumières sous des formes si rationnelles et si pures que son correspondant aurait pu fermer les yeux sur l'inacceptation de son programme ; seulement il résulta de la méthode préférée par Fénelon que ses lettres ne s'élevèrent pas naturellement à la hauteur de la véritable spéculation et offrirent fort peu de métaphysique. Certes la méditation n'a pas fait défaut à l'auteur, mais explorateur admirable et maître unique dans l'art de mettre à la portée de tous les plus grands problèmes et les meilleures solutions, et lui-même penseur trop croyant pour avoir jamais eu besoin d'acheter une solution au prix de ses veilles, il est toujours plus porté à donner la science reçue que la science cherchée. Ces *Lettres* offrent dans un style facile, le plus coloré que comporte la matière, toujours relevé par une sensibilité touchante, pleine d'onction et d'entraînement, une exposition claire, une argumentation saine et acceptable, mais souvent portée par la chaleur naturelle et la constante émotion de l'auteur à ces formes oratoires qui sentent la déclamation. On peut regretter que Fénelon n'ait pas voulu écrire vraiment et simplement en philosophe. La raison pure et austère n'eût jamais parlé un meilleur langage ni avec plus d'attrait que dans sa bouche, et nous avons l'éternel regret qu'il en ait préféré un autre. Il faut regretter aussi qu'il ait si peu écrit sur la philosophie; car il s'en est occupé à toutes les époques de sa vie, dans sa jeunesse, au milieu de ses débats avec Bossuet [sa réfutation de Spinosa est de 1696], dans les dernières années de sa vie [sa correspondance avec Lami], et puisqu'il avait, dans les empressements de Leibnitz pour lui, des occasions si admirables de prendre part aux grandes discussions du temps, on ne peut que déplorer sa réserve. Ce qui seul a pu l'empêcher de consacrer un peu de temps à la philosophie pure, quand le duc d'Orléans le lui demandait, ce qui en a également empêché Bossuet, c'est que la philosophie n'était ni leur force ni leur prédilection. En effet, philosophes estimables, mais penseurs médiocres l'un et l'autre, ils sont d'ordinaire simples disciples de Descartes. Quand ils se lancent pour leur propre compte, vrais théologiens, ils tombent dans les subtilités scolastiques, témoin le *Traité de l'existence de Dieu* et les *Élévations sur les mystères*, leurs vrais chefs-d'œuvre. Nous avons vu les aberrations étranges de Fénelon [dans le *Traité de l'existence de Dieu*], celles de Bossuet ne le sont pas moins. Appuyée sur la création cartésienne, la doctrine de Fénelon et de Bossuet ressemble à celle du maître, au point de donner à celle-ci toute sa portée et surtout son éclat.

Ils n'ont pas fait autre chose. Or il y avait plus à faire en face de Locke, de son christianisme raisonnable et du déisme anglais. Il fallait entrer franchement, non pas dans les questions de théologie avec saint Augustin et saint Thomas d'Aquin, mais dans les questions de métaphysique avec Leibnitz, Berkeley et Malebranche. Le fait que nous existons, qu'on affectait alors de mettre hors de doute et qu'on affecte quelquefois de nous prouver, est d'abord indémontrable, puis inutile à démontrer, puisqu'il n'y a que ceux qui ne croient en rien qui en doutent, et que chacun croit au moins en soi. Si la pensée à elle seule n'avait pas fourni ce grand fait au créateur de la philosophie moderne, il aurait pu prendre, au besoin, son bel argument dans saint Augustin; mais si l'existence du moi était désormais hors de cause en vertu de la seule pensée, la valeur de la pensée ne l'était pas, puisque Berkeley réduisait la connaissance des choses à la connaissance de nos idées, et qu'il restait à prouver que les idées sont autre chose que des conceptions, c'est-à-dire des chimères.

Or dans ce siècle des chimères, le chimérique Berkeley fut une puissance qui vint agiter encore les derniers jours du chimérique Malebranche, et c'est le grand mérite de Fénelon d'avoir essayé de prouver ce que le digne évêque d'Angleterre avait tant de peine à admettre. Si je pense, dit-il, il faut que je sois quelque chose, il faut que ce que je pense soit quelque chose aussi (*Existence de Dieu*.) Cela n'est pas d'un simple écho; cela vient d'un penseur qui a son originalité à lui, et il ne fallait qu'avancer dans ces voies-là pour garder en France le sceptre de la philosophie que Leibnitz emportait dans le Hanovre. Or Fénelon et Bossuet avaient le droit l'un et l'autre d'être cartésiens comme Henri IV fut solliciteur de subsides devant les états généraux, « *l'épée au côté.* » C'est l'éternel honneur de l'école cartésienne d'obliger ses disciples à être des maîtres. Fénelon le savait.

« Le véritable usage de la raison, dit-il, est de ne rien croire sans savoir pourquoi je crois, et sans être déterminé à m'y rendre sur un signe certain de vérité. (*Lettre sur des sujets de religion et de métaphysique*, t. II, p. 255). » Ce principe le met à l'aise : il l'applique avec son maître, pour son maître et contre son maître. Si Descartes préconise le doute universel comme un moyen d'arriver au vrai, ce n'est pas une raison pour lui de souscrire à ce qu'il y a d'exagéré dans ce moyen. Bossuet fait de même quand il dit du simple bon sens : « Ce maître des choses humaines. » Pour ce qu'il a fait, on ne peut pas mettre Fénelon sur la même ligne que Descartes, Malebranche et Spinosa, mais on ne saurait contester ni l'originalité ni l'indépendance à celui qui, tout en suivant quelquefois le créateur de la vraie philosophie, le corrige souvent, réfute victorieusement Malebranche et montre très-bien l'illégitimité des principes de Spinosa. Le chapitre contre le spinosisme et l'extrait d'une lettre contre le spinosisme sont des compositions fort légères, œuvres d'un homme qui « a horreur du misérable » qu'il est forcé de combattre, et sur les pages duquel il passe comme sur des charbons ardents ; mais pour une époque qui partageait cette horreur, cela suffisait. Il y a des réfutations qui, à force d'approfondir les choses, offrent de grands périls aux esprits. Je croirais volontiers les allures un peu légères de Fénelon marchant sur les charbons ardents de Spinosa parfaitement calculées.

Les derniers jours de Fénelon furent consacrés à ce qui avait fait la grande affaire de tous les autres, les mystères de la vie spirituelle ou intérieure.

Après avoir passé quelques semaines à Chaulnes au sein d'une famille qu'il aimait comme la sienne, il était rentré un peu attristé dans sa grave résidence. Il en écrivit ces belles lignes au duc de Chaulnes : « Le mieux, dit un proverbe italien, gâte ce qui est bon. Chaulnes a gâté Cambrai. Je commence à m'ennuyer de ne voir plus la bonne compagnie, de n'avoir plus ce grand parc et d'avoir perdu ces beaux jours. Je m'en prends à Cambrai de ce froid noir et âpre. Sérieusement je suis touché de la vie, peut-être trop douce, que j'ai menée auprès de vous (*Corresp.*, I, 596). »

Cela trahit une sensibilité à laquelle Fénelon ne se laissait pas aller volontiers. Mais à cette époque il était frappé au cœur et à coups redoublés. On ne songe d'ordinaire qu'à la mort de son élève chéri ; c'est le faible des historiens de mentionner surtout les douleurs que cause la perte d'amis haut placés et de jeter sur toutes les autres peines celles qui ont à leurs yeux le privilége de les éclipser. Le fait est que le grand coup porté au cœur de Fénelon ne fut pas la mort d'un prince, ce fut celle d'un ami, de son plus ancien ami, l'abbé de Langeron. C'est elle qui ouvrit cette série de deuils qui joints à une plus longue série de privations, celles de l'exil, brisèrent enfin un organisme délicat, d'une extrême maigreur, usé à la fois par les veilles, le travail, les méditations du philosophe, les soucis du pasteur et les peines du Français, ou comme nous dirions aujourd'hui, du citoyen soucieux de la destinée de son pays, y compris la gloire de la dynastie royale. Le duc de Bourgogne, c'était bien un ami, l'abbé de Langeron était l'ami. Il mourut chez lui, et ses dernières heures si belles ajoutèrent à ces émotions qui brisent. Tout souvenir qui rappelait cet ami faisait couler les larmes de Fénelon. Il était déjà anéanti quand on lui annonça la mort du duc de Bourgogne, et qu'il s'écria : *que tous les liens étaient rompus.* Lorsqu'il perdit encore le duc de Chevreuse neuf mois après (le 5 novembre 1712), il put dire avec vérité : « Elle rouvre toutes mes plaies. » Il eut la force d'écrire à madame de Chevreuse et il trouva encore de belles paroles sous sa plume, mais c'étaient les paroles d'un homme qui tient plus à sa délivrance qu'à ses liens. L'AMITIÉ DIVINE PLEURE, lui dit-il, MAIS EN PLEURANT ELLE SE CONSOLE PAR L'ASSURANCE DE REJOINDRE SES AMIS DANS LE PAYS DE LA VÉRITÉ ET DANS LE SEIN DE L'AMOUR MÊME. Fénelon était peu âgé ; son meilleur ami, le duc de Beauvilliers, n'avait que deux ans de plus que lui; ses neveux, qu'il aimait tendrement, étaient jeunes : il n'était pas malade, et l'on ne pouvait pas le dire isolé; mais il ne s'affectionnait plus que comme un homme qui sent qu'on va le séparer de ce qu'il aime dans ce monde : c'était vivre d'une tendresse inquiète. La sienne fut ce qu'elle devait être, toute mystique. Dieu voulait toute son âme, tout son amour. Peu avant la mort de Beauvilliers, qu'il n'avait pas vu depuis dix-sept ans et dont on lui apprenait les langueurs, il écrivit à l'abbé de Beaumont : « Je ne vis plus que d'amitié, et ce sera l'amitié qui me fera mourir. Je sens combien je vous aime, et c'est ce qui m'alarme le plus, car Dieu m'ôte les personnes que j'aime le plus. » Déjà au bout de peu de semaines ce pressentiment reçut la plus éclatante confirmation. Beauvilliers lui fut pris le 5 décembre 1714 et ce qu'il écrivit à la duchesse : « Dieu veuille mettre, Madame, au fond de votre cœur blessé sa consolation, » s'explique par ces mots si vrais : « *La plaie est horrible.* » Mais il sentait que la séparation serait courte, et le 28 il adressa encore ces lignes à madame de Beauvilliers : « Nous retrouverons *bientôt* ce que nous n'aurons point perdu; *nous en approchons tous les jours à grands pas ; encore un peu, et il n'y aura plus de quoi pleurer.* »

Le *bientôt* vint dix jours après, le 7 janvier 1715. Fénelon mourut doucement d'une fièvre dont il avait pris le germe dans une tournée épiscopale : sa voiture en versant avait donné à son frêle organisme une commotion qui devait le briser.

Saint-Simon, qui souvent le traita si sévèrement,

malgré l'admiration qu'il lui inspirait par la noblesse de son caractère, nous peint ses derniers moments avec sa touche vigoureuse : « Il parut insensible à tout ce qu'il quittait, et uniquement occupé de ce qu'il allait trouver. » C'est l'unique éloge qui convienne au vrai mystique.

Le fait est pourtant que, dans ces moments même, il dicta encore une lettre adressée au P. Letellier pour Louis XIV. Sa famille avait-elle demandé cette lettre ? ou bien lui fut-elle inspirée par le seul soin de la pureté de son nom ?

Voici ce document :

« Je viens de recevoir l'extrême-onction. C'est dans cet état, mon révérend père, où je me prépare à aller paraître devant Dieu, que je vous prie instamment de représenter au roi mes véritables sentiments.

« Je n'ai jamais eu que docilité pour l'Église et qu'horreur des nouveautés qu'on m'a imputées. J'ai reçu la condamnation de mon livre avec la simplicité la plus absolue.

« Je n'ai jamais été un seul moment en ma vie, sans avoir pour la personne du roi la plus vive reconnaissance, le zèle le plus ingénu, le plus profond respect et l'attachement le plus inviolable. »

Suivent quelques lignes sur les affaires de son diocèse et cette fin :

« Je souhaite à sa Majesté une longue vie, dont l'Église aussi bien que l'État, ont infiniment besoin. Si je puis aller voir Dieu, je lui demanderai souvent ses grâces. Vous savez, mon révérend père, avec quelle vénération... »

Saint-Simon dit de cette lettre qu'elle ne contient rien qui ne convînt à un grand évêque. C'est beaucoup dire, mais ce n'est pas faire connaître Fénelon tout entier que de l'appeler un grand évêque : il fut, à une époque riche en grands hommes, une des plus grandes et des plus pures gloires de la France ; et il n'est pas dit que, de tous ceux qu'on peut nommer ses rivaux en grandeur, un autre que lui eût grandi au même degré dans la disgrâce, dans l'exil, au sein de toutes les afflictions semées si abondamment dans sa destinée par ses puissants adversaires.

Dès qu'il ne fut plus, sa gloire brilla de toute sa pureté, en tout son éclat, dans le monde civilisé tout entier. Les lettres et la politique, et la religion, l'admiraient au même degré. Nulle part son culte ne fut plus pur que dans les cercles mystiques, où il demeure le maître, sinon unique, du moins le plus admiré et le plus goûté, béni et relu là même où les autres sont abandonnés.

CHAPITRE XXVII

La famille spirituelle et la postérité mystique de Fénelon. — Les nouvelles catholiques. — Le groupe des parents et des intimes. — Les parents des intimes.

La famille propre de Fénelon était nombreuse. Elle est étrangère à une étude sur le mysticisme, si intéressante qu'elle soit d'ailleurs par le culte qu'elle voua à la mémoire du grand mystique, par les soins qu'elle donna aux écrits qu'il avait laissés, ou par les services qu'elle a pu rendre à l'État.

Mais il n'en est pas de même de la famille spirituelle du grand homme; celle-ci réfléchissant plus ou moins sa pensée, ses aspirations, son esprit, achève de le faire connaître et honorer comme il le mérite.

Quand nous disons famille spirituelle, nous entendons ce mot dans un sens très-restreint, celui de famille mystique. Et comme c'est moins la personne de Fénelon qui est l'objet de ces pages, que sa pensée la plus caractéristique; celle qui a fait sa vie, son enseignement, sa grandeur et sa destinée, nous n'accomplirions pas notre tâche, si nous ne la suivions encore dans ses disciples les plus remarquables. La véritable famille de Fénelon, ce sont ceux qui ont vécu de sa pensée et continué sa doctrine.

Je les distingue en deux classes : ceux qui se sont unis et ont vécu avec lui, se sont nourris de sa parole et ont été ses disciples; et ceux qui, sans avoir joui de son commerce personnel, ont suivi sa direction, ses idées, ses écrits ou les leçons de ses disciples. En d'autres termes, sa postérité mystique se compose de disciples immédiats, et de partisans plus ou moins éloignés de sa grande et belle théorie sur l'amour de Dieu.

Sa famille, prise en ce sens, comprend à peu près tous ceux qui se sont trouvés dans des rapports un peu suivis avec lui : tant était puissante sa parole, profonde sa pensée, séduisante sa personne, que tous ceux qui entraient dans son atmosphère s'y laissaient prendre comme dans un cercle magique. Et dans ce premier groupe, je signalerai, même à la tête des plus intimes, l'abbé de Langeron, cet ami si ancien, dont la mort fut si belle, dont le souvenir fit répandre tant et de si douces larmes à Fénelon. Puis venaient ses neveux, l'abbé de Beaumont et le marquis de Fénelon, pour lesquels il eut tant de tendresse, l'abbé de Chanterac, pour qui la reconnaissance s'unissait à l'affection, et qui tous les trois rivalisaient journellement, sous ses yeux, de vénération muette et de dévouement empressé.

A ce groupe se joint, par la même vivacité de vénération et la même sainteté de tendances, un beau cercle de famille, les ducs de Beauvilliers, de Chevreuse et de Mortemart. Ce dernier mourut à vingt-cinq ans, mais son fils, qui épousa la fille de Beauvilliers, vécut jusqu'en 1737, héritier de la vénération de son père et de son beau-père pour leur illustre ami. Les deux premiers prirent peut-être les premières places dans l'affection de Fénelon, après ceux de son sang. A la mort du duc de Chevreuse, son fils le duc de Chaulnes prit sa place, et ainsi que la duchesse sa femme, pour qui Fénelon mit un mot si gracieux dans une de ses dernières lettres, il rivalisa avec ses tantes les duchesses de Beauvilliers, de Chevreuse et de Mortemart, d'attachement pour la personne, la doctrine et la mémoire du maître commun. Madame de Chevreuse qui ne mourut qu'en 1732, madame de Beauvilliers, qui fut mère d'un grand nombre d'enfants et vécut jusqu'en 1736, s'honorant toujours de voir son nom figurer dans le beau *Traité de l'éducation des filles*, eurent la joie de voir le nom de leur ami briller enfin de tout son éclat, et celle de voir glorifié dans le monde entier un ouvrage que leurs maris n'avaient pu faire pardonner à leur auteur, j'entends le *Télémaque*, si abhorré de Louis XIV et de madame de Maintenon. Madame de Mortemart fut également en commerce de lettres avec Fénelon ; elle visita Fénelon à Cambrai en 1702, et vécut jusqu'en 1719, passant une partie de sa vie aux Visitandines de Saint-Denis où elle mourut, avec madame de Mortemart, sa nièce et sa belle-fille. Celle-ci mourut en 1728. (Fénel. corr. III, 224-227).

Les trois frères des trois duchesses, le ministre de Seignelai, le marquis de Blainville, lieutenant général des armées et grand-maître des cérémonies, et l'archevêque de Rouen, moins intimes, parce qu'ils étaient moins libres de leur personne que leurs parents, suivaient plus ou moins ouvertement la direction du même maître avec le même amour. Les lettres de Fénelon à Seignelai et à l'archevêque témoignent d'une grande intimité, et le désir de Blainville d'aller à Cambrai, désir décliné par Fénelon, est d'autant plus éloquent que la position de Blainville est plus délicate.

Rien n'atteste mieux l'ascendant complet du génie d'un homme que cet accord de familles tout entières.

Après ces premiers groupes, il faut mettre immédiatement celui de tous qui contribua le plus à répandre le nom de Fénelon dans les familles, c'est-à-dire les fidèles des deux congrégations de femmes qu'il guida dans sa jeunesse, au début de sa carrière ecclésiastique.

Que n'avons-nous la liste des *Nouvelles catholiques* qu'il dirigea pendant dix ans! Que n'avons-nous au moins de l'une d'elles quelques-unes de ces notes que madame de La Maisonfort nous a laissées sur Bossuet! Mais nous pouvons être bien assurés que de celles d'entre ces jeunes filles qui sont entrées dans les voies spirituelles sous l'ascendant de sa parole, un bon nombre ont continué à suivre ses directions, à en solliciter la continuation dans leur correspondance, à suppléer à son silence ou à l'insuffisance de ses lettres par l'étude dévouée de ses pages chéries. Il est permis de revendiquer pour ces élèves quelques-unes de ces lettres spirituelles qui, la plupart, ne portent ni date ni adresse. C'est un inconvénient pour l'histoire, mais c'est un vrai mérite au fond; l'absence de toute idée d'individualité les rendant propres à tous. D'ailleurs, dès l'origine, celles qui les avaient reçues, loin de les enfouir, ou de les traiter comme Louis XIV traita celles qu'il découvrit, à la mort du duc de Bourgogne, dans la cassette secrète de ce prince, s'empressaient de les communiquer, d'en donner des copies et d'en faire de véritables directions de piété.

Après ces groupes de première ligne, je nommerai le groupe de ceux qui, par suite de son exil, furent réduits à la correspondance. Ce sont principalement les femmes, mais si les hommes se tiennent un peu cachés, leur nombre fut cependant beaucoup plus considérable qu'il y paraît. En examinant bien cette correspondance, on remarque qu'il y est question de beaucoup d'hommes qui ne se soucient pas de se mettre en avant, mais auxquels on communique les directions du maître. Par suite d'une négligence inconcevable ou d'une convention, d'un mot d'ordre, d'un système trop bien suivi, la plupart des lettres spirituelles se trouvent aujourd'hui sans adresse.

Nous mettons à la tête de ceux de ces personnages qui sont connus, à la fois par leur nom et leur famille, une des femmes les plus distinguées du temps, mademoiselle Guichard de Peray, nièce du marquis de Dangeau, protestante convertie par Fénelon, qui entra en religion sous le nom de sœur Charlotte de Saint-Cyprien. Cette religieuse fit choix de l'ordre où se conservaient le mieux les traditions de sainte Thérèse, celui des carmélites, que Fénelon affectionnait plus particulièrement. Ce fut Fénelon qui lui indiqua ce choix. Aussi voulut-elle recevoir le voile des mains de Fénelon. Il fit pour elle le discours qu'on rapporta avec des interprétations à Bossuet, et lui adressa cette belle lettre qui est restée comme un modèle de direction spirituelle.

Neuf autres lettres qui suivent dans la correspondance de Fénelon, en ont continué les leçons, et forment tout un petit corps de doctrine. La sœur Charlotte de Saint-Cyprien vécut comme la duchesse de Chevreuse jusqu'en 1732, conservant comme elle la plus tendre vénération pour la mémoire de leur maître éminent, et la communiquant, sans nul doute avec succès, dans une congrégation où régnait la mysticité de sainte Thérèse.

Dans ce groupe figure encore la comtesse de Montberon, qui vécut jusqu'en 1720, partageant avec son mari, gouverneur de Flandre, la tendre vénération que celui-ci portait à l'archevêque de Cambrai et à qui sont adressées plusieurs des lettres les plus belles (corresp. t. VI, lettres 242 et s.).

Madame de Montberon, dont Fénelon ne fut d'abord que le directeur, et dont il devint le confesseur à partir de 1702 sur les instances du comte, fut l'intermédiaire d'un assez grand nombre d'autres amies de Fénelon qui le voyaient moins souvent. Je signale parmi elles, la comtesse de Souastre, fille de madame de Montberon, madame d'Oisy, pour qui elle reçoit plusieurs lettres, la comtesse de *** qui gouverne la santé de madame de Montberon, et plusieurs autres dont les noms sont laissés en blanc.

C'est à madame de Montberon, une des âmes les plus fines et les plus scrupuleuses du temps, que sont adressés ces mots : « Nous sommes tous *perrette*, c'est-à-dire pleins de beaux rêves et de saintes résolutions qu'une petite chute réduit à néant. Le confesseur, pour mieux diriger sa pénitente par l'exemple, se met quelquefois lui-même en scène dans sa correspondance. Entre autres il lui écrit un jour : « Je n'ai rien à vous dire de moi aujourd'hui. Je ne sais qu'en dire ni qu'en penser. Il me semble que j'aime Dieu jusqu'à la folie quand je ne recherche point cet amour. Si je le recherche, je ne le trouve plus. »

Les lettres à madame de Montberon forment le corps de doctrine le plus complet. Celles à madame de Gramont, cette spirituelle et un peu hautaine anglaise, mademoiselle Hamilton, que le chevalier de Gramont *allait oublier* d'épouser à Londres, sont moins nombreuses, mais elles témoignent d'un rare attachement pour Fénelon.

Dirigée par ce dernier dès 1684, quand il était encore supérieur des Nouvelles Catholiques, la comtesse de Gramont jouit de sa correspondance pendant douze ans, et en fit profiter son mari, qu'elle instruisit dans les éléments de la religion après une longue maladie, et qui était à ce point ignorant qu'il lui dit, un jour qu'elle lui avait récité la prière dominicale : comtesse, répétez-moi encore cela ; cette prière est belle : qui l'a faite ? Ce furent, dans la disgrâce de Fénelon, ses amis les plus fidèles, mais ils moururent en 1707 et 1708.

Je range dans la même classe madame la marquise de Risbourg, qui fut moins favorisée ; du moins il ne reste à son adresse que onze lettres. J'y mets aussi la princesse d'Espinoi, Thérèse de Lorraine, et la comtesse de Gamaches (Corr. VIII, 5-25. — XI. 319).

La marquise de Laval, la belle-sœur de Fénelon, et la baronne de Chevry (IV, 358), sa nièce, appartenaient à la famille spirituelle comme à la famille civile de l'illustre prélat; la première eut d'abord soin du ménage de Fénelon, puis de ses intérêts de cour, enfin de sa sainte renommée, chère aussi à la seconde.

La plus avancée peut-être de toutes ces amies et celle de toutes qui exerça sur la destinée de Fénelon la plus profonde influence, ce fut la duchesse de Charost, fille de Fouquet; son père était un homme de grande piété et fort dévoué à madame Guyon (Corr. XI, 131). Elle voyait souvent cette dame, et ce fut chez elle que Fénelon la vit la première fois. Ce fut elle aussi qui la présenta dans la société de l'hôtel Beauvilliers, car les filles de Colbert se distinguaient par les mêmes sentiments de piété que la fille de Fouquet. Ainsi que son mari, Armand de Béthune, duc de Charost, elle survécut peu à Fénelon, à qui elle demeura tendrement attachée.

Madame la marquise de Lambert, qui n'est connue aux gens de lettres que par le charme de son style et la délicatesse de son goût, était aussi (IV, 225) de ses correspondantes les plus heureuses. Elle aimait à lui dire que les idées les meilleures qui se trouvaient dans ses écrits à elle, dans son *Avis d'une mère à son fils* et son *Avis d'une mère à sa fille,* lui étaient venus à la lecture du *Télémaque* et du *Traité de l'éducation des filles.* On sait l'influence que cette charmante femme exerça sur la société la plus polie de son temps. Or, elle était essentiellement une femme vouée aux voies intérieures, ou aux voies de la perfection, comme disent les mystiques.

CHAPITRE XXVIII

Le second groupe. — Madame Guyon dans ses dernières années. — Madame de La Maisonfort à Meaux. — Le siècle.

Le groupe de beaucoup le plus nombreux de tous, c'est celui des disciples éloignés, des lecteurs et des admirateurs qui, sans être en correspondance ou en relation avec Fénelon, suivaient les voies qu'il indiquait, soit dans son livre des *Maximes*, soit dans ses *Lettres spirituelles;* de ces adhérents il avait conquis un nombre considérable pendant sa brillante polémique avec les trois prélats ses adversaires.

Ce serait une grande erreur de ne mettre au nombre des amis de Fénelon, que les personnes avec lesquelles il échangea des lettres; il faut, au contraire, placer dans la catégorie des plus intimes deux femmes, à l'une desquelles il n'écrivit plus après l'an 1693, madame Guyon, et dont l'autre n'eut de lui qu'une seule lettre, dans le cours de vingt ans, madame de La Maisonfort. Ces deux éminents personnages doivent même figurer à la tête de ceux des disciples de Fénelon que la violence des hommes ou la force des choses sépara du maître, et dont les relations avec lui furent entièrement rompues, mais qui néanmoins, persécutées ou surveillées par ses adversaires, restèrent ses partisans dévoués.

Madame Guyon fut-elle des amis intimes de Fénelon ?

Fénelon avait souvent parlé de madame Guyon avec une sorte de sévérité qui était dans sa doctrine et dans sa position. Jamais elle ne s'en affligea, aussi persuadée de la fermeté de son amitié pour elle que de la supériorité de son génie.

Rien ne put modifier chez elle cette double conviction. Nous avons suivi madame Guyon dans les chapitres précédents jusqu'en 1693. Quand ce malheureux P. Lacombe, tombé dans l'aliénation, écrivit sa lettre impie, on se hâta de la porter au roi, avec l'insinuation que ces désordres étaient le fruit, la conséquence inévitable des *Maximes*, dont le *fanatique* archevêque de Cambrai s'était fait l'éditeur, comme il s'était fait le protecteur de celle qui les prêchait, et Louis XIV, aveuglé par ces intrigues comme par ses préventions, fit enfermer madame Guyon une seconde fois à la Bastille (1698). Il renvoya même de son régiment le fils de cette pauvre extatique, soldat distingué et étranger au mysticisme de sa mère. Madame Guyon souffrit plus pour son fils et pour son ami que pour elle-même dans sa prison d'État. Elle s'y plut, elle y composa des vers pleins de foi et d'amour, dignes d'une sainte.

Bossuet lui-même proclama, en 1700, devant l'assemblée du clergé de France, l'innocence de la pauvre victime, quant aux aveux insensés de Lacombe ; mais il ne la fit relâcher qu'un ou deux ans après ; ses mœurs étaient irréprochables, mais ses doctrines étaient dangereuses encore. Quand on lui permit enfin de quitter la prison, ce fut à la condition de se retirer loin de ses amis et de ses parents de la cour. De tous ses amis elle n'en perdit aucun ; les relations suivies cessèrent par son éloignement ; mais les cœurs ne se refroidirent pas à son égard, et de son côté elle n'en sacrifia aucun. Elle choisit successivement pour ses retraites aux environs de Blois, une terre de son gendre, une terre de son fils aîné, ancien capitaine aux gardes, une maison à Blois. Sa famille, qui était riche, jouissait de toute la considération que peuvent assurer le rang et la fortune.

J'ai dit que sa fille aînée était mariée au comte de Vaux, fils du surintendant Fouquet, après la mort de qui elle épousa le duc de Sully. Son fils cadet, très-bel homme, très-instruit, était fort recherché dans la meilleure compagnie. Un frère de madame Guyon, parent des d'Ormesson-d'Aguesseau, était sur un excellent pied dans le monde. Ces alliances, sans être suffisantes pour lui procurer la liberté de vivre à Versailles ou seulement à Paris, le furent assez pour qu'on la laissât tranquille au fond de la province, comme on disait alors.

D'ailleurs elle ne s'occupait que de ses lectures, de ses œuvres de piété, et telle fut la fermeté de sa conduite, l'ascendant de sa vertu, qu'elle jouit d'un grand crédit près de l'évêque de Blois. A ses anciennes amitiés elle en joignit de nouvelles. Des étrangers la cherchèrent dans sa retraite pour jouir de sa société et de ses exemples. On dit volontiers qu'elle reconnut et abandonna enfin toutes ses erreurs. En modifiant sa pensée et ses convictions, elle n'eût assurément rien fait que de très-légitime, que ce qui avait fait honneur aux plus grands hommes de l'Église, à Clément d'Alexandrie, à Synésius, à saint Augustin, à François de Sales, qui tous ont modifié des opinions chéries; mais ces modifications, en ce qui la concerne, ne sont pas constatées.

En fait de doctrine, elle ne professa rien d'extraordinaire, cela est vrai; mais elle avait toujours protesté, comme Fénelon lui-même, que jamais elle n'avait été dans aucune des erreurs qu'on lui reprochait; que de toute opinion qu'on lui montrait condamnée par l'Église, elle avait toujours eu horreur; qu'en suivant les écrivains mystiques les plus admirés, elle avait toujours, dans sa simplicité de femme, cru suivre les doctrines les plus pures.

Tout cela, elle l'avait toujours dit, et elle avait toujours cru dire vrai, s'appliquant sérieusement à une grande pureté de pensée et une sérieuse vie de bonnes œuvres, à la perfection évangélique; en un mot, il lui était arrivé ce qui arrive facilement aux âmes pieuses, c'est de se croire tous les mérites auxquels elles aspirent, et de s'attribuer par avance les vertus qu'elles chérissent.

Ce qu'elle fit de mieux dans sa vie, ce fut de demeurer invariablement fidèle à ses principes de charité, soit pour les œuvres, soit pour les sentiments. Sa bienveillance fut à ce point complète que, dans ses discours, elle cessa de récriminer contre ses juges, comme elle avait fait dans ses écrits; elle garda le silence sur Bossuet, et ne se plaignit d'aucun de ses persécuteurs, pas plus du roi que de madame de Maintenon. Sur Fénelon elle s'imposait la réserve la plus délicate. Elle lui survécut de quatre ans.

Ce qui fait le plus grand éloge de madame Guyon, si fidèle à son amitié pour Fénelon, c'est que pendant leur long exil, et pour ne pas troubler celui de l'archevêque vénéré, elle ne lui écrivit pas une seule fois. On ignore si jamais elle l'a fait saluer par leurs plus intimes amis, les Béthune, les Chevreuse, les Beauvilliers, les Mortemart.

Madame de La Maisonfort tint la même conduite dans son Pathmos, à Meaux. Sous le gouvernement de Bossuet, elle ne se permit pas d'écrire une ligne à Fénelon. Quelque désir qu'elle pût avoir de lui exprimer son attachement ou ses sympathies, elle attendit la mort de Bossuet. Mais, dès que l'illustre prélat eut fermé les yeux, avec quel empressement elle saisit le pèlerinage de l'abbé Le Dieu à Cambrai, pour exprimer à celui qui n'avait jamais perdu ses prédilections le désir de recevoir encore ses conseils! Elle se garda bien de lui en exprimer un autre, plus cher à son cœur, celui d'aller vivre à Cambrai, qui aurait rencontré de la part de madame de Maintenon une opposition absolue. Nous savons qu'il fallait une lettre de cachet, une lettre au cachet du roi, pour que cette autre victime d'un amour de Dieu un peu exalté, pût passer d'un diocèse dans un autre.

Or, madame de Maintenon eût obtenu plus aisément un ordre qui ouvrît à son ancienne amie les portes de Vincennes que celles d'un monastère du diocèse de Cambrai.

Mais d'où venait donc cette prédilection si profonde

et si permanente que Fénelon inspira à madame de La Maisonfort comme à tant d'autres?

En vain on voudrait expliquer cette obstination dans les attachements par je ne sais quel doux attrait, quelle bienveillante indulgence qu'on prête facilement à l'archevêque de Cambrai. D'abord, on ne serait pas trop dans le vrai ; puis l'*austère* Bossuet était dans le particulier d'une rare simplicité et d'une grande bonté ; enfin, on ne saurait être plus complaisant qu'il ne le fut pour madame de La Maisonfort, dont il ne cessait de recevoir, de bien accueillir et de résoudre les doutes, les objections, les demandes d'éclaircissements. Elle dit elle même à Fénelon que M. de Meaux était moins sévère que lui pour les lectures. Or, nous savons combien elle tenait à ses lectures, et quelles lectures elle faisait. A vrai dire, Fénelon avec toute sa renommée de facile bonté et de complaisante indulgence, n'avait jamais ménagé madame de La Maisonfort, pas plus que madame Guyon.

Mais les deux nobles parentes ne voyaient dans ses rigueurs que sa charité, et mettaient au-dessus de tout les sentiments qui accusaient le mieux son souci apostolique de leur salut. Ce qui explique d'ailleurs dans l'une des deux un peu d'exaltation, de tendresse, c'est que plus madame de La Maisonfort souffrait de son exil de Saint-Cyr, plus elle aimait à consoler ses douleurs en se reportant à l'heureuse époque où elle prononçait ses vœux entre les mains d'un directeur de son choix, consultait ses lumières, s'édifiait de sa parole, se fortifiait de ses exemples, voyait familièrement madame de Maintenon, et se trouvait ainsi à portée des plus riches conseils et des plus saintes émulations que demandât sa piété. Sa situation était autre à Meaux. Dans les commencements de son séjour, ses regrets étaient adoucis par de grandes attentions; elle y jouissait d'une sorte de liberté, et, en apparence, d'une façon de vivre conforme à ses goûts. Quoique pieuse, elle n'avait pas ceux de la vie monastique; elle n'avait fait des vœux qu'à la sollicitation de madame de Maintenon, que pour les besoins modérés de Saint-Cyr. Esprit très-cultivé, aimant les études, il lui fallait, pour trouver la paix dans son jeune âge, une indépendance conforme à celle de son caractère et de ses habitudes de famille. Ainsi elle aimait à sortir dans les grandes occasions, à recevoir compagnie, à donner à dîner aux femmes, aux religieuses en particulier. Tout cela, un ami sincère, qu'elle a conquis par le spectacle de ses infortunes, de sa carrière brisée, de sa chute, je veux dire de son exil de Saint-Cyr, l'abbé Le Dieu nous l'apprend. Bossuet nous apprend lui-même, dans sa correspondance avec elle, qu'il se plaisait à recevoir ses lettres. Or, résoudre ses doutes ou ses objections, c'en était la moindre difficulté : il fallait combattre ses raffinements, ses *désappropriations des dons de Dieu*, ses unions immédiates avec Dieu, ses prétentions à l'actuelle et continuelle présence de Dieu. Il s'expliquait même avec elle sur les omissions qu'elle lui reprochait dans son livre des *États d'Oraison* (V. Lettres inédites de Bossuet).

Tout cela fit bien au commencement. Mais bientôt la situation changea. C'est en 1697 que la spirituelle chanoinesse était venue à Meaux. Six ans après, il ne lui reste sur cette terre qu'une seule direction spirituelle qui lui convienne, qu'un seul objet digne de ses saintes affections, l'archevêque de Cambrai, et elle ne peut pas se mettre sous sa houlette! Elle ne peut pas même savoir s'il a conservé d'elle un souvenir favorable.

Cependant un rayon de lumière vient tout à coup s'abaisser dans les ténèbres. L'ancien secrétaire de Bossuet fait un voyage en Flandre, et il lui demande une lettre pour Fénelon. Le messager n'était pas tout à fait selon son goût; l'abbé Le Dieu était bienveillant pour elle, mais il n'était pas à la hauteur de son esprit, ni sympathique à ses tendances de spiritualité! Cependant elle n'a pas le choix des moyens; elle écrit une épître qui manque malheureusement à l'histoire d'une belle âme. Dans tous les cas, le message fut bien reçu. L'ancien secrétaire de Bossuet nous apprend qu'au moment même où il salua l'archevêque très-entouré, il ajouta *plus bas et comme à l'oreille*, qu'il lui apportait des nouvelles et des lettres de madame de La Maisonfort. Cela n'était pas de fort bon goût, mais cela fit bien accueillir le maladroit. Fénelon, sans rien trahir de ses impressions, lui répondit : « Vous me faites plaisir; venez, entrez. » Et là-dessus le voyageur, qui se croyait d'abord froidement reçu, voit un changement de ton qu'il attribue à son message. Passant rapidement sur les honneurs qu'on lui rendit, il revient aussitôt à son introductrice, et nous dit : « Les premiers discours furent sur madame de La Maisonfort, sa santé, sa situation, et la fermeté qu'elle devait avoir à persévérer dans la maison des Ursulines de Meaux, sans songer à changer. »

Si cela est bien exact, l'indiscret voyageur avait

donc bien vite, et dès le début, mis l'archevêque au courant de la situation de son ancienne amie, des empressements dont elle était l'objet de la part des religieuses, des jalousies qu'elle rencontrait auprès de sa supérieure, et des vœux qu'elle faisait de changer de maison, pour couper court à toutes ces tracasseries. Fénelon semble avoir vu dans ce désir de changement d'autres motifs, une aspiration à plus de liberté, à une vie d'abbaye, de chanoinesse, ce qui allait mieux aux goûts de la dame.

Mais on voit, à la franchise du prélat, que ce n'était pas le cas, pour son interlocuteur, de parler bas et comme à l'oreille. Fénelon était toujours prêtre, toujours lui-même, très-jaloux de la pureté des motifs et de la vraie discipline de l'esprit. C'était cette discipline qu'il fallait à madame de La Maisonfort, et cette précision qu'elle aimait en lui, car elle s'analysait à merveille.

L'abbé Le Dieu s'imagina qu'il n'était venu à Cambrai que pour elle, et qu'il devait en parler beaucoup à Fénelon. L'archevêque n'évita pas, mais ne rechercha pas ce sujet d'entretien, et au départ de son visiteur, il lui remit, avec une grande simplicité, un paquet pour madame de La Maisonfort, scellé de sa main devant tout le monde.

Nous n'avons pas une ligne de cette correspondance. Fénelon n'a pas voulu laisser à sa famille la lettre de madame de La Maisonfort ; cette dame n'a pas voulu laisser à la sienne les lettres de Fénelon.

Après cette intéressante réapparition, qui est de 1704, la situation de madame de La Maisonfort s'aggrava de plus en plus.

Obligée d'enfouir aux Ursulines son grand esprit et ses aspirations mystiques, elle n'eut plus d'autre désir que celui de quitter ces étroites relations et cette petite ville de Meaux. Le même témoin nous le révèle (II, 226-238). Les véritables affections, les aspirations plus hautes de son cœur, étaient ailleurs : on lui promettait un changement selon son cœur, mais on ne tint point parole. Déjà des Visitandines, où elle s'était fait trop aimer des religieuses pour y être bien vue des supérieures, Bossuet l'avait transférée aux Ursulines, mais il lui avait fallu pour cela prendre les ordres de la cour, et elle n'y était pas mieux au bout de quelque temps; son cœur était encore épris de ses chimériques idéalités.

Elle était d'ailleurs trop habituée au commerce de Fénelon et de Bossuet pour se faire à celui de M. de Bissy. Elle en souffrit beaucoup, et se plaint elle-même, dit l'abbé Le Dieu, de ne pas trouver de sincérité sur ce qui la regarde; « elle ne peut comprendre dans les discours de M. l'évêque, le successeur de Bossuet, s'il parle d'elle à madame de Maintenon ou non, à qui elle est toujours soumise pour sa pension, conformément à ses désirs et à ses besoins; son inclination est de sortir des Ursulines où elle se porte mal, et du diocèse de Meaux où elle dit qu'elle n'a plus de raison de demeurer depuis la mort de feu M. de Meaux, dont les bontés et les talents l'avaient attirée; elle veut donc s'approcher de sa famille et de ses amis, et tout est disposé pour la recevoir à Sens, chez une abbesse qui la demande avec empressement, et du consentement de M. l'archevêque de Sens, qui en a fait sa cour à madame de Maintenon; elle sera là près de Montargis, où est sa parenté ; son cœur l'y porte entièrement, et il ne reste donc que la permission de M. de Meaux, qui, compatissant aux infirmités de la dame, devrait lui faciliter une prompte sortie. Mais non, et sur cela il ne se déclare pas, ni il ne marche d'un pas égal; peut-être voudrait-il la retenir ici, pour s'en servir à faire sa cour auprès de madame de Maintenon. Peut-être aussi, sans se soucier de la garder, veut-il seulement gagner du temps, pour ne pas faire dire qu'à peine a-t-il paru à Meaux, que madame de La Maisonfort en a été dégoûtée et a demandé à le quitter; ce qu'il craint qui ne nuise à sa réputation auprès de madame de Maintenon ; il se joue donc cependant de la dame, et la tient incertaine de son état; ce qu'elle sent à merveille, et ce qui aussi lui fait perdre la confiance en lui (Le Dieu, *Mémoires* III, 310). »

Ainsi la pauvre chanoinesse, devenue religieuse par pure complaisance pour madame de Maintenon, à la persuasion de Fénelon, souffre le martyre pour elle ! Puisque c'est un moyen de plaire à une puissance, on la sacrifie. On le sait, pour le cœur humain, il n'est pas de supplice plus cruel que celui de se savoir à la merci d'une amitié changée en une hostilité décente. A la bonne heure, si madame de La Maisonfort pensait comme sa cousine madame Guyon, qui ne demandait pas mieux que de souffrir. Mais madame de La Maisonfort ne vise pas aux grandeurs qui naissent de l'immolation de soi. Ce qu'elle aime, c'est la science mystique, c'est l'élévation, la contemplation, l'union dans l'amour, en un mot, tout ce qui est lumière et sentiment, rien au delà. Les pratiques, les sacrifices, les pénitences qui se répètent, les amertumes qui s'accumulent ne lui sourient pas le moins du monde; à ses yeux ces choses minent et ravagent le corps, éteignent l'esprit et paralysent les élans de l'âme.

Les dernières nouvelles que nous ayons d'elle sont un peu postérieures au mois de septembre de l'année 1707; à cette époque elle eut quelques beaux jours. Fénelon lui demandait des détails sur sa correspondance avec Bossuet. Elle réunit les trois lettres qu'elle avait écrites à ce prélat, et les réponses qu'il y avait faites; elle y joignit des notes, et, en forme de lettres adressées à Fénelon, des avertissements très-instructifs, qui peignent fort bien les quatre personnages qu'elle y met en scène. Elle s'y montre elle-même sous le point de vue le plus avantageux, pieuse, instruite, discrète, spirituelle, indépendante d'esprit, soumise de cœur, du plus aimable enjouement. Elle y dit à Fénelon des choses bien obligeantes; elle n'a consulté Bossuet que sachant qu'il avait examiné les questions avec Fénelon; mais sachant aussi qu'on l'appelait la plus grande lumière de l'Église, le premier théologien de France, comme Fénelon était l'homme qui avait le plus d'esprit.

L'esprit qui règne dans cet écrit est admirable; c'est le pur souffle évangélique. L'auteur aime les deux prélats comme des saints, et les montre l'un à l'autre comme des frères. Elle dit de Bossuet à Fénelon : « Il me parla de vous, monseigneur, comme d'un saint d'une grande lumière, qu'il aimait avec tendresse; il me dit que vous étiez intimes amis (1696) et unis comme les doigts de la main; qu'il n'avait jamais vu en qui que ce soit tant de droiture, de candeur et de simplicité qu'en vous; qu'il fallait vous en savoir gré, puisqu'il ne tenait qu'à vous de n'être pas simple.

« Je le serai assez pour ajouter qu'il me dit aussi que vous poussiez trop loin le désintéressement de la charité. »

L'idée que Fénelon aurait pu s'étonner jadis qu'elle se fût mise sous la direction de Bossuet, lui dicte ces mots : « Vous, monseigneur, me manquant, je sentais le besoin de quelqu'un qui vous remplaçât; M. de Meaux seul m'y parut propre. » Elle termine ainsi cette belle lettre : « Quelque grande que fût ma confiance en M. de Meaux, et quoique je le révérasse avec attachement, il a toujours été aisé de remarquer, et l'on remarquait en effet que vos intérêts me touchaient d'une manière encore plus vive que les siens (Lettres inédites de Bossuet à madame de La Maisonfort, p. 80). »

Cependant le vrai chef-d'œuvre de ces lettres à Fénelon, c'est celle où madame de La Maisonfort raconte sa disgrâce et son renvoi de Saint-Cyr. C'est un tableau de main de maître sur cette maison, sur madame de Maintenon et messieurs ses directeurs.

Après 1707, je ne trouve plus ni dans la correspondance de Fénelon ni ailleurs la moindre mention de cette belle âme. Madame de La Maisonfort a-t-elle enfin obtenu de M. de Bissy la grâce qu'elle sollicitait? A-t-elle survécu à son implacable amie, à madame de Maintenon, morte en 1719? On ignore l'histoire des dernières années et la fin de cette noble existence. La plus intelligente des correspondantes mystiques de Bossuet et de Fénelon, celle de toutes qui écrivait le mieux, s'est éteinte dans une telle obscurité, qu'on ne sait ni la date ni le lieu de sa mort.

Pour achever ce tableau de l'influence de Fénelon sur son siècle, il faudrait dresser encore la liste volumineuse des noms, la plupart illustres aussi, et à des titres divers, de tous ceux qui furent en relation ou en correspondance avec lui.

Ce qui me frappe le plus dans la correspondance de Fénelon, c'est que ses correspondants, hommes ou femmes, héritier du trône ou serviteurs à lui, gens de lettres ou théologiens, évêques ou cardinaux, évêques ses suffragants ou souverain pontife, lui écrivent avec les plus beaux sentiments qui soient dans le cœur humain, une douce sympathie et une véritable déférence. Cela était de bon ton, reçu à Rome comme à Versailles, dans toute l'Europe comme à Paris.

L'étranger rivalisa de vénération exaltée avec la France, grâce au prince électeur de Cologne, grâce au chevalier de Ramsay, grâce au prince Eugène et à ses généraux qui communiquaient à leurs armées le culte dont ils l'honoraient, grâce surtout à ses pages éloquentes, traduites dans toutes les langues d'Europe. Sans doute Cambrai n'était ni Rome ni Versailles; mais ce n'était pas un évêché de province, ni même de France; c'était le premier siége épiscopal du monde chrétien, car le palais archiépiscopal de Cambrai était la résidence, non pas d'un saint, mais du plus grand homme de l'époque, si le plus grand homme d'une époque est celui qui a le plus de lecteurs, le plus d'admirateurs; si c'est celui dont le monde civilisé, d'une voix unanime, moins un vieux roi et sa compagne, proclament le génie et la vertu, exagérant celle-ci au point d'en faire la sainteté, élevant l'histoire à la légende et arrachant à Saint-Simon lui-même le beau portrait qu'on connaît.

Telle fut la poétique habileté de la légende en travail d'idéalisation, qu'elle parvint, du vivant de Fénelon, à en faire un homme unique, et non pas pour la postérité, mais pour elle-même.

Et même autour de la grande légende il s'en est groupé de petites, de la plus invraisemblable naïveté, mais qui n'en demeurent pas moins inattaquées. En effet, la vache du pauvre ramenée par l'archevêque de Cambrai a pris sa place dans ce cycle sacré, et, les arts s'en étant mêlés, il n'y a pas de raison pour qu'on en revienne. On sait qu'ils ont maintenu la mythologie de l'antiquité longtemps encore après qu'elle eut cessé de vivre dans les croyances. Il en est de même des mythes de l'ère moderne. Et quand un homme a cette destinée, sans avoir été soit le plus grand penseur, soit le plus grand orateur ou le plus grand poëte de son temps, c'est qu'il a été, d'entre tous les grands hommes de son siècle, le plus grand, ne fût-ce que par ses qualités morales.

Le temps a terni sa renommée de philosophe, et il efface un peu celle de théologien et de politique. Celle d'écrivain, en général, a souffert à son tour. Mais il n'est pas probable que l'on voie pâlir celle d'écrivain mystique. Il est probable, au contraire, que plus la morale religieuse adoptera les pures lumières de la morale philosophique, plus elle mettra en relief sa renommée de spiritualité.

FIN.

TABLE DES MATIÈRES

INTRODUCTION.

Le mysticisme et la théosophie du siècle. — Malebranche et Fénelon. — Madame Guyon. — Leibnitz et Bossuet. (1630-1650.) 1

CHAPITRE I.

État moral de la France. — Les nuances du mysticisme régnant. — Les premières études de Fénelon, l'université de Cahors, le collége Duplessis, le séminaire de Saint-Sulpice. — Ses lectures mystiques et ses premiers rapports avec ses futurs adversaires. — Ses rêves de missionnaire au Canada et au Levant. — Son enthousiasme classique. — Ses premières fonctions. (1651-1678.)............................. 11

CHAPITRE II.

Fénelon et M. de Harlay. — Fénelon supérieur des Nouvelles catholiques et des filles de Traisnel. — Sa méthode comme missionnaire dans le Poitou, sa polémique et ses moyens politiques. — Fénelon ministre protestant. — Les premiers soupçons qui s'élèvent à l'endroit de sa doctrine. — Nommé évêque de Poitiers, il est aussitôt révoqué. (1678-1688.)............ 26

CHAPITRE III.

Les premiers écrits de Fénelon. — Le livre du Ministère des pasteurs [protestants]. — Le traité de l'Éducation des filles, adressé à la duchesse de Beauvilliers. — La Réfutation du système de Malebranche écrite à la demande de Bossuet. — Le Logos de Philon et de saint Jean. (1687.)............ 42

CHAPITRE IV.

Les premières apparitions du mysticisme de Fénelon. — Les excentricités du traité de l'Existence de Dieu. — Le post-scriptum de l'Éducation des filles. — Les tendances théosophiques de Malebranche. — Les analogies de Fénelon, de Malebranche et de madame Guyon. — Les antipathies des grands penseurs du siècle. (1687.) 58

CHAPITRE V.

Les deux nuances mystiques. — Les visions et les extases. — Sainte Brigitte et autres. — Les gnostiques. — Saint Pierre, saint Paul et saint Jean. — Pascal, Descartes et M. de Rancé. — Le rôle des femmes au dix-septième siècle. — Saint François de Sales et la baronne de Chantal. — Louis XIV et madame de Maintenon. — Fénelon et madame Guyon. (1630-1688.). 69

CHAPITRE VI.

Le rôle des femmes; suite. — Les Visitandines. — La mère Angélique et ses Conférences. — Madame de Miramion et ses œuvres. — Madame Guyon et sa théorie sur l'amour divin, sur les visions, l'extase et les ravissements. — Rapports de madame Guyon avec M. d'Arenthon et le P. Lacombe. (1640-1680.) 85

CHAPITRE VII.

Les premières publications mystiques de madame Guyon. — Le moyen court de faire oraison. — L'explication du cantique de Salomon. — Madame Guyon et le P. Lacombe à Paris. — Le molinisme reproduit en apparence. — Sainte Thérèse et Molinos. — Le P. Lacombe enfermé à la Bastille princière. — Madame Guyon aux Visitandines — Ses conférences à l'hôtel Beauvilliers. — Sa rencontre avec Fénelon. (1678-1688.)... 102

CHAPITRE VIII.

Madame Guyon à Saint-Cyr. — Madame de La Maisonfort. (1689 à 1693.) 119

CHAPITRE IX.

La position de Fénelon à la cour, à l'Académie et dans la société au moment de ses premiers rapports avec madame Guyon. — Ses rapports avec madame de Maintenon et madame de La Maisonfort, et avec madame Guyon. (1693.)............ 134

CHAPITRE X.

Le mysticisme effraye à Saint-Cyr. — Madame Guyon congédiée par madame de Maintenon. — Madame Guyon dans sa retraite. — Ses rapports avec le duc de Chevreuse, M. Tronson, l'abbé Boileau et Nicole. — Son Apocalypse. — Ses Torrents. — Sa vie intime. — Origine de ses rapports avec Bossuet. (1693-1694.).......................... 146

CHAPITRE XI.

Madame Guyon devant une commission d'enquête. — Les articles d'Issy. — Madame Guyon plaidant sa cause avec l'assistance du duc de Chevreuse, — Traçant une esquisse un peu libre des conférences. — Son livre des *Justifications*. (1694.)........ 160

CHAPITRE XII.

La doctrine des articles d'Issy. — Madame Guyon internée à Meaux. — Le rôle de Fénelon aux conférences et aux articles d'Issy. — Son élévation à l'archevêché de Cambrai. — La séparation de madame Guyon et de Bossuet à Meaux. (1695.) 173

CHAPITRE XIII.

Bossuet préside à la consécration de Fénelon. — Leurs divergences. — Fénelon refuse de condamner madame Guyon. — Leurs écrits bannis de Saint-Cyr. — La résistance de madame de La Maisonfort. — Lettre de madame de Maintenon. — Le sermon de Fénelon aux Carmélites. — Bossuet et Fénelon préparent des écrits sur le mysticisme. — Le premier fait mettre madame Guyon à Vincennes. — La Reynie et le duc de Beauvilliers. — La première conférence de Bossuet pour la purification de Saint-Cyr. — Lettre de Fénelon à madame de Maintenon sur madame Guyon. (1695-1696.).......... 189

CHAPITRE XIV.

Dernière conférence de Bossuet pour l'expurgation de Saint-Cyr. — La cousine de madame Guyon, madame de La Maisonfort, se met sous la direction de l'évêque de Meaux. — Leur correspondance sur le mysticisme. — Madame Guyon signe un formulaire pour sortir de Vincennes et est transférée à Vaugirard. — Son dénûment et ses rapports avec M. de La Chétardie. — Fénelon refuse sa signature à l'ouvrage de Bossuet sur l'état d'oraison. — Ses amis publient hâtivement son *Explication des Maximes des saints*. — Il est relégué à Cambrai. (1696-1697.) 207

CHAPITRE XV.

Fénelon exilé à Cambrai. — Ses *Maximes* déférées à la cour de Rome. — Ses lettres au nonce, aux évêques de Châlons et de Chartres, au pape, aux cardinaux et à ses agents à Rome. — Sa polémique avec Bossuet. — Les agents de Bossuet à Rome. — L'intérêt de l'Église et celui de l'Europe dans ce débat. — Le rôle de madame de Maintenon et du roi dans le procès. (1697.) 220

CHAPITRE XVI.

Un pamphlet d'un homme de génie et la réplique d'un autre. — La *Relation du Quiétisme* par Bossuet et la *Réponse* de Fénelon. — Les torts de ce dernier. — Ceux du cardinal de Bouillon. — Une intrigue en Sorbonne. — Un mot du pape sur Bossuet et sur Fénelon. — La condamnation du livre des *Maximes*. — L'abbé Bossuet et l'abbé de Chanterac. (1697-1699.) 230

CHAPITRE XVII.

Le livre des *Maximes* condamné à Rome. — Les doctrines mystiques de Fénelon après le débat de 1699. — Sa profession de foi après le jugement d'après son mémoire au pape. — Ses lettres intimes et la conduite de ses amis. — Les trois duchesses. — Leur séparation apparente d'avec madame Guyon. (1699.) 241

CHAPITRE XVIII.

Le mysticisme de Bossuet dans ses analogies et ses différences avec celui de Fénelon. — Son *Traité de l'Amour de Dieu*. — Ses lettres à madame de Cornuau-Dumoustier. — Mesdames de Luynes et d'Albert au prieuré de Torcy. — Ses hardiesses de style. (1699-1700.)............................ 259

CHAPITRE XIX.

Les idées réservées de Fénelon. — Les idées réservées de madame Guyon.. 275

CHAPITRE XX.

Le mysticisme français en face de celui des pays du Nord. — L'abstention de nos philosophes et l'intervention de Leibnitz au débat. — Son erreur fondamentale et son dévouement à la science. — Le grand-duc de Florence. (1650-1700.)...... 294

CHAPITRE XXI.

Leibnitz approfondit l'amour mystique. — Ses lettres à Nicaise. — Boileau et mademoiselle de Scudéry sur l'amour divin. — Le débat de Sherlok et de Norris. — Miss Mary Astell et le docteur Norris. — Mademoiselle Bourignon de Portes et Poiret. — Lettre d'un antiquaire hollandais sur l'amour pur. (1699-1700.).. 303

CHAPITRE XXII.

Fénelon dans sa vraie grandeur. — Les quinze années de son exil. — Les dernières années de Bossuet. — Sa politique tirée des saintes Écritures. — La politique de Fénelon. — Le *Télémaque* défendu en France. (1699-1700.)............... 317

CHAPITRE XXII (BIS).

L'auréole mystique de Fénelon, archevêque et grand seigneur. Relation d'une visite faite à Cambrai par l'ancien secrétaire de Bossuet. — Fénelon à table. — Correspondance de Fénelon avec madame de La Maisonfort. (1704.)................ 330

CHAPITRE XXIII.

Le mysticisme français en rapport avec le clergé allemand et la libre pensée de l'Angleterre : Fénelon convertit et sacre un archevêque de Cologne. — Il convertit et gagne au mysticisme le chevalier de Ramsay. — Poiret et Fénelon. — Le prosélytisme de Fénelon. — Sa correspondance avec le P. Lami. (1707-1711).................................. 343

CHAPITRE XXIV.

Le mysticisme et les affaires de ce monde. — Les conférences de Chaulnes. — Fénelon, le duc de Chevreuse et le duc de Chaulnes. — Les plans de gouvernement. — Les relations du duc de Saint-Simon avec les amis de Fénelon. — Les projets de Saint-Simon ou du duc de Bourgogne. (1711.)......... 361

CHAPITRE XXV.

L'isolement de Fénelon. — La mort du duc de Bourgogne, du duc de Chevreuse, du duc de Beauvilliers. — Le P. Tournemine et Malebranche. — La correspondance avec Lamotte-Houdard sur l'Académie française. — Les nouveaux projets de gouvernement de Fénelon. — Le duc d'Orléans. (1712-1714.)... 374

CHAPITRE XXVI.

Triste état de la France. — Perspective d'une régence. — Rapports plus intimes de Fénelon avec Saint-Simon. — Correspondance avec le duc d'Orléans ou le mysticisme en face du déisme. — Fénelon et Bossuet, philosophes. — La mort de Fénelon. — Ses adieux suprêmes à Louis XIV. (1713-1715.). 381

CHAPITRE XXVII.

La famille spirituelle et la postérité mystique de Fénelon. — Les nouvelles catholiques. — Le groupe des parents et des intimes. — Les parents des intimes.......................... 395

CHAPITRE XXVIII.

Le second groupe. — Madame Guyon dans ses dernières années. Madame de La Maisonfort à Meaux. — Le siècle........... 403

FIN

Paris. — Imprimerie P.-A. Bourdier et Cⁱᵉ, 6, rue des Poitevins.

www.ingramcontent.com/pod-product-compliance
Lightning Source LLC
Chambersburg PA
CBHW050916230426
43666CB00010B/2202